新时代美术教师专业能力高质量发展丛书

中小学 美术校本课程 开发与实践

马　健　黎贝蓁 / 主编

西南大学出版社
国家一级出版社 全国百佳图书出版单位

图书在版编目(CIP)数据

中小学美术校本课程开发与实践 / 马健, 黎贝蓁主编. -- 重庆 : 西南大学出版社, 2025.4. -- ISBN 978-7-5697-3052-4

Ⅰ. G633.955.2

中国国家版本馆CIP数据核字第20253F3E71号

新时代美术教师专业能力高质量发展书系

中小学美术校本课程开发与实践
ZHONGXIAOXUE MEISHU XIAOBEN KECHENG KAIFA YU SHIJIAN

马　健　黎贝蓁　主编

选题策划	王玉菊
责任编辑	邓　慧
责任校对	徐庆兰
装帧设计	闰江文化
排　　版	夏　洁
出版发行	西南大学出版社(原西南师范大学出版社)
网上书店	https://xnsfdxcbs.tmall.com
地　　址	重庆市北碚区天生路2号
印　　刷	重庆市国丰印务有限责任公司
成品尺寸	185 mm×260 mm
印　　张	17
字　　数	402千字
版　　次	2025年4月 第1版
印　　次	2025年4月 第1次印刷
书　　号	ISBN 978-7-5697-3052-4
定　　价	65.00元

本书如有印装质量问题，请与我社市场营销部联系更换。
市场营销部电话: (023)68868624　68367498
西南大学出版社美术分社欢迎您的赐稿。
美术分社电话: (023)68254657

本书编委会

主　编
马　健　黎贝蓁

副主编
刘　祝　涂轶予　何宇婧

编　委
王晓玲　新疆师范大学美术学院
李美霖　重庆市融汇沙坪坝小学校
张　鑫　重庆市广益中学校
张莉莉　重庆市第一中学校
马咏梅　重庆市南岸区天台岗小学校
赵　亮　重庆市第三十九中学校
白垣渊　重庆市璧山区高新小学校
姬　斌　重庆市璧山中学校
马　腾　重庆对外经贸学院
李　红　新疆生产建设兵团第六师五家渠第三中学
朱　琴　新疆生产建设兵团第一中学
贺琳娟　重庆对外经贸学院
梁赵飞　重庆对外经贸学院
曾　艳　重庆市璧山区正则中学校
徐晓娟　重庆市璧山区青杠初级中学校

前言

在《义务教育艺术课程标准(2022年版)》颁布后,国家课程校本化越来越受到各级教育部门的重视,从课程教学的角度审视,国家课程校本化最终的落脚点还是在于校本课程的开发与实践。但如何开发、如何实施,是一个值得思考的问题。因此,2023年5月教育部印发了《关于加强中小学地方课程和校本课程建设与管理的意见》,其中对各地和学校积极探索开发丰富多样的地方课程和校本课程给予了充分的肯定,指出要充分"发挥地方课程和校本课程育人功能""激发地方和学校课程建设活力",并对校本课程建设提出了指导性意见。

随着教育改革的不断深入,美术教育已逐渐成为素质教育和审美教育的重要组成部分,其在促进学生全面发展、提升审美素养、激发创新意识、启迪创造潜能等方面发挥着不可替代的作用。美术学习是学生对视觉形态的认识,也是学生对现实生活的体验和写照。然而,我国区域广袤、文化多元、民族习俗不同、自然环境多样、生活方式各异等因素,决定了我国的美术课程教学无法以大一统的方式呈现。将学生认识的、能够理解的、有感情的知识和现象引入课堂,才能使课堂知识更易于消化、感知、理解,更有益于学生个性化的发展,更易于课程目标的达成。从这个层面上看,校本课程的价值和意义是毋庸置疑的。当下校本课程建设的突出问题在于:一是校本课程开发如何更好地符合国家课程要求;二是如何建立一套较为科学合理的校本课程开发的实践思路和方法。

《中小学美术校本课程开发与实践》，正是基于这样的思考而编写的。其特点有三：第一，基于对《义务教育艺术课程标准（2022年版）》的分析和理解，系统梳理中小学美术校本课程开发的思路、路径和方法，为中小学美术教师和教育工作者提供一套系统的、可操作的中小学美术校本课程开发指南，为他们掌握校本课程开发的策略与方法提供有价值的参考；第二，突出基础性、实用性和应用性，一方面注重教材内容的"清晰明了"，另一方面强调"案例"的呈现和分析，使之"易学、易思、易用"；第三，关注高校美术师范类专业对"中小学美术校本课程开发与实践"课程学习的需求，注重概念准确、结构合理、逻辑清晰、资源丰富。

　　在编写过程中，编写团队坚持理论与实践相结合的原则，注重方法的科学性和策略的有效性。首先，深入调研了国内外美术校本课程开发的成功案例，提炼出了一套行之有效的开发流程和方法，包括需求分析、目标设定、内容选择、课程设计、实施与评价等环节。其次，结合我国中小学美术教育的实际情况，提出了具有针对性的策略建议，包括如何挖掘地域文化资源、如何融入现代科技手段、如何促进学生自主学习与合作探究等。本书不仅涵盖了中小学美术校本课程开发的全过程，还提供了大量的案例分析、教学设计和实践指导，使读者能够直观地感受到校本课程开发的魅力与成效。最后，注重培养学生的创新精神和实践能力。通过引导学生参与课程开发、实施与评价等环节，让他们在实践中学习、在学习中成长。

目录

第一章：中小学美术校本课程开发概述

第一节　中小学美术校本课程开发历程……………………003

第二节　中小学美术校本课程开发现状……………………007

第三节　中小学美术校本课程开发的基础知识……………012

第四节　中小学美术校本课程开发的意义…………………019

第二章：中小学美术校本课程的基本形态

第一节　中小学美术校本课程的基本类型…………………023

第二节　中小学美术校本课程的基本结构…………………026

第三节　中小学美术校本课程的基本内容…………………031

第三章：中小学美术校本课程开发的条件

第一节　中小学美术校本课程开发的内在条件……………043

第二节　中小学美术校本课程开发的外在条件……………047

第四章：中小学美术校本课程开发的方法与过程

第一节　中小学美术校本课程开发的方法…………………055

第二节　中小学美术校本课程开发的过程…………………064

第五章：中小学美术校本课程开发案例分析

第一节　传统文化课程开发案例……081
第二节　地域自然资源课程开发案例……090
第三节　社会文化资源课程开发案例……099
第四节　学科融合创新课程开发案例……106

第六章：中小学美术校本课程教学实践的基本方法

第一节　中小学美术校本课程实施中常用的教学方法……117
第二节　中小学美术校本课程教学方法实施中的要点和难点……125

第七章：中小学美术校本课程的教学设计

第一节　中小学美术校本课程教学设计概述……141
第二节　中小学美术校本课程教学设计基本过程……144
第三节　中小学美术校本课程教学设计基本方法……149

第八章：中小学美术校本课程的教学资料编写与制作

第一节　中小学美术校本课程教学资料编写与制作概述……153
第二节　中小学美术校本课程教学资料的编写……155
第三节　中小学美术校本课程教学资料的制作……175
第四节　中小学美术校本课程教材的编写……184

第九章：中小学美术校本课程教学组织实施与案例分析

第一节　中小学美术校本课程的教学组织……195
第二节　中小学美术校本课程的实施……202
第三节　中小学美术校本课程教学实践案例分析……212

第十章：中小学美术校本课程的管理与评价

第一节　中小学美术校本课程的管理···235

第二节　中小学美术校本课程的评价···244

参考文献···258

后记···260

课 程 计 划

（建议32课时）

序号	章名	课时	
1	第一章 中小学美术校本课程开发概述	2课时	32课时
2	第二章 中小学美术校本课程的基本形态	2课时	
3	第三章 中小学美术校本课程开发的条件	3课时	
4	第四章 中小学美术校本课程开发的方法与过程	3课时	
5	第五章 中小学美术校本课程开发案例分析	4课时	
6	第六章 中小学美术校本课程教学实践的基本方法	3课时	
7	第七章 中小学美术校本课程的教学设计	3课时	
8	第八章 中小学美术校本课程的教学资料编写与制作	4课时	
9	第九章 中小学美术校本课程教学组织实施与案例分析	4课时	
10	第十章 中小学美术校本课程的管理与评价	4课时	

第一章
中小学美术校本课程开发概述

学习目标

- 了解中小学美术校本课程开发的国内背景及现状。
- 理解中小学美术校本课程开发的价值。
- 掌握中小学美术校本课程开发的基本经验。
- 能够为中小学美术校本课程的开发和实施奠定基础。

知识导图

中小学美术校本课程开发概述
- 第一节 中小学美术校本课程开发历程
  - 中小学校本课程的产生及发展
  - 我国中小学美术校本课程开发概述
- 第二节 中小学美术校本课程开发现状
  - 国外中小学美术校本课程开发现状
  - 我国中小学美术校本课程开发现状
- 第三节 中小学美术校本课程开发的基础知识
  - 中小学美术校本课程的概念
  - 中小学美术校本课程的性质
  - 中小学美术校本课程的基本理念
  - 中小学美术校本课程开发的基础理论
- 第四节 中小学美术校本课程开发的意义
  - 有益于学生培养和教师发展
  - 有益于课程体系的完善
  - 有益于学校特色的打造

第一节
中小学美术校本课程开发历程

面对日新月异的社会变革、科技发展以及新课程改革实践的不断推进,课程的多样化趋势不断加快,教育部颁布的《义务教育课程方案(2022年版)》提出:义务教育课程包括国家课程、地方课程和校本课程三类。

一、中小学校本课程的产生及发展

随着社会的发展,传统的中小学课程教学模式已经不能满足日益丰富的社会文化及精神需求,需要有一种更能够体现特定文化环境和差异化文化背景的课程教学方式和课程方案,来更好地服务于社会,服务于不同文化背景、不同社会环境、不同生活条件下的教育对象。于是,更加能够体现个性化教育特质的校本课程就在这样一个社会大背景下应运而生。可以说中小学校本课程是社会发展的必然产物,也是现代基础教育中不可或缺的重要组成部分。

> **思考**
> 1.校本课程发展经历了哪几个阶段?
> 2.三级课程管理是指什么?

校本课程开发,最早是由爱尔兰阿尔斯特大学的两位学者菲吕马克(Furumark)和麦克米伦(Mcmullen)于1973年7月在英国举行的教育研究革新中心国际研讨会上提出的,这个议题也成了研讨会重点讨论的方向。他们对校本课程开发的相关概念作出解读时认为,校本课程就是以学校进行自主开发为前提,由中央教育局、地方和学校对开发过程中的权责进行再次分配,使课程的开发更加富有民主特征。

20世纪50年代末,美国发起了一场旨在提高全民科学素质,增强国防力量的全国性课程改革运动,但其后并未得到有效实施。继美国课程改革之后,许多其他国家也发动了全国性的课程改革运动,但同样不尽如人意。这种由政府发布、学校执行的自上而下的大规模课程改革的失败,使课程改革的发起者、研究者和参与者开始怀疑这种自上而下改革模式的可行性。经过反思,学者们认为这场新课程改革失败的关键在于这些改革只是由一些从事理论研究的专家们在书本上探究而成,而作为课程教学主体的学生、教师和学校却只是被动的执行者和参与者,课程教学改革的设计者和课程教学执行者之间是相互分离的。这一问题的实质在于对教育对象个性化特征没有引起充分的重视。因此,教育研究者们开始对以学校为主体的课程教学进行思考。

学校是特定环境下的教育场所,教育对象是由这个特定环境下的学生构成的,这样一个相对封闭和固化的环境及教育对象,会形成一个以学校为单位的教学特性。值得注意的是,这种学校单位下的课程教学,具有一定的独立性和特殊性。如果这个学校的课程教学与这个特定"学校"的文化特质不契合,或者没有体现这个学校的教学特质,就无法很好地凸显这个学校课程教学的特色。从这个角度理解,20世纪50年代西方的改革中,建设大规模的统一课程计划和教材,显然弱化了学校的个性化文化特质,因而不能够很好地被各个学校或是学校中的教育对象所接受。因此,从20世纪六七十年代开始,西方部分发达国家的教育理论工作者开始试图寻找一种以学校为基地的课程开发模式,来体现以学校为文化单位的,能够凸显学校(地域)文化特质的课程教学方式。由此,学校美术校本课程开发也初具雏形。

中小学课程教学在长期的统编、规划教材的引领下,形成了一种相对固化的课程教学模式。按照统一的思路,强调课程的规范性、通识性和统一性。从20世纪末起,校本课程的发展经历了数次改革,并呈现出"百花齐放"的态势。中小学校本课程的开发,试图打破原有的课程构架,有针对性的在课程目标、内容、实施、评价等方面进行根本性变革,使中小学校本课程教学更加贴合当下教育的需求。

21世纪以来,校本课程开发进入快速发展时期。校本课程开发在有针对性地突出文化特色同时,提倡"实践—评估—开发"的策略,推崇"以生为本"的课程理念,强调课程的"开放性、民主性、参与性与合作性",把学生的发展置于校本课程开发的中心位置。在校本课程开发的过程中,教育改革者认识到校本课程开发需要关注学生个体的需求,注重中小学生的认知、情感、行为发展的过程,把培养学生的审美意识、合作意识、创新意识和创作能力、交往能力、发现与解决问题的能力作为校本课程教学的重点,让中小学生在活动中学、在游戏中探索,实现学生经验和能力的总结和积累。

近年来,校本课程开发逐渐成熟,形成了体系化的发展。国家对校本课程的性质进行了规范,明确了"以国家课程为主体,奠定共同基础;以地方课程和校本课程为拓展补充,兼顾差异"的中小学课程构架,厘清了校本课程的职能。各级教育部门也出台了许多支持中小学校本课程开发的指导性意见,鼓励有条件的中小学校进行校本课程的开发。

二、我国中小学美术校本课程开发概述

进入21世纪,随着我国经济社会的发展和改革的深化,中小学美术课程开发中的各个要素,包括教材、学生、教师和学校等的教育属性都发生了较大的变化,由国家统一规划、指导下形成的课程教学模式也开始发生改变,为我国中小学美术校本课程开发提供了前所未有的机遇,美术校本课程开发也逐渐成为教育研究和教学实践的热点课题。

(一)三级课程管理模式的确立

随着改革开放的不断深入,社会对文化教育提出了更高的要求,教育也开始呈现多元化发展的倾向。我国幅员辽阔,人口众多,拥有多变的自然环境,多样的民间习俗,多民族的文化背景,较大的城乡文化差异。固化的、统一的教育模式已经不能适应社会发展的需求,国家、社会都需要我们的教育能够根据不同的差异性,培养出符合社会多样化需求、具有创新能力的接班人。这也促使我们国家的教育,尤其是中小学课程教学,开始进行有针对性的改革。

1999年,《中共中央国务院关于深化教育改革全面推进素质教育的决定》提出"试行国家课程、地方课程和学校课程"。

2001年,教育部颁布了《基础教育课程改革纲要(试行)》,明确指出要改变课程管理过于集中的状况,实行国家、地方和学校的三级课程管理,增强课程对地方、学校及学生的适应性,明晰各自的职责与改革方向。这是我国中小学课程教学的一次重要改革,对我国基础教育发展产生了深远的影响。自2001年以来,美术课程教学经历了不断深化发展的过程,三级课程管理体系在美术课程管理和实施中发挥了很大的作用。

2023年,教育部印发了《关于加强中小学地方课程和校本课程建设与管理的意见》,提到义务教育阶段三类课程指国家课程、地方课程和校本课程;普通高中阶段三类课程指必修、选择性必修和选修课程,其中必修和选择性必修都是国家课程,选修课程是校本课程。内容协调配合,要求厘清三类课程关系。义务教育阶段建立以国家课程为主体,地方课程和校本课程为重要拓展和有益补充的课程体系;普通高中要保证基础性、落实选择性、增加开放性,其选修课程内容包括但不限于课程方案规定课程,注重拓展领域、丰富样态。同时提出在省级和学校两个层面加强统筹规划。省级教育行政部门是本地区全面落实国家课程政策的责任主体,要通过制定并实施义务教育课程实施办法和普通高中课程实施指导意见,推动三类课程协同育人。学校是本校落实国家课程政策的责任主体,要通过制定并实施课程实施方案,有效落实国家课程、规范开设地方课程、合理开发校本课程,做好相关内容的统筹安排、整合实施。虽然三类课程具体的功能定位、主题内容及开发主体上有差别,但它们服从并服务于培养有理想、有本领、有担当的时代新人的需要,为此必须加强统筹规划,特别是增强地方课程、校本课程与国家课程的有效配合,形成课程育人合力。

(二)中小学美术课程的改革

2000年,教育部制定的《九年义务教育全日制小学美术教学大纲(试用修订版)》提出教学内容的选择要注意联系学生生活的实际,要按10%—20%的课时比例补充乡土内容,以反映当地社会与经济发展的实际。该大纲从教育对象角度提出了"联系学生生活的实际",从课程内容上提出了"乡土内容"和"当地社会与经济发展的实际",这无疑是一次教育改革的重大进步。

2001年，教育部发布了《全日制义务教育美术课程标准（实验稿）》，对校本课程的开发作出了明确的要求，规定了国家课程的门类、总课时和课时分配比例，同时又为地方课程和校本课程留出了一定课时，并指出美术课程资源包括学校资源、自然资源、社会资源等。合理利用地方美术资源进行校本课程开发，不仅有利于增加美术课程教学内容的丰富性，提升课堂教学效果，还能够凸显出地方的美术教育特色。这次课标是对《九年义务教育全日制小学美术教学大纲（试用修订版）》的进一步完善和细化，其明确了中小学美术校本课程的意义和作用，规范了校本课程的建设，对我国中小学美术校本课程的发展有着重要的指导性作用。

2011年，教育部出台了《义务教育美术课程标准（2011年版）》，提出"积极开发地方美术课程资源""地方课程资源非常丰富，各地美术教研机构、研究人员和教师应努力做好开发工作，有组织地在当地进行调查、了解、分类整理，充分加以利用，积极编写校本课程与教材。农村、边远地区及少数民族地区的学校可以因地制宜，充分利用当地的各种资源，开展有特色的美术教学活动"。

2023年，教育部印发了《关于加强中小学地方课程和校本课程建设与管理的意见》，强调要建立健全教师、社会人士及家长等多方参与的校本课程开发机制。不能只是少数骨干教师单打独斗；要规范校本课程开发的流程，加强学生需求调查、专业论证和实施评估，强化综合性、实践性和选择性；要鼓励开发运用多种形态的课程资源。《关于加强中小学地方课程和校本课程建设与管理的意见》重申《中小学教材管理办法》关于校本课程原则上不编写出版教材的规定。这次政策的出台不仅是落实中央"全员全程全方位育人"的要求，也是完善课程体系的需要，还是激发地方和学校活力的需要。

学习小结

本节主要介绍了中小学校本课程产生及发展的背景及过程，并结合国家相关政策对我国中小学美术校本课程开发的产生及发展进行了介绍，具有较强的理论意义。

练习实践

1. 通过已掌握的知识，结合当地的实际情况，试分析学校美术校本课程开发的背景。
2. 收集美术校本课程的相关资料，试分析一个中小学美术校本课程开发的案例。

第二节
中小学美术校本课程开发现状

本节重点对国内外中小学美术校本课程开发的现状进行较为系统的阐述,一方面能够清晰当前我国中小学美术校本课程开发的现状,另一方面能够了解中小学美术校本课程开发中取得的成绩和需要改进之处,了解新课程教学理念。

一、国外中小学美术校本课程开发现状

20世纪90年代开始,美国和日本等国家相继出台了一些教育改革政策,涉及了一些美术课程资源的开发和利用的相关条例,比如美国于1994年出版的《美国艺术教育国家标准》,以及1999年日本修订的《学习指导要领》。这些政策条文里明确提出了要强化对社区资源的创造性、重复性挖掘和利用,提倡利用广泛的艺术资源,创设出延续、扩展、深化艺术学习能力的教育环境,提出学校与家长、教育人员、地方艺术组织建立密切的伙伴式合作关系,意在倡导要做到根据实际条件,彰显办学、办校的特色,以凸显学生艺术多面的发展。这些政策的实施为学生能够更好地接受美术教育提供重要保障,同时也能够反映出教育决策者对美术校本课程资源开发的重视,对之后的美术校本课程开发具有借鉴和启发作用。

> **思考**
> 1. 简述20世纪美国校本课程开发的情况。
> 2. 中小学美术校本课程开发的现实意义是什么?

美国是最早推行校本课程的国家之一。20世纪初,许多地方学区发起了"以儿童为中心的课程""进步教育运动""课程改革运动"等个性化课程开发活动。20世纪末,中心学校相继开展了"学校完善运动"和"学校有效运动"等课程教学改革活动,学校也开始逐步实施类似于校本课程开发的活动。许多教育文献也着重介绍各学校校本课程改革方案和一些学校实施校本课程的个案。到21世纪,校本课程开发在美国全面铺开,产生了许多优秀的校本课程(部分地区也称为"天才教育课程")。由于各学区之间与州际之间的教育状况差异较大,校本课程政策也是多元化的,主要体现在一部分学校对于校本课程采取较为保守的态度,一部

分学校乐于接受校本课程的开发。但政府对校本课程也是有制度性的规范。如一些州明文规定了校本课程需要教育部门规范课程设置、毕业标准、教材要求、年级划分、测试计划实施。一些州政府通过公布教科书备选清单、制定测试计划等加强对校本课程的管理。

例如：俄亥俄州西切斯特市学校将中小学课程分为常规教育课程和天才教育课程（类似于校本课程）。在学校全学段开设相关课程，其课程教学目的是"向中小学具有特殊需求的学生额外实施个性化教学"，其教学通常采取校际合作的形式共同开发校本课程。

澳大利亚是最早开发和实施校本课程的国家之一，其美术校本课程开发特别关注学生自主选择权。学校在对学生毕业成绩评价中将校本课程成绩纳入评价体系，凸显了对学生个性化发展的重视。在教学实施中，学生可以自主选择感兴趣的某一门特定艺术课程，使学生的兴趣得以充分发挥，强化学生创造性思维的培养和个性化发展。

近年来，俄罗斯、新西兰、英国等国家，也出台了《基础教学计划》《国家艺术课程标准》《国家课程：美术与设计》等一系列的相关政策，从不同层面提出了关于美术校本课程开发的建议，通过有针对性地开发适合特定环境下美术教育的课程，设计有利于学生接受的、使学生感兴趣的校本课程内容，使学生能够学习到易于接受的各种民族艺术、传统艺术、现代艺术等美术形式和文化观念。同时，采用多种形式让学生参与到校本课程开发中来，让他们了解自己的艺术特长和优势，使他们能够更好地接受美术教育。其中，日本东京地区的部分中小学先后开发实施了"东京的校园变画廊计划""利用农村自然资源开展的美术活动""保护生存环境的美术课程""美化商业街活动"等中小学美术校本课程。美国的许多学校也结合不同社区的特点，开发出许多优秀的中小学美术校本课程教学资源。

二、我国中小学美术校本课程开发现状

（一）中小学美术校本课程开发的兴起

与国外发达地区相比，我国的校本课程开发起步相对较晚。在新中国成立后的相当长的一段时间里，国家实行的是统一的一套自上而下的课程管理体系。中小学按照统一的规范，使用统一的教学计划、教材和教学大纲。20世纪80年代中期开始，课程改革的步伐日益加快，我国进入中小学校本课程开发的基础研究阶段，逐步出台了一些相关的教育政策。1981年，在教育部颁布的重点高中教学计划中，提出了"选修课程"的概念。1985年，在教育体制改革方面提出了新的要求，强调要教育分权管理，将课程管理的权力进行下放，提出中小学课程教学在教学形式和教材内容上要多样化发展，这是国家有计划地进行校本课程改革的开端。在教材建设方面，改变了以往全国共用一套教材的模式，在教材编制上实行一纲多本或者是多纲多本的编制思路，基本实现了在国家统一审定基础上教材多样化编制的改革。1988年，上海首先进行了教材多样化的课程试点改革，专家提出"构建三个板块的课程

结构"理论,这个理论在某种程度上被当成是中国校本课程开发的初步构想。

自20世纪90年代以来,校本课程开发改革的进程进一步加快。1999年6月举行的第三次全国教育工作会议,发布了《中共中央国务院关于深化教育改革全面推进素质教育的决定》。其中明确要求建立新的基础教育课程体制,即国家、地方、学校的三级课程管理体系,并对中小学的课程体系、内容和结构方面进行改革调整,由此明确了中小学校本课程的基本概念。至此,义务教育美术课程也进行了很大程度的拓展,特别突出了美术课程资源的利用和开发。1992年,教育部出台了《九年义务教育全日制小学美术教学大纲(试用)》,其中涵盖了美术校本课程开发等有关内容,强调要按10%—20%的课程比例,补充乡土教材。在教育部发布的《全日制义务教育美术课程标准(实验稿)》中,也明确提出了美术课程资源的开发和利用是新课程实施的一个重要组成部分。近几年,随着经济社会的发展,教育资源的不断丰富,美术教育实践活动不断发展和累积,教育行政部门、学校、教师越来越重视中小学美术校本课程的开发和利用,并取得了一大批优秀的成果。

(二)中小学美术校本课程开发的政策支持

教育部出台的《基础教育课程改革纲要(试行)》中明确指出学校在执行国家课程和地方课程的同时,应视当地社会、经济发展的具体情况,结合本校的传统和优势、学生的兴趣和需要,开发或选用适合本校的课程。各级教育行政部门要对课程的实施和开发进行指导和监督,学校有权利和责任反映在实施国家课程和地方课程中所遇到的问题。这表明我国的基础教育课程管理体制,将由原先过于集中的统一课程管理向国家、地方、学校三级课程管理转化,地方和学校将共同参与课程开发,并拥有一定程度的课程开发自主权。

2011年,《义务教育美术课程标准(2011年版)》颁布后,各地逐步开始中小学美术校本课程的研究性实践探索。同时,各中小学积极响应,针对不同学生学情、区域美术资源、办学特色等进行中小学美术校本课程的尝试开发与实践。

2022年,根据《教育部关于印发义务教育课程方案和课程标准(2022年版)的通知》(教材〔2022〕2号)精神,各省市纷纷出台相关文件,进一步深化对中小学课程的管理,如重庆市印发了《关于学习宣传贯彻落实〈义务教育课程方案和课程标准(2022年版)〉的通知》,文件中提到各区县教研机构要指导学校依据我市义务教育课程实施办法,立足本校办学理念,分析资源条件,制定课程实施方案,注重整体规划,有效实施国家课程,规范开设地方课程,合理开发校本课程。各级各类政策和相关文件的出台,带动了国内各中小学美术校本课程的快速发展。

2023年,教育部发布《关于加强中小学地方课程和校本课程建设与管理的意见》,提到要强化五项管理制度。一是审议审核制度。坚持"凡设必审""凡用必审"原则,严格审议审核标准,规范审议审核行为。二是建立地方课程和校本课程建设的分级管理、备案制度。三是课程教学管理制度。省级教育行政部门负责统筹推进本地区课程教学管理工作；地方各级教育行政部门及专业机构督促指导学校加强课程教学管理；学校要在开齐开足国家课程的前提下，加强地方课程、校本课程教学管理。四是专业支持制度。各地要建立健全教研指导制度，开展专题培训，设立研究项目，组织展示交流活动。五是课程监测修订制度。将地方课程和校本课程纳入国家、省级课程监测范围，建立淘汰退出机制和周期修订制度。

（三）中小学美术校本课程开发的机遇与挑战

近年来，中小学美术校本课程的建设发展迅速，却仍然存在着一些有待解决的问题。对学校而言，中小学美术校本课程开发的现实意义在于：一是推动学生个性发展。校本课程的开发可以使学生有更多选择探究和学习的可能。这种可选择性，不仅是"以学生为本"的具体体现，也是对学生差异化知识需求的尊重，能够更好地推动学生个性化发展。二是促进教师专业化发展。中小学美术校本课程开发对教师而言，一方面能够提升教师对课程的认识，另一方面能够更深入地贴近学生，了解学生的实际需求，帮助学生实现自己的价值。三是形成学校特色。校本课程的核心在于"以校为本"，通过学校特色课程的打造，带动"以生为本"的教育，形成学校的教育特色，塑造学校的教育文化。

随着当前校本课程开发的不断深入，校本课程开发实践取得了一定的成绩，积累了一定的经验，个别学校形成了较为成熟的、完备的课程开发机制与模式，推动了课程发展。尽管如此，我国中小学美术校本课程开发仍然面临着一些困难。从整体上看，当前的中小学美术校本课程开发仍然处于不断完善的阶段，在较长的一段时间内都需要不断改进，尤其表现在以下两个方面。

1.概念不清

尽管中小学美术校本课程开发研究取得了一定成果，但对关键概念的理解仍然不够清晰。国家课程、地方课程与校本课程关系究竟如何？"美术校本课程"与美术社团课、美术兴趣小组、选修课的关系又是怎样？诸如此类理论概念上的含混，导致学校和教师在对美术校本课程开发认识上各执一词，引起不少误解，实践操作自然缺乏明确的方向。

需要明确一点，国家课程是课程教学的主体，是培养接班人的导向性课程。地方课程与校本课程是国家课程多样化教学的拓展和补充，是更具针对性的课程教学。地方课程与校本课程的关系在于不同范畴和视角的差异。地方课程更加突出地域化特色的体现，而校本课程更加突出学校办学特色的打造。

2.系统性不够

中小学美术校本课程开发需要学校领导、教师、学生、课程专家、家长及社会人士多元联动，共同努力。但现实中，各方面思想难以统一，部分学校组织不力、投入不够，美术资源的挖掘和利用不够充分。一些中小学美术校本课程的开发呈现出急功近利的现象,使美术校本课程的开发不够深入、系统,临时性、阶段性特征较为突出。

中小学美术校本课程开发需要关注以下五个方面的问题:一是学校对校本课程开发的认同;二是课程开发方案的系统性、科学性;三是课程开发团队的构建;四是课程开发团队中教师的专业素养和环境资源;五是校本课程的体系化建设。

学习小结

自20世纪90年代起,我国开始对义务教育美术课程进行了深层次的改革,强化了对美术课程资源的利用和开发。通过本节的学习,我们初步了解了国内外中小学美术校本课程开发的演化过程和现状,有益于后续内容的学习。

练习实践

1. 结合你所在的地域环境,调研当地中小学开展的美术校本课程情况。
2. 选择一个中小学美术校本课程进行概述分析。

第三节
中小学美术校本课程开发的基础知识

顾名思义,"校本课程"可以理解为"以校为本"的课程或是以学校为单位开发的课程。学校为校本课程开发的主体,要围绕学校办学理念,以人才培养为目标,以学生发展为核心,实施校本课程的开发。本节明确了校本课程和美术校本课程的基本定义,梳理了美术校本课程与美术课、社团活动、课后服务课之间的关系。从美术校本课程开发的实际需求着手,阐述了美术校本课程的性质与基本理念和基础理论,为进一步理解美术校本课程提供了基本的理论依据。

一、中小学美术校本课程的概念

(一)基本概念

《义务教育课程方案(2022年版)》提出义务教育阶段课程包括国家课程、地方课程和校本课程。以国家课程为主体,奠定共同基础;以地方课程和校本课程为拓展补充,兼顾差异。明确指出校本课程由学校组织开发,立足学校办学传统和目标。发挥特色教育教学资源优势,以多种课程形态服务学生个性化学习需求。校本课程是课程类别之一,在课程实施中,校本课程与地方课程、综合实践活动、劳动合占课时总量的14%—18%。

> **思考**
> 1. 如何理解"校本课程"?
> 2. 中小学美术校本课程开发的性质是什么?
> 3. 中小学美术校本课程的基本理念是什么?

美术校本课程是以国家课程方案为指导,遵循艺术课程标准,由学校组织开发,立足本校办学理念,分析美术资源条件,注重规范与因校制宜相结合,统筹校内外美术教育教学资源,以丰富的课程形态服务学生个性化学习需求,对学生进行审美教育、情操教育、心灵教育,培养想象力和创新思维等的课程。学校应合理开发美术校本课程,规范美术校本课程。

（二）相关概念

1.美术校本课程与国家课程

国家课程中艺术课程包括音乐、美术、舞蹈、戏剧（含戏曲）、影视（含数字媒体艺术），一至九年级开设，其中一至七年级均开设美术学科，八至九年级学生在音乐、美术、舞蹈、戏剧（含戏曲）、影视（含数字媒体艺术）中至少选择两项学习，由国务院教育行政部门统一组织开发设置，所有学生必须按规定修习。美术校本课程由学校按规定设置，可以在部分年级开设，与劳动、综合实践活动、班团队活动、地方课程统筹使用教学时间，可分散安排，也可集中安排。校本课程的设置与教学、评价等均由学校自主安排。国家课程奠定共同基础，校本课程是拓展补充，还能兼顾差异充分体现学校办学文化特色。

2.美术校本课程与美术社团活动

美术校本课程是国家课程结构中的一类课程，有明确的课时比例，课程目标明确，统筹规划学习内容、组织实施、开展评价，授课群体较为稳定。美术社团活动根据学生需求选择学习内容，形式多样，活动时间和评价方式等较为灵活机动，社团学生流动性强。

3.美术校本课程与课后服务课

现今，各地各校统筹课内外学习安排，有效利用课后服务时间，创造条件开展艺术活动，发展学生特长。艺术活动的内容可以是美术校本课程内容的拓展和延伸。美术校本课程与课后服务课在学习时间、学生群体上都有差异，美术校本课程内容可以在课后服务艺术活动中进一步学习，拓展延伸。

二、中小学美术校本课程的性质

中小学美术校本课程开发需要遵循国家、地方和学校"三级"课程建设的基本规律，其基本策略是：首先，由国家教育部门制定课程的指导思想和基本目标构架，并主导编撰开发能够体现国家人才培养目标的，具有通识性的、基础性的国家课程；其次，由地方教育行政部门主导，根据地方人才培养目标，制定符合地方教育方针的，能够体现地方文化特色的课程建设指导意见，并主导进行地方课程的开发；最后，由学校主导，依据学校的办学思路、学校特色、文化特质，进行校本课程的开发。国家课程、地方课程、校本课程的开发是构建中小学美术校本课程的基本构架，三者互为补充，相得益彰。根据我国义务教育阶段教育的新要求，基于新时代人才培养的需求，需要构建国家、地方和校本三级课程体系。

校本课程的核心价值是什么？这个问题非常重要。需要明确，中小学校本课程与国家课程和地方课程不是对立的关系，也不是对等的关系，而是从属与补充的关系。从国家课程、地方课程、校本课程三者的价值角度分析，国家课程是中小学课程教学的主导；地方课程是在国家课程基础上,将地方教育目标和特色相结合,形成适合于地方教育的课程体系,是国家课程的补充和拓展;校本课程是在国家课程基础上,将学校办学思路和教育特色植入其中,形成体现学校特色的课程体系,校本课程与地方课程形成对国家课程的补充和拓展。其中,地方课程和校本课程都是国家课程的补充和拓展,但应用的范围和实施的角度不同。三者的关系可以比喻成一棵大树,国家课程是中小学课程的主干,地方课程是教学的分枝,而校本课程则是叶脉。因此,需要明确校本课程在中小学课程教学中所处的位置,明晰中小学校本课程的作用,既不能越俎代庖,也不能妄自菲薄。中小学校本课程开发要做到站好校本课程应有的位置,体现校本课程应有的价值,发挥校本课程应有的作用。中小学校本课程、国家课程和地方课程,三者是相辅相成的关系。中小学校本课程的价值在于与国家课程、地方课程有机结合,使课程教学更有针对性,更加符合学校的办学思路,更加贴合学生的个性化需求,同时能够丰富课程教学内容和形式,也有益于学生创新能力的培养。美术校本课程开发的价值在于将学生、教师、校内活动、校外实践活动、地方美术特色等更好归纳到课程开发中,构建更加丰富的多样化课程体系,满足不同学生的发展要求,为学生的全面发展提供更大的可能性。

学校美术校本课程既要让学生获得基础的美术知识,又要让学生领悟美术学家在研究过程中所持有的观点以及解决问题的思路和方法,并期待学生主动地参与学习过程,在亲历提出问题、获取信息、寻找证据、检验假设和发现规律等过程中习得美术学知识,养成理性思维的习惯,形成积极的审美态度,发展终身学习的能力。义务教育阶段的美术校本课程是以提高学生美术核心素养为宗旨的学科课程,是树立社会主义核心价值观、实现立德树人根本任务的重要载体。

三、中小学美术校本课程的基本理念

(一)坚持素养导向

核心素养是课程育人价值的集中体现,是学生通过课程学习逐步形成的适应个人终身发展和社会发展需要的正确价值观、必备品格和关键能力。艺术课程围绕核心素养,体现课程性质,反映课程理念,确立课程目标。艺术核心素养中"审美感知、艺术表现、创意实践、文化理解"四个方面如何落实在具体的课程目标、课程内容、学业要求和学业评价之中是教学工作的重点,也是教学的方向。美术校本课程的开发不仅要强调学生学习基本技能和基础知识,还要考虑学生在发展中对于知识技能的迁移和共情能力,是将外在知识转化为内在的表现。在教学过程中多以艺术实践、探究活动为载体,鼓励学生积极参与,加强学生对于美术的形式与意境美的体验、表现、创造,增强学生美术学习的实践能力和创造能力。

(二)课程内容校本化和个性化

课程标准由国家统一实施,具有强制性和一致性,每位适龄儿童都要以课程标准为培养目标进行学习,这是国家对每位儿童的基本要求。为了更好地实施校本课程的校本化,每位美术老师都需要以课程标准为基础,融入学校的办学特色,针对不同年龄阶段的孩子加以细化,根据其身心发展的特点,辅以创新型的课堂形式,以促进学生全面发展为原则,寻求最为合适的教学方式。

学校和教师通过选择、改编、整合、补充、拓展等方式,对国家课程和地方课程进行再加工、再创造,使之更符合学生的特点和需要;充分发挥不同学校的办学优势与不同老师的教学特色,促进学生各个方面协调发展,激发学生的兴趣爱好,形成个性化培养,真正满足学生生存与发展的需求,以适应不断发展的社会需要。

(三)关注文化与生活

在新课标的要求下,充分利用地区资源进行合理的校本课程开发,开展特色的美术课程,对文化的传承有着十分重大的价值。以立德树人为根本任务,培育和践行社会主义核心价值观,着力加强社会主义先进文化、革命文化、中华优秀传统文化的教育。充分发挥校本课程在培养学生审美和人文素养中的重要作用,有助于增强学生保护民族文化遗产的责任与意识,促进非物质文化遗产的抢救保护,激发热爱家乡、热爱祖国的情感,增进民族团结。在校本课程中,教师所开发的课程贴近学生的生活,创设与其生活相关的学习场景与氛围,能够激发出学生认知中已存在的知识与新知产生链接,缩短新旧知识的差距。引导学生积极参与各类艺术活动,感受美、欣赏美、表现美、创造美,丰富学生审美体验,学习和领会中华民族艺术精髓,增强中华民族自信心与自豪感,了解世界文化的多样性,开阔艺术视野。

(四)强化评价促发展

美术校本课程的设计和实践者要围绕核心素养、课程总目标和分段目标,根据校本课程的内容要求、质量要求和学业标准,对学生进行全面、综合的评价。关注学生掌握知识技能的同时,注重学生价值观、行为品格和综合能力的评价。通过研读学业质量标准,把握美术校本课程的宏观教育目标,明确评价的教学和育人价值,实现从内容本位、学科本位向素养本位、学生发展本位为目标评价理念的根本性转变,建立以过程评价、综合评价为主的评价制度,改进评价方式,强化实践导向,注重体验、探究、制作等活动过程,有效利用作品、制品、产品等综合反映学生素养发展状况,原则上不进行纸笔测验。建立新型课程供给制度,探索课程购买制度,推进课程资源共建共享。

四、中小学美术校本课程开发的基础理论

我国的美术校本课程开发主要是在近代教育研究中的建构主义、陶行知生活课程和人本主义教学等理论思想的共同指导下形成的。

(一)建构主义理论

建构主义是认知心理学派的一个分支,可以理解为个体对感知和理解事物的思维方式的构建。这种思维方式学界称为"图式",是指个体或学习者对世界的知觉理解和思考的方式。个体在受到内在、外在因素的影响下,形成了图式的构建。图式是人类认识事物的基础。

建构主义的核心在于图式的形成。从认知范畴理解,有两种建构主义:

一是个体建构主义,是指学习者在自身因素影响下形成图式的构建。学习者通过新、旧知识经验的相互作用,来形成、丰富和调整自己感知和理解事物的方式。如,探究式学习就是个体建构主义的观点在具体教学中的运用。

二是社会建构主义,是指学习者在环境等外在因素的影响下产生的感知和理解事物方式的转变。其认为学习(感知和理解事物)是一个文化参与的过程,学习者通过参与同体的实践活动来建构图式。参与、合作、互助是社会建构主义的核心价值。

建构主义强调学生学习的多方位合作与交流发展,引导学生应从已有知识的经验中萌生新的经验,自觉地去建构创新性知识体系。此理论运用在中小学美术校本课程开发中,需要注重与现实生活、社会实践交叉重叠,让学生在文化情境中认识美术,学会尊重艺术文化的价值,凸显美术教育的人文性。通过中小学美术校本课程的学习,促进学生与同学、家长、老师的广泛交流,满足学生感知与体验的需求。

(二)陶行知生活课程理论

生活课程理论是我国教育家陶行知先生在杜威教育思想基础上形成的一种教育理论。其深刻地影响了我国近当代教育的发展,对当前的新课程改革以及中小学美术校本课程开发有着重要的现实意义。

生活课程理论的核心价值是让人摆脱生物学意义和动物学意义上的人,成为有思想、独立人格、身心健全的人,成为"真"人,成为"活"人。延伸到教育学,则是要求在课程学习中追求培养学生的健全人格。

陶行知先生认为生活即教育。其一,应该以改善学生的生活品质,让学生具有"对美好生活的向往"为课程目标;其二,课程内容应该是以生活为中心的知识,没有以生活知识为支撑的课程内容是僵死的课程内容;其三,生活课程的资源应该来源于社会,社会的教育资源也就是学校的课程资源,社会到处是生活,也就是社会到处是教育资源和课程资源。按照生

活课程理论,中小学美术校本课程开发应该重视从现实生活中挖掘课程资源,注重课程实施过程中的生活实践。在中小学美术校本课程实施过程中需要关注课程与具体生活相结合,教师要充分考虑学生的经验,重视学生的学习兴趣,关注社会的现实。

陶行知先生反对传统意义上的课程评价制度,反对为考试而教、为考试而学的做法,认为课程评价应关注学生创新能力和实践能力的培养。

(三)人本主义教学理论

人本主义教学理论产生于20世纪五六十年代的美国,目前已经发展成为一种完善课程观。人本主义心理学家马斯洛(A. Maslow)、罗杰斯(K. Rogers)等人强调学校教育要尊重学生的本性和需要,因此人本主义课程又称为人性中心课程。人本主义教学理论是从人本主义思想中延伸出来的一种教学实践理论,其强调学习是面对一个身心完整的人,强调人的情意、情感和人格的重要性,该理论创始人马斯洛提出"人性的更高本性,强调了人性的高度性质与整体性质,人生来就具有一种蕴藏着无限潜能的内在自然,自我实现的过程就是内在自然的充分展露"。

在人本主义教学理论支撑下,中小学美术校本课程开发应当认识到学生是处于认识发展的初期,各年龄段心理发展程度不同,需要针对低中高各年级情况设定相应的美术校本课程。以人本主义教学理论为依据,对学生已有的认知结构充分利用并适当扩展,对生活中经常见到的和印象最深刻的美术课程资源进行开发,创设对学生有利的情景刺激,引导学生在各情境设置的联系中形成艺术素养和自主学习能力,为终身学习奠定基础。

基于人本主义教学理论,学校在课程决策时需要遵循以下原则:

(1)课程决策须以尊重学生为前提,课程目标、内容及实施应适合于学生身心发展特点。根据这一原则,课程需要适合学生存在的个体差异,课程需要因人而异。

(2)课程决策应充分考虑课程内容与学生生活及社会现实的紧密联系。因为儿童是生活在现实社会中的,不可避免地与社会生活发生各种联系和相互作用,因此人本主义者也强调课程的社会相关性,这样才能体现学生学习的主体性。

(3)课程决策应该顺应课程综合化发展的时代主流。人本主义教学理论强调知识课程与情意(体验)课程整合。

(4)课程决策应当关注学生及影响学生成长的环境因素(包括家长及社区)的参与作用。人本主义教学理论强调学生、家长及社区参与课程计划及其实施方案的制定,将有可能影响课程教学的所有人(全体学生、教师、家长、行政人员、居民等)纳入课程设计与开发的要素之中,从而形成一个包括显性课程和隐性课程在内的大课程观。

学习小结

通过本节的学习,清晰了中小学美术校本课程的概念,理解了中小学美术校本课程的性质,掌握了中小学美术校本课程的基本理念和开发的基础理论。为后续课程的学习奠定了基础。

练习实践

选择一个中小学美术校本课程,试析该课程的课程性质、理念,以及运用了哪些基础理论。

第四节
中小学美术校本课程开发的意义

从学生发展的角度来说,注重每一名学生的发展是新时代新课程的核心理念,也符合以生为本的教育理念,但同时也要与地方、学校的实际相结合。本节从对师生发展的价值、对课程发展的价值以及对学校发展的价值三个方面,阐述通过开发和实施美术校本课程,不仅能够形成学校的特点,也能够满足学生个性化成长需求,还能够促进教师专业化发展,培养学生的美术学科核心素养,实现教学相长的良性发展,丰富美术课程的内容,从而更有效地落实新课标要求,打造充满生机与活力的美术课堂。

一、有益于学生培养和教师发展

中小学美术校本课程开发对学生培养有着重要的作用。在国家三级课程框架下,因地制宜进行适当的校本课程开发,在一定程度上能够弥补国家课程针对性不强的弱点,照顾差异性,满足不同学生发展的需求。从某种角度来说,正是学生的个性化差异,才使得学校课程多样化成为可能——学校根据学生的需求提供符合学生个性发展的课程,供学生学习。中小学美术校本课程开发能够将学生、教师、校内活动、校外实践活动、地方美术特色等更好地融入课程教学中,提供更加多样性和灵活性的课程体系,满足不同地区、不同学校学生的不同发展水平的要求,为促进学生的全面发展提供有利的条件。

> **思考**
> 学校实施美术校本课程开发的意义体现在哪三方面?

中小学美术校本课程开发对提升教师综合素质起到重要的作用。教师是学校实施课程教学的基本组成部分,也是校本课程开发的主要力量。《义务教育艺术课程标准(2022年版)》中明确要求美术教师要熟练掌握专业的知识,明确课程要求,具备自主学习、知识更新和创新探索的能力,同时需要具备课程开发的能力。通过以往中小学美术校本课程开发实践发现,校本课程的开发有助于提高教师的理论认知和实践教学水平,有利于进一步强化教师的校本课程理解能力以及对学校的归属感,能够激发教师的教学工作热情,提高教师的专业技能。校本课程开发也是教师自我学习、解决问题、学会反思和持续改进、提升创新研究能力的过程，这种有目标的学习能够有效地促进教师专业素质的提升。

二、有益于课程体系的完善

中小学美术校本课程开发的一个重要特征就是"校本"。课程的"校本"化，体现在能够有效丰富课程教学，在教学内容、教学形式、教学方法上形成多样化。校本课程是国家课程的补充和拓展，能够使中小学课程教学特色化、多样化，让学生拥有更多的选择。因此，校本课程开发需要转变传统的课程观念，勇于探索，促进美术课程多样化发展。

三、有益于学校特色的打造

中小学的办学特色是指中小学在长期的办学过程中根据自身发展需求和社会责任，制定并形成的有别于其他学校的特有的办学理念、办学思路、办学风格，以及在人才培养、教学研究、校园文化等方面形成的特色，这种特色是学校持续发展的基本保障。其中的办学理念、办学思路、办学风格以及人才培养的核心是课程教学，而校本课程则是体现课程教学特色的重要一环。校本课程能够依据学校特有的办学理念、办学思路、办学风格，基于特有的文化历史、社会环境、师资生源等因素，充分利用内外部条件，面向学生学习需求，有针对性地选择课程资源。中小学美术课程在培养目标、课程资源和教学方式上都具有独特的优势，开发中小学美术校本课程对打造学校特色会产生积极的影响。

学习小结

通过本节的学习，了解了中小学美术校本课程开发对师资队伍建设、学生培养、课程建设、学校发展等都会产生积极的影响。

练习实践

结合已掌握的知识，选择一个中小学美术校本课程，试析其开发的意义。

第二章

中小学美术校本课程的基本形态

学习目标

- 了解中小学美术校本课程的基本类型、基本结构和基本内容。
- 理解中小学美术校本课程基本类型、基本结构和基本内容形成的规律。
- 掌握中小学美术校本课程基本类型、基本结构和基本内容的相关基本知识。
- 能够根据已学习的中小学美术校本课程基本类型、基本结构和基本内容知识,对中小学美术校本课程进行系统的分析。

知识导图

中小学美术校本课程的基本形态

- 第一节 中小学美术校本课程的基本类型
  - 从授课环境角度划分
  - 从教学形式角度划分
  - 从授课内容角度划分

- 第二节 中小学美术校本课程的基本结构
  - 横向课程结构
  - 纵向课程结构
  - 螺旋形课程结构

- 第三节 中小学美术校本课程的基本内容
  - 中小学美术校本课程内容的基本特征
  - 中小学美术校本课程内容的"四类艺术实践"

第一节
中小学美术校本课程的基本类型

为什么要了解中小学美术校本课程的基本类型？一方面有助于学生对中小学美术校本课程构成形态有更深入的认识，清晰中小学美术校本课程的类型构成，从而能够进一步有针对性地进行学习。另一方面分类是学科研究的基础和重要组成部分，通过分类能够清晰地梳理研究和有效剖析研究对象（课程）的内在构成关系，有助于系统地学习和理解。

中小学美术校本课程的基本类型需要基于对课程教学的不同认识来进行划分。课程类型的划分不是千篇一律的，不同的视角会呈现不同的课程类型，但需要确定一个科学的、合理的观察视角进行类型的划分。

中小学美术校本课程从授课环境角度，可以划分为课堂教学类型和课外教学类型；从教学形式角度，可以划分为欣赏课、技法课和考察调研课等类型；从授课内容角度，可以划分为民族传统文化、校园地域文化、民俗民间艺术、现当代文化艺术等类型。

一、从授课环境角度划分

（一）课堂教学类型

课堂教学类型是指在学校固定的日常教学环境中实施教学的中小学美术校本课程，包括班级教学环境、学科教学环境、公共教学环境等。班级教学环境指班级教室；学科教学环境主要包括画室、特定的专业教室等；公共教学环境包括学校公共教室、微格教室、录播室等。不同的课堂教学环境会对中小学美术校本课程产生一定的影响，应该有针对性地进行课程调整。尤其在课程内容的开发上，需要对教学资料的使用以及教学方式方法的应用有针对性地进行设计，以适应课堂环境的教学。该类型课程的特点在于：(1)相对封闭的教学环境；(2)相对固定的教学对象；(3)较为完善的硬件条件；(4)相对稳定的教学

> 思考
> 1. 中小学美术校本课程的基本类型有哪些？
> 2. 请列举你所了解的美术校本课程属于哪种基本类型。

时间;(5)相对固化的教学方法和过程。课堂教学类型适合于需要在较为封闭、稳定的教学环境中实施知识性较强、逻辑性较强、课程教学环节严谨、不易受环境干扰的知识性及实践性中小学美术校本课程。

(二)课外教学类型

课外教学类型是指在学校固定的日常教学环境以外的环境中实施教学的中小学美术校本课程,其教学实施环境主要包括公共展示环境、学科交流环境、公共社区环境、自然景观环境等。课外教学类型的特点在于环境的随机性、多样性和开放性。随机性是指课外教学类型课程在教学中会出现一些不可测的因素,因而在课程内容和教学形式的开发中需要考虑教学随机应变的需要,形成生动灵活的教学形式。多样性是指根据教学环境的特点在课程内容的选择上、在教学形式设计把握上形成多样化的特点,多样性会使课程教学内容丰富、形式多样。开放性是指课程教学环境和受众对象的开放。教学环境的开放性会对课程实施方法和过程的设计产生较大影响。受众对象的开放性会对课程内容的开发产生一定的影响。课外教学类型课程注重学生的实地感受、场景体验、感性认知,适合于鉴赏类、考察类、调研类、实践类校本课程的开发。博物馆、美术馆、文化馆等环境适合实施鉴赏类、考察调研类课程,科技馆、工厂、学校、工作室等学科交流环境适合实施考察调研类和操作实践类课程,小区、街道、商场、公园等公共社区环境适合实施考察调研类课程,自然景观环境适合实施鉴赏类、考察调研类课程。

二、从教学形式角度划分

中小学美术校本课程教学形式多种多样,可大致归纳为欣赏课类型、技法课类型、考察调研课类型。但在实际课程开发设计中也会形成不同课程类型的综合。

(一)欣赏课类型

欣赏课类型是以作品鉴赏、分析、评价等方式进行教学的课程类型。通过教师的讲授和学生对作品的感受、理解、想象、鉴别等活动,引导学生正确认识作品,实施审美教育和品德教育。该类课程以欣赏、分析、讨论、评价等教学形式为主,注重师生间的互动。

(二)技法课类型

技法课类型是以美术技法操作、实践为主进行教学的课程类型。该类课程注重课程的实操性,通过教师的讲授、示范,指导学生对特定的美术技法进行学习和掌握。技法课类型课程注重学生动手能力的培养,引导学生建立对方法过程的认识。该类课程以讲授、示范和指导相结合的形式实施教学。

(三)考察调研课类型

考察调研课类型是以实地考察调研为主进行教学的课程类型。注重培养学生的观察、收集、分析、整理能力,培养学生形成发现问题、认识问题、分析问题的能力。考察调研课类型课程提倡把学生当成课程建设的主体,并以学生为中心建立自主、合作、探究的课程教学方式。

三、从授课内容角度划分

中小学美术校本课程的授课内容题材丰富、多姿多彩,大致可划分为民族传统文化类型、校园地域文化类型、民俗民间艺术类型和现当代文化艺术类型课程。中小学美术校本课程开发需依据"校本"的导向和定位,依据学校环境特色、教学特色选择课程内容,突出学生导向,给予学生更加丰富的、特色的、多视角的审美教育。

学习小结

中小学美术校本课程的基本类型划分方式有很多,需要通过不同的视角去进行把握。中小学美术校本课程的开发需要通过系统梳理其将要开发的校本课程类型,清晰校本课程开发的目标,有针对性地选择课程内容,设计行之有效的课程教学方法,达到校本课程人才培养的目标。

练习实践

1. 结合已掌握的知识,调查你所在区域内一所中小学校开设的美术校本课程的基本类型,并加以系统阐述。

2. 尝试从不同视角进行中小学美术校本课程类型的划分。

第二节
中小学美术校本课程的基本结构

课程结构是指构成课程的各要素构架特征，主要是指课程内容的结构特征和构成方式。

中小学美术校本课程的基本结构主要包括横向课程结构、纵向课程结构和螺旋形课程结构。

> **思考**
> 1. 了解中小学课程类别和科目设置。
> 2. 了解中小学美术课程基本结构。

一、横向课程结构

横向课程结构注重课程的横向设计，以课程主题为起点，课程结构呈现横向开放性的、发散性的拓展。该结构主要适合在知识拓展、专题研讨等类型的课程中应用，如赏析类课程、创意类课程、拓展性探讨类课程。

【课程案例】

中小学美术校本课程"扎染"

该课程为较为典型的横向课程结构，即以扎染课程学习内容为主题，进行深入探究式教学。

一、课程概述

扎染是一门历史悠久的工艺美术，是中国民族文化几千年来积淀的艺术结晶，有着其他工艺无法达到和代替之美。传统的手工扎染具有实用性和艺术性双重功能，有其独特的艺术风格，且制作工艺简便、有趣。扎染校本课程的开发注重校与校、生与生之间的差异，通过采用适合学情的课程，促使其向着多样化、个性化的方向发展。扎染校本课程的实施原则是以生为本，内容以扎染知识为主，拓展其他三个子课程。

二、课程内容

1. 扎染知识。

（1）欣赏扎染作品。

(2)了解扎染艺术的基础知识,拓展和加深对中国民间艺术的初步认识和体验,感受浓厚的民间气息。

(3)以创新为主,进行本课技法的延伸和拓展,给予学生足够的想象空间,拓展与"染"相关的学科知识领域的探究活动,突出敢于实践、勇于创新的学习精神。

(4)介绍中国民间艺术——扎染的悠久历史与独特的文化背景、扎染作品、制作技法以及与学科拓展整合的人文知识、民族文化,让学生在学习、制作、创新的过程中,感受文化内涵,提高人文素养,激发民族情怀。

2.扎染手工。

结合生活实际,开设手工课程,动手制作一系列生活中实用性、装饰性手工作品。

3.天然植物染料。

用植物染料代替化学染料,激发学生对生活中的科学产生浓厚兴趣。把生活中的瓜果、蔬菜、植物、茶叶等能产生浓重颜色的有机物都收集起来,通过压榨、研磨、萃取等手段提炼汁液作为染料进行染色。

4.扎染展示。

打破传统的静态美术作品展,开设扎染展示课程。将学生的扎染作品,以动态的形式展示出来。

一、二年级学习点染和夹染;三、四年级学习捆扎、手工、展示;五、六年级学习缝扎、植物染料课程。

三、课程目标

1.知道我国扎染的历史、文化、特点以及扎染的艺术特征。

2.掌握扎染基本技法。

3.感受扎染艺术的魅力,弘扬民族文化,激发对我国扎染艺术的兴趣,培养审美意识。体验扎染艺术带来的快乐,获得对扎染的制作、创作的持久兴趣,增强民族崇敬感、自豪感。

4.在扎染作品的制作过程中感受民间艺术的特色,培养吃苦耐劳、勇于创新的精神。激发继承和发扬优秀传统文化的意识和使命感。

四、教学重点与难点

教学重点:掌握扎染技巧。

教学难点:感受扎染魅力。

五、有效推进课程的措施

本课程既独立成为课程,又是美术教育课程的补充和延伸。一、二年级在延时课中开设扎染课程;三至六年级在选修课程中开展扎染教学活动。

1. 注重对学生审美能力的培养。

教学中遵循审美规律,从单纯的技能、技巧学习,拓展到美术文化的学习,多给学生感悟艺术作品的机会,引导学生展开想象,通过欣赏、比较、讨论、创作等方法,引导学生体验、思考、鉴别、判断,努力提高他们的审美情趣,感受优秀传统文化的博大。

2. 在创作过程中,注重培养学生的合作精神和良好的意志品质。在教学过程中,为学生创设合作学习的情境,指导合作交流的方法。在制作过程中,鼓励学生战胜遇到的困难,培养耐心、细心的良好品质。

3. 民族工艺的学习应从单纯的技能、技巧学习层面提高到美术文化理解和审美感知层面,通过创设一定的文化情境,丰富文化内涵,弘扬民族文化,培育民族精神,加深对艺术的社会作用的认识,树立正确的文化价值观。

4. 将扎染融入学校校园文化建设中。

5. 开设校本培训,全体教职员工学习扎染。

六、活动教具与学具的准备

扎染的实物及图片、教学PPT、白棉布或白丝绸、棉线、剪刀、水桶、染料等。一、二年级学习点染和夹染;三、四年级学习捆扎、手工、展示;五、六年级学习缝扎、植物染料课程。

七、教学活动安排表

表2-1 教学活动安排表

时间	年段内容	固化活动	师资培训	文化建设
9月	全学段:扎染欣赏			廊道扎染作品布置适时更新、教室扎染作品布置适时更新、学校幻灯片背景适时更新、学校纸质资料封面设计适时更新、校园文化建设适时更新
10月	一、二年级:纸上点染;三、四年级捆扎;五、六年级平缝			
11月	一、二年级:布上点染;三、四年级捆扎;五、六年级平缝		全体教职员工扎染技法培训	
12月	一、二年级:夹扎;三、四年级捆扎;五、六年级折上缝			
3月	一、二年级:夹染;三、四年级手工;五、六年级珍珠花	谷雨晒蓝活动		
4月	一、二年级:夹染;三、四年级手工;五、六年级植物染料			
5月	全学段:作品展示	艺术节展示		

二、纵向课程结构

纵向课程结构是以课程主题为起点,沿着课程主题主线,实施纵向的、由浅入深的、由易到难的课程教学。该结构主要适合在知识点分析、美术技法探究等类型的课程中应用,如专题讨论类课程、技法研习类课程。

三、螺旋形课程结构

螺旋形课程结构是以课程主题为起点,一方面沿着主线呈现纵向课程结构特征,另一方面围绕主线进行拓展性运动。如此,既突出课程主题的主导性,又能够围绕主题进行拓展知识的学习。该结构在实际教学中应用非常广泛,既能够应用于专题探究类课程,也能够应用于知识拓展类课程,需要根据课程设计的需求来进行科学的规划。

【课程案例】

中小学美术校本课程"蔡家草把龙"

重庆市状元小学将"蔡家草把龙"引进校园形成多学科融合、馆校联动的校本课程。该课程结构是较为典型的螺旋形课程结构,体现了美术校本课程与其他课程相融合。

一根根普通的稻草,在蔡家草把龙传承人刘映升老人的手中上下翻飞、纵横穿插,一个个惟妙惟肖的龙头、龙须、龙尾便逐渐呈现出来,孩子们看得如痴如醉。状元小学根据学校实际情况,在三到六年级开设编龙的课程。教学以每个部件1课时的形式一步步开展。草把龙以稻草为基本材料,整个龙身由头到尾共分为9节,由龙头、龙身、龙尾、龙眼、龙须、龙衣、龙把等部分构成。此外,还有逗引草把龙的龙珠。

"行行出状元,人人放光彩",就是全面提高学生的多元能力,建设特色鲜明的学校教育。尽可能地促进学生的体能、智能、活动能力、道德品质、情感意志等素质自主、和谐、能动地发展,让每一个学生都找到自己放光彩的独特领域。学校把本地民间农耕文化——蔡家草把龙引进校园,融于体育活动之中。西南大学体育学院提供师资力量,为草把龙在状元小学顺利开展各种活动提供了技术指导,建起了西南大学体育学院、蔡家草农耕文化陈列馆——草把龙状元小学实践基地。西南大学体育学院教授、蔡家草农耕文化陈列馆专家以及西南大学在校学生定期到学校开展舞龙教学活动,把脉草把龙的发展方向。学校充分利用社会高校资源,并有效地引入社会的资金和技艺支持校园文化建设,实现了资源共享、共同发展。

草把龙的教学内容和教学方法:从三年级开始学习草把龙编制。三年级学基本编法,四至六年级学造型,老师及各班选派的3名学生、3名家长,由工作室教师集中培训1周时间,学编龙头、龙身、龙尾。利用劳技课学编草把龙。要求各班级互帮互学,高年级帮扶低年级,组织家长委员会协助学生编制,在编制过程中贯穿历史文化教育,激发学习兴趣。介绍龙的知识、状元龙赋、蔡家草把龙的来历、龙的各个组成部分的意义、龙的各种故事传说、龙的成语、校训释义等。

草把龙课程学习纲要

低段目标(一、二年级)：

(1)了解草把龙文化的起源及历史。

(2)掌握跑跳步、擎龙、打浪动作,能说出动作名称。

中段目标(三、四年级)：

(1)了解草把龙的起源及历史,感受草把龙的文化内涵。

(2)掌握草把龙制作的基本技法,能完成简单的原地八字、跳龙珠、定型的盘龙。

高段目标(五、六年级)：

(1)感受我国民间草把龙的文化内涵,形成爱家乡文化、立志传承的情感。

(2)熟练掌握草把龙的制作方法,能熟练完成游龙、八字、快穿进、跳龙身、龙舟、中字技术动作。

(3)学会创编简单的草把龙动作,形成技术创编能力。

校龙队目标：

(1)在前面的基础上加强套路的训练,包括组合动作和单个动作的技术配合。

(2)整套自选套路的强化训练和巩固。

草把龙文化渗透到其他学科,实现了以课程为实践载体创建特色学校的校园文化目标。语文课程可以以龙文化故事的形式进行挖掘,或以作文比赛的形式,启发学生了解和认知这一文化。美术课程教授学生用水彩笔勾出龙的各种姿态、画出龙的不同颜色,通过手工课的撕、摆、贴、剪等方式表现草把龙的热闹场面。音乐课程学习中教授的打击乐器、音乐欣赏,都以调动学生对民间艺术产生浓厚的兴趣为基础。

(案例来源:范书春《民俗体育推动校园文化建设的实践经验研究——状元小学引入蔡家草把龙为个案》,有修改)

了解了中小学美术校本课程基本结构,在实际应用中要根据课程设计的需要设计适合的课程结构,做到灵活应用。

学习小结

通过本节的学习,了解了中小学美术校本课程的基本结构。除此以外,还有很多不同的课程结构,呈现的两个典型案例从不同侧重面体现了不同课程结构的实际应用。在实际开发实施过程中需要根据学校特色、地域特色设计不同的课程结构。

练习实践

对一个中小学美术校本课程的基本结构进行系统的分析。

第三节
中小学美术校本课程的基本内容

中小学美术校本课程相对于美术学科国家课程来说,从课程目标到课程结构,从课程内容到课程评价都存在一定的差异。就课程形态来审读,其突出表现在课程内容的差异上,具体体现出主体性、适宜性、地域性、动态性、生本性等特征。

一、中小学美术校本课程内容的基本特征

(一)中小学美术校本课程内容的主体性

主体性是指确定课程内容的主体属性,或者说该课程是谁来开发、谁来决策,课程是为谁上的。确定了主体性才能够清晰课程开发的主体责任人、课程教学对象、课程教学目标、课程内容、课程实施等一系列问题。

中小学美术校本课程内容开发依据《义务教育课程方案(2022年版)》实施,该方案指出"学校依据省级义务教育课程实施办法,立足本校办学理念,分析资源条件,制订学校课程实施方案,注重整体规划,有效实施国家课程,规范开设地方课程,合理开发校本课程"。校本课程内容开发的主体性表现在:从校本课程开发的角度,其主体是学校;从人才培养的角度,学校是从学生的角度确定课程内容,其主体为学生;从课程教学的角度,课程内容需要适合课程教学,其主体是教师。从不同的视角分析,学校、学生、教师三者都是制定课程内容的主体,但呈现不同的属性。学校是决策者、投资者;学生是学习的主体,是课程教学的受众体;教师是课程的设计者和实施者。学校、学生、教师"三位一体",互为补充,不可分割,形成具有辩证关系的中小学美术校本课程内容的主体性。

> 💡 **思考**
>
> 1. 正确理解中小学美术校本课程内容主体性的辩证关系。
>
> 2. 中小学美术校本课程内容的生本性需要重点把握哪三方面的因素?
>
> 3. 正确理解中小学美术校本课程内容的"四个领域"。

(二)中小学美术校本课程内容的适宜性

中小学美术校本课程内容的适宜性是指中小学美术校本课程内容的设计需要与设计主体合适、相宜。具体表现为:

(1)适宜学校办学理念、办学特色,美术校本课程内容需要与学校历来的传统特色相结合,让课程有根基,内容有深度;

(2)适宜学情,美术校本课程内容的选择需要符合学生的特性、学生的认知、学生的需求,有利于学生知识的理解和吸收;

(3)适宜教师,美术校本课程内容的选择需要符合教师特点、教学方式、教学习惯,使教师能够更好地把握课程、实施课程;

(4)适宜环境,每所学校教学软硬件环境都有一定的差异和特点,美术校本课程内容的选择需要适应不同学校的教学环境。

(三)中小学美术校本课程内容的地域性

2023年,教育部印发《关于加强中小学地方课程和校本课程建设与管理的意见》指出"结合实际,充分挖掘当地自然、社会、人文、科技资源,构建主题内容、呈现形式和实施方式等各具特色的课程,发挥独特育人价值"。美术校本课程内容的选择要注意地域特色,即关注学校所在地域所蕴含的具有教育和审美价值的美术文化资源。以地域优秀传统文化为主体,包括民间艺术、自然景观、民俗风情、文物古迹等。具有地域特色的美术校本课程,更易于加深学生对当地文化艺术的理解。例如陕西地域的面塑、重庆地域的鹅卵石画、云南地域的扎染等都具有地域特点。

(四)中小学美术校本课程内容的动态性

中小学美术校本课程内容的开发是依据学校课程开发的诸多因素决定的。这就导致课程内容需要根据课程目标、课程资源的情况、教师的知识储备、学生的需求等方面的因素来确定,使校本课程内容存在一定的动态性。在中小学美术校本课程内容的动态性方面需要重点考虑三方面的因素:一是资源的动态因素,二是教学的动态因素,三是学生的动态因素。其中,资源的动态因素需要重点把握,它直接影响教学的动态因素、学生的动态因素。在资源的动态因素中,需要重点考虑文化、地域、民俗等多方面的美术资源。在校本课程开发和实践过程中,需要依据课程开发和实践的实际需要不断调整和充实课程资源,来完善课程体系。

在中小学校本课程开发与实践中,教师在课程设计中需要依据资源的动态性和学生的动态性反馈来调整教学内容。

(五)中小学美术校本课程内容的生本性

所谓"生本性"就是以学生为本,站在学生的角度去审视校本课程的开发。寻找身边的美术校本课程资源,能更好地提高学生的美术素养和实践能力。中小学美术校本课程内容的生本性需要重点把握以下三方面的因素:

一是中小学美术校本课程内容的开发和规划需要以立德树人为根本任务,要立足核心素养内涵,坚持以美育人、以美化人、以美润心、以美培元,引领学生在健康向上的审美实践中感知、体验与理解艺术,逐步提高感受美、欣赏美、表现美、创造美的能力,同时,课程内容的选择应有益于学生养成教育;

二是中小学美术校本课程内容的开发和规划需要以学生实际需求为本,系统规划课程内容,明确学生的学习目标,让学生明晰学习的目的和能力发展的方向,让学生逐步学会规划自己,自我完善;

三是中小学美术校本课程内容的开发和规划需要以学生个性需求为课程内容开发的依据,遴选和组织课程内容,让学生有提升的学习动力。

二、中小学美术校本课程内容的"四类艺术实践"

中小学美术校本课程的内容要从"学科本位"转向"育人本位",按照《义务教育艺术课程标准(2022年版)》的要求,强化学生核心素养的培养,牢牢把握正确的政治方向和价值导向。有机融入社会主义先进文化、革命文化和中华优秀传统文化。在课程内容设计中将社会法治、国家安全、民族团结、生态文明、生命安全与健康等教育内容,以及反映科技进步新成果、经济社会发展新成就内容纳入其中,引导学生树立正确的世界观、人生观、价值观。

《义务教育艺术课程标准(2022年版)》中明确指出:"美术学科课程内容包括'欣赏·评述''造型·表现''设计·应用'和'综合·探索'4类艺术实践,涵盖16项具体学习内容,分学段设置不同的学习任务,并将学习内容嵌入学习任务中。"中小学美术校本课程也需要按照这个标准实施课程内容的设计。

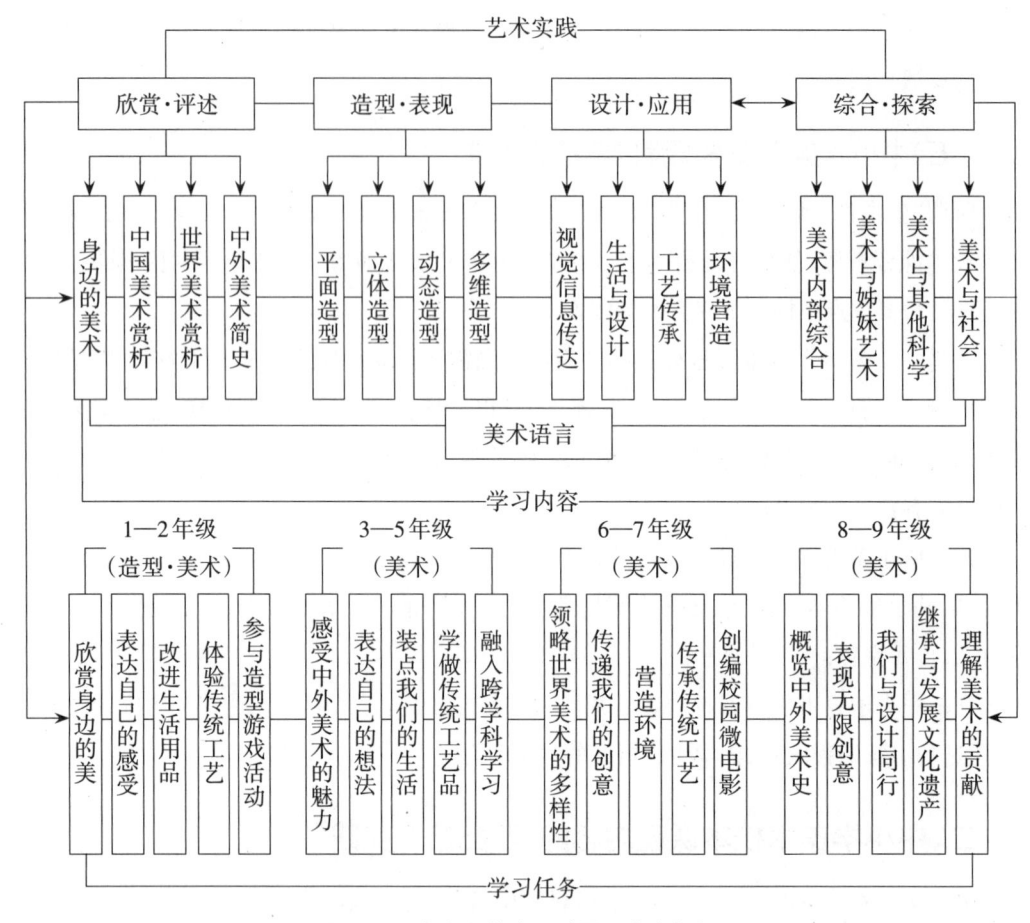

图 2-1　中小学美术学科课程内容框架

从图 2-1 中可以看到，四类艺术实践是课程内容构成的主体，围绕四类艺术实践拓展出各阶段和各类型的美术课程。《义务教育艺术课程标准（2022 年版）》中指出"每一学段均以注重发展学生审美感知和文化理解素养的'欣赏·评述'为起点，到以强调发展学生艺术表现和创意实践素养的'造型·表现'和'设计·应用'，再到加强课程内容、社会生活与学生经验之间联系的'综合·探索'"。在实际的美术课程教学中，四类艺术实践不仅是课程内容的范畴，也反映了对学生四个方面的能力培养要求。这四类艺术实践在课程内容的制定上不是孤立的，其内容在实际课程教学中往往是同时存在或相互交融的。中小学美术校本课程开发需要按照四类艺术实践的内容要求，根据"校本"定位课程特点，有针对性地选取适合的课程内容。

（一）"欣赏·评述"艺术实践

通过"欣赏·评述"，使学生学会解读美术作品，理解美术及其发展概况。该类艺术实践课程内容包含知识掌握、审美素养、文化理解三个方面，中小学美术校本课程内容选取也需要围绕这三个方面进行。

聚焦核心素养的中小学美术校本课程内容首先要解决内容的知识性，"它是什么（谁）？""它有什么用？""它背后的故事有些什么？""给我们的启示又是什么？"。之后通过知识的讲授，带入审美感知、文化理解、核心素养的深层次学习内容，按照民间美术的挖掘、美术作品赏析、中外美术史论分析、古今文化探讨等方面的内容逐层递进。

【课程案例】

美术校本课程"蜡染"中"欣赏·评述"艺术实践学习内容

聚焦"欣赏·评述"艺术实践，要从以下方面选择内容进行学习。

1. 知道蜡染是什么。

蜡染是我国古老的民间传统印染手工技艺。制作时，用加热后的铜刀蘸上蜡液，在白布上绘出花纹图案，之后在蓝靛缸内浸染，经沸水煮去蜡质，布上即呈现蓝白分明、花纹鲜艳的图案。色调素雅，风格独特。工艺流程包括起稿、画蜡、染色、脱蜡、晾晒等步骤。蜡染作为民间纺织染色技艺，有深厚的群众基础，其中要数苗族蜡染最具代表性，苗族蜡染传统纹样有蝴蝶纹、鱼纹、枫木纹、涡妥纹等。这些纹样的组合包含着对称与均衡、节奏与韵律、变化与统一等形式美法则。

2. 明确蜡染有什么用。

同所有民间工艺品一样，具有实用的功能，一般可制作衣服、围裙、被单、帽子、挎包、门帘、扇子、桌旗、盖帕、杯垫等，还可作为独立艺术品装点美化生活环境，它与人们的日常生活紧密结合在一起，丰富生活的文化内涵，寄托人们的美好愿望和情感，深受人们喜爱。

3. 知道蜡染背后的故事。

蜡染的传统纹样变化多样，生动朴实，其原型主要来自自然事物但又与之有所区别，经过对事物的观察理解、加工创造，融入自我的审美喜好，有动物纹、花草纹和几何纹等，呈现出独具特色的蜡染纹样，其特征不仅体现在外观造型上，还体现在文化内涵方面，具有独特的寓意。以蝴蝶纹为例，蝴蝶纹在苗族蜡染纹样中比较常见，其中蕴含着美丽而神圣的"蝴蝶妈妈"的传说，是她孕育了子孙后代。苗族人对蝴蝶的崇拜由来已久，以蝴蝶纹表达对自然和祖先的热爱与崇拜。鱼纹则是对多子多孙的祈福。

4. 蜡染给我们的启示是什么。

学生在评述的过程中领略蜡染的艺术之美，传承蜡染的文化内涵，品鉴蜡染的文化魅力，在追寻文明、欣赏艺术的同时，联系生活实际，理解蜡染在现实生活中的实用性、装饰性，进而弘扬传承。除此以外，还要将蜡染放在现实生活中，找寻身边的蜡染，欣赏蜡染之美；将蜡染的发展嵌入中国美术发展史中进行对比欣赏，理解传统手工艺与艺术作品的联系与区别；梳理蜡染在世界各地的发展以及纹样特征等；将中外蜡染作品进行对比欣赏，提炼出造型、纹样、色彩特征，运用到美术创作中。在知识迁移过程中，形成素养。

(二)"造型·表现"艺术实践

通过"造型·表现",学生掌握美术知识、技能和思维方式,围绕题材,提炼主题,采用平面、立体或动态等多种表现形式表达思想和情感。"造型·表现"是美术学科特有的知识领域、能力要求,是学生了解美术形式语言和表达方式的重要基础知识领域,也是学习美术课程的基础。该艺术实践课程内容包含美术基础造型、美术基础材料、美术基础技法三方面,中小学美术校本课程开发需要围绕这三个方面进行课程内容的设计。

中小学美术校本课程中"造型·表现"艺术实践主要聚焦艺术表现和创意实践核心素养的学习。通过学习,学生要掌握美术造型知识、材料工具、技能技巧、思维方式和表现方法。具体包含平面造型、立体造型、动态造型、多维造型等方面内容。

【课程案例】

美术校本课程"剪纸"中"造型·表现"艺术实践的学习内容

剪纸艺术是最古老的中国民间艺术之一,能产生独特的形式美。剪纸艺术历史悠久,在未发明造纸术之前,剪纸以皮革、树叶、绢等较薄的物质为材料来实现。《史记》中记载了"剪桐封弟"的故事,杜甫在"安史之乱"中颠沛流离至彭衙,写下"暖汤濯我足,剪纸招我魂"的诗句,这些都说明剪纸艺术的存在。剪纸普遍用于窗花、门笺、灯花、喜花、墙花、供花、葬花、刺绣纹样中。

剪纸在全国各地都非常普遍,与人民群众的生活也息息相关,材料和工具也都比较常见,易于学生学习。以剪纸形式进行造型和表现,内容的选择要体现系统性、递进性,由易到难,循序渐进:剪纸的基本单元是线条和块面,基本语言符号是装饰化的点、线、面,用有秩序的线条将三维空间的物象变为二维空间物象,用简练的线条对素材进行大胆的取舍删减,进行概括,突出画面的重点,增强作品的表现力。

平面造型。民间剪纸中有很多祥和的图案,表达祈福、吉祥和辟邪的寓意,如:既有娃娃、葫芦、莲花等图案象征多子多福,又有家禽、瓜果和鱼虫等表现美好生活。民间剪纸形式多样,表现出团花、独幅、组图等多种形式的平面造型。

立体造型。包括两方面:一方面是独立的立体造型,也就是立体剪纸;另一方面是剪纸的立体组合,将平面剪纸粘贴、组合、悬挂等,创造出新的类似装置艺术的立体造型。

动态造型。结合影戏表演进行剪纸造型,配合表演,让剪纸呈现动态造型。

多维造型。民间雕花剪纸在城乡的民间礼仪、民风民俗中广为运用,深受群众喜欢,例如春节和元宵节的各式花灯、龙灯、狮子、采莲船等是将平面与立体剪纸相结合,以多层剪纸技法为基础,做成有情节的立体式的、场景式的造型。

（三）"设计·应用"艺术实践

在中小学美术校本课程中，"设计·应用"艺术实践聚焦创意实践核心素养的培养。学生结合生活和社会情境，运用设计与工艺的知识、技能和思维方式，开展基于问题的学习、基于项目的学习，进行传承和创造。具体包含视觉信息传达、生活与设计、工艺传承、环境营造等方面的内容，能够改进生活用品或者装点我们的生活，学生可以运用传统与现代的工具材料媒介以及所习得的美术知识、技能和思维方式，创作平面、立体或动态等表现形式的美术作品，提升创意表达能力。在中小学美术校本课程开发中，需要结合"设计·应用"艺术实践的内容要求，将能够体现校本课程特点的内容融入其中，如传统的美术工艺内容、民间美术内容、现代设计内容、生活中的美术技艺等。

【课程案例】

泥塑"设计·应用"艺术实践学习内容

泥塑艺术是我国一种古老且常见的民间艺术。它以泥土为原料，以手工捏制成型，或素或彩，以人物、动物题材为主。由于材料普遍、技法易掌握、童趣盎然，在中小学美术校本课程中较为普遍。学习内容包括四个循序渐进的方面。

视觉信息传达。学生围绕"笑脸娃娃"这一主题，进行快乐的表情的创作。创作手法不一，可以夸张脸部表情，可以夸张人物动态，在设计应用中让观者看到笑脸。主题丰富，但每个主题目标明确，指向性强，这样学生的视觉信息传达才准确。

生活与设计。较之视觉信息传达的轻松、自由、多变，生活与设计则要在符合生活常识的基础上进行生活用品的改进美化，主要体现为实用性。例如泥碗、盘的设计应用，可以在造型上适当改变，纹样、色彩上体现自我认知，结合实用、美观、环保的角度进行设计制作，在制作好后应用到现实生活中。引导学生理解"实用与美观相结合"的设计原则，为班级、学校活动或者家庭生活设计物品，体会设计能改善和美化我们的生活。

工艺传承。深入学习泥塑的各种制作方法。例如陕西凤翔彩绘泥塑，主要采用模印手法，经过毛稿制模、彩绘、装色、上光等数十道工序，其造型优美、生动逼真，具有浓厚的乡土生活气息。又如天津"泥人张"彩塑，把传统的捏泥人提高到圆塑艺术的水平，又装饰以色彩、道具，形成了独特的风格。它所用的材料是含沙量低、无杂质的纯净胶泥，经风化、打浆、过滤、脱水，加以棉絮反复砸揉而成"熟泥"，经手工捏制成型，自然风干，再施以彩绘。

环境营造。根据校园实际，进行有主题的泥塑环境营造，一般与校园文化相结合，采用学生作品组合的方式进行环境营造。

(四)"综合·探索"艺术实践

在中小学美术校本课程中,"综合·探索"艺术实践通过学生将所掌握的美术知识、技能和思维方式,与自然、社会、科技、人文相结合,进行综合探索与学习迁移,提升核心素养。具体包含不同美术形式的综合、美术与姊妹艺术、美术与其他学科、美术与社会等方面的内容。

【课程案例】

废旧报纸"综合·探索"艺术实践学习内容

废旧报纸在生活中处处可见,基于怎样变废为宝,既环保又实用的思考,部分学校将废旧报纸变废为宝作为美术校本课程学习内容。在掌握了废旧报纸变废为宝的制作方法后,引导学生从以下方面参与学习活动。

参与造型游戏活动。用废旧报纸制作人物、动物等造型,引导学生积极参与单个造型活动。人物的制作方法:用铁丝搭建人物动态,废旧报纸搓成绳,跟随铁丝造型逐层缠绕添加粘贴,配合扭、压等技法塑造人物形象,探索用废旧报纸进行点、线、面造型的基本方法。

融入跨学科学习。主要组织学生以个人或小组合作的方式,将废旧报纸与服装、雕塑等相融合,探究各种造型方法,将单个废旧报纸造型技法迁移到组合造型中。例如用废旧报纸制作衣服。用废旧报纸制作衣服的方法很多,但不管用哪种方法,学生在制作过程中都需要跨学科学习服装的相关知识,了解衣服结构、设计服装样式;跨学科学习编织等技法;跨学科学习废旧报纸消毒处理、固色、防水的方法。有了以上基础后,将废旧报纸搓成粗细一致的绳子,将绳子用编织的技法织成一件贴合模特身材的服装。制作过程需要不断调整修改,综合运用各学科知识进行探究活动。

创编动画、动态表演、校园微电影等。要确定表演展示主题,再进行各学科知识的学习关联。第一,废旧报纸制作出来的各种形象由于有铁丝作为骨架,有动态表演的基础。这些活动中的废旧报纸造型与单个造型又有所区别,要注意造型人物或动物、植物之间的情节联系符合整体场景的要求;要注意有动作的造型主要关节点的灵活性,废旧报纸不要太多太厚,让人物可以动起来,可以参照竹节人的方法制作造型人物,这又要学生触类旁通学习姊妹艺术的技法。第二,有了表演角色后,要进行场景布置。场景布置需要学生学习舞台、灯光、布景等方面的知识,还要根据表演主题搭配色彩、配饰等,在这个过程的学习中,学生要有整体规划,分工合作。第三,结合音乐进行动画创编、动态舞台剧表演。学生要有音乐的学习基础,或哼或唱或喊或叫,要体现出表演的情节。第四,要有摄影摄像知识,记录整个综合探究过程。如果要制作成校园微电影,还需要与信息技术知识联系。

废旧报纸塑造的物品独具特色:屋顶有着稻草的质感,树枝稚拙雅趣,工艺品紧致细腻。综合探索的学习内容非常丰富,选择上要适合学生最近发展区,切不可技法难度太高。

学习小结

通过本节的学习，了解了中小学美术校本课程的基本内容。中小学美术校本课程内容丰富，形式多样，在课程内容开发中需要重点关注中小学美术校本课程内容的主体性、适宜性、地域性、动态性、生本性等方面的特征。中小学美术校本课程内容需要与《义务教育艺术课程标准（2022年版）》的课程内容相一致，包括"欣赏·评述""造型·表现""设计·应用"和"综合·探索"四类艺术实践，有益于更好地理解中小学美术校本课程的形态特征。

练习实践

结合已掌握的知识，对你所了解的一门中小学美术校本课程的基本形态进行系统的分析，并重点阐述其基本类型、基本结构和基本内容。

第三章

中小学美术校本课程开发的条件

学习目标

- 了解中小学美术校本课程开发必须具备的基本条件。
- 理解中小学美术校本课程开发需要具备的内在和外在条件。
- 掌握中小学美术校本课程开发条件的相关知识。
- 能够为后续中小学美术校本课程开发相关知识的学习奠定基础。

知识导图

中小学美术校本课程开发的条件
- 第一节 中小学美术校本课程开发的内在条件
  - 学校文化条件
  - 学校环境条件
  - 师资条件
  - 学生条件
- 第二节 中小学美术校本课程开发的外在条件
  - 校外自然条件
  - 学校文化条件
  - 家庭因素
  - 政策支持

第一节
中小学美术校本课程开发的内在条件

中小学美术校本课程开发的内在条件是指能够用于校本课程开发的校内资源条件。

每所学校都有一些可以用于美术校本课程开发的潜在因素和条件，开发者要去发现学校，根据具体需要，挖掘学校内部有利于课程实施的资源条件。内在条件可以涵盖学校的各个方面，如学校办学理念与育人方向、校园文化与历史传承、学校环境与校园人文等。中小学美术校本课程开发是一项系统工程，既要考虑学校课程文化建设和管理水平，教师课程开发与教学能力，以及学生综合素养，也需要有明确的办学理念、扎实的师资队伍、一定的软硬件实力。中小学美术校本课程开发需要一批工作能力强、专业技能过硬、积极肯干的美术教师群体和一批积极向上的学生群体。由此，学校内在条件大致可分为：学校文化条件、学校环境条件、师资条件、学生条件。

> **思考**
> 1. 你认为美术校本课程开发的基本条件有哪些？
> 2. 请系统分析你所就读过的中小学的内在条件。

一、学校文化条件

学校文化条件指一件事物产生的文化背景条件。中小学美术校本课程开发的文化条件主要体现在学校的办学理念与育人方向、校园文化与历史传承两个方面，是中小学美术校本课程开发的核心内涵。

（一）办学理念与育人方向

办学理念与育人方向是指学校依据《中华人民共和国义务教育法》《义务教育课程方案和课程标准（2022年版）》等政策文件在长期教育教学实践中总结形成的，具有学校特色的办学和育人的思路和观念。学校办学理念与育人方向是中小学美术校本课程开发的指导思想和基本原则，只有学校形成了清晰的办学理念与育人方向，中小学美术校本课程的开发才能够有明确的方向。从这一角度来分析,办学理念与育人方向也是中小学美术校本课程开发的核心文化条件。只有在学校办学理念和育人方向的指导下,才能够形成符合学校基本要求的中小学美术校本课程。

(二)校园文化与历史传承

校园文化与历史传承是指在中小学校本课程开发中基于学校办学理念和育人方向,在办学环境、教育教学、师生特点、教育资源和历史传承等方面凝练出来的文化条件。校园文化与历史传承是学校办学文化形成的两个重要因素,也是形成中小学美术校本课程文化条件的要素之一。校园文化是学校文化综合性的体现,它是基于学校办学环境、教育教学、师生特点、教育资源和历史传承等多方面因素集合而成的,具有较强的社会和文化属性,能够作为校本课程开发的内容形成与社会和文化的广泛联系和中小学美术校本课程开发的独特优势。

校园文化是以学生为主体,以校园为主体空间,涵盖学校管理者、教职工、学生等,以育人为主要导向,以精神文化、环境文化、行为文化和制度文化建设等为主要内容,以校园精神、文明为主要特征的一种学校群体文化。校园文化的打造对形成学校特色和社会形象都有重要的意义,也是中小学美术校本课程开发重点挖掘的文化条件之一。

校园文化的凝练往往会呈现出一定的模糊性和不确定性,但作为校园文化形成的主要条件之一的学校历史演化和传承过程,则是明确的、可靠的史实证据,因而在校本课程开发中往往会把历史传承作为校本课程开发的重要文化条件。

从文化条件角度进行中小学美术校本课程的开发,能够明确开发的方向和内涵。在实际开发过程中,要充分挖掘学校的文化条件,才能开发出具有自己特色的中小学美术校本课程。

二、学校环境条件

学校环境条件是指学生学习和生活的物理空间及其所包含的各种设施、资源和氛围。这些会直接影响到学校美术校本课程开发的方方面面。地方经济发展水平是影响一个学校教育活动与课程开发的重要因素,每个学校的环境与硬件设施受经济发展水平影响,将呈现出完全不同的状态。根据不同地区的经济发展水平,我们大致将全国划分为东部沿海经济发达地区、中部内陆经济中等发达地区和西部边远落后地区。就中小学美术校本课程教学来说,其目标是人才培养,不是物质上的攀比。但不同地区需要根据学校的校本课程开发过程,结合自身的经济条件状况,来选择适合中小学美术校本课程的开发策略和方法,不能相互攀比,而是要学会因地制宜。

开发条件是指中小学美术校本课程开发中的开发设计和教学实践所要使用的硬件和软

件两方面的条件。硬件主要指校本课程开发中办公和教学实践需要使用的教室、实验室、工作室、电脑、打印机、画架等设施设备。其主要受制于经济和政策两个方面的因素。软件主要是指开发和教学实践所需要的各方面资源，如图书资料、信息资源、文件资料等。软件需要较长时间的收集和积累。

三、师资条件

师资条件是指参与中小学美术校本课程开发的学校教师团队所具备的知识水平、技能特长、开发能力等方面的条件，是制约中小学美术校本课程开发的主要因素之一。师资条件包括校内与校外师资条件。校内师资条件指本校教师团队，校外师资条件则指的是可助力美术校本课程的开发和实施，弥补校内师资条件存在不足的学生家长、专家和一些特殊的专业人员。

中小学美术校本课程开发团队，一方面，需要有负责团队规划管理的相关领导和辅助管理的教师，有负责课程构架设计和研究课程教学的教师，有负责美术课程教学设计和实施的美术教师，有参加课程教材编写且具有美术教材编写经验的美术教师和具有较强写作能力的语文教师，另一方面，还需要有针对性地聘请相关的校外师资，如：民间的非物质文化传承人、校外相关专家、相关技术人员(如印刷出版、信息技术支撑等)以及相关案例调研对象等，一起合作完成中小学美术校本课程的开发。

四、学生条件

学生条件是中小学美术校本课程开发的基本条件之一，是指开发美术校本课程学校的学生状况和条件。由于受学校所在地地域、环境、经济状况等方面的影响，每个学校的生源不同，会形成不同的学生条件。中小学美术校本课程的开发需要根据每个学校具体生源情况的差异，选择适合本校生源特点的开发策略和方法来实施校本课程的开发。一个好的中小学美术校本课程不在于引用了多少先进的教学手段，使用了多少新的教学理念，而在于其是否使用了适合本校生源特点，符合本校生源人才培养要求的课程设计和教学实施的策略和方法。

在中小学美术校本课程开发中需要考虑学生的生理特征、心理特征、兴趣爱好、学习能力、爱好习惯、动手技能、家长态度等因素。中小学美术校本课程开发以学生为教学实施的对象，满足学生多样化的需求。中小学美术校本课程开发应围绕"以生为本"的核心理念，营造一种高尚、和谐、开放、民主、科学的课程文化氛围。

美术校本课程的开发实施目的在于提高学生的学习兴趣。学习兴趣是学生探索世界、产生创造欲望的最好的心理基础，而校本课程的实施能更好地激发学生的兴趣。校本课程的开设要有利于学生潜能的开发，若校本课程不能激发学生的主动性和积极性，不能使他们的潜在创造力和智慧得到开发和培养,这样的课程就没有生命力。

　　中小学美术校本课程的开发需要关注学生条件的主观因素和客观因素。主观因素包括学生的生理特征、心理状态、性格喜好、学习习惯等方面;客观因素包括家庭因素、生活环境、亲朋好友等方面。学生的主观因素是学生成长的内在动力,中小学美术校本课程的开发需要充分考虑学生的主观因素。在课程内容和教学方式的选择上,一是需要适合学生生理特征,如低年级的学生适合选择注重直观感受的知识内容,简单、易于模仿的实操练习;二是需要关注不同年龄阶段学生的心理状态,符合学生心理需求,如初中的孩子逐渐进入青春期,心理上容易出现不稳定的状态,在教学方式上可采用易于探讨交流的方式实施教学;三是需要注意学生的性格喜好、学习习惯等特点,有针对性地进行中小学美术校本课程开发。因此,在中小学美术校本课程开发中要做好学生的调研,根据本校学生的特点和实际需求,有针对性地实施校本课程开发。

学习小结

　　通过本节的学习,我们初步了解了中小学美术校本课程开发的内在条件,认识到内在条件是影响中小学美术校本课程开发的重要因素之一。在实际美术校本课程开发中需要根据美术校本课程开发的选题和定位,充分、合理地运用内在条件实施课程的开发和设计。

练习实践

1.结合已掌握的知识,请概述一下中小学美术校本课程开发的内在条件包含哪些方面?
2.以一个你较熟悉的中小学美术校本课程开发案例为例,分析其涉及的内在条件。

第二节 中小学美术校本课程开发的外在条件

中小学美术校本课程开发的外在条件指学校以外能够影响校本课程开发的因素,其是构成中小学美术校本课程开发的重要条件之一。影响中小学美术校本课程开发的外在条件包含校外自然条件、校外文化条件、家庭因素、政策支持等。在实施过程中,需要根据校本课程开发的主体和定位筛选适合的外在条件。

> **思考**
> 1. 你所了解的美术校本课程开发的基本外在条件有哪些?
> 2. 请列举你家乡可以用于开发美术校本课程的自然资源。

一、校外自然条件

校外自然条件是中小学美术校本课程开发的重要内容之一,也是易于采集、受益较大的美术课程因素。自然景观、自然材料是影响美术特色课程开发的主要自然条件,需要根据课程开发的实际需求合理运用这些外在条件。

(一)校外自然景观

中小学美术校本课程的开发,需要根据课程开发的定位,立足于自己所在地域的自然环境特色、材料特色进行校本课程的开发,并成为课程特色。

美术课程自然景观因素指自然界中可用于美术教学的自然风景、物产资源等。自然景观资源开发将地理、文化、历史方面的知识融入美术课程教学之中,是美术特色课程与多学科整合的一个很好结合点,为开展具有地方特色的美术教学活动提供自然资源条件。我国幅员辽阔、地大物博,地区之间的地理条件差异较大,自然风光多姿多彩,自然资源多种多样,每个地方都具有独特的自然景观,可以为美术写生、采风等活动提供良好的条件,是美术教学最好的素材之一。山区的竹林、山崖边的大树、笔直的大路、高原洼地、山川河流、戈壁沙滩、热带雨林、林海雪原等都潜移默化地影响着学生的审美能力。因此,自然界中有着大量可以开发和利用的美术课程自然资源,通过研究、取舍、开发、利用这些资源,对拓展美术课程的空间,丰富美术课程的内容,提高美术教学的质量,具有不可忽视的意义。

(二)校外自然材料

材料是创造美术作品的重要载体,自然材料资源是美术学科独特的课程资源。自然材料主要是指天然生长的原材料,包括植物的根、皮、叶、果实,动物的羽毛、皮毛、壳,以及黏土、卵石、矿石等。不同地区的人们运用这些自然材料创造了具有浓郁地方特色的美术作品并广泛地运用到生活中,丰富了人们的物质和精神生活。

各地城乡学校在实施美术校本课程开发的时候,可以对学校所在周边环境做逐一调查,尽量开发能够与地域特色相关联的、有助于完成美术教学活动的材料。如:农村学校可以开发具有优势的竹、豆、稻草、玉米须叶等材料,实施美术特色教学。在对材料实行资源开发时,可以结合当地的特色文化传承,并注重传承与当代美术在造型、制作等观念上的沿袭或变革。城市学校也可以运用一些在城市中比较好找的自然材料。如:花、落叶、水果等。

二、校外文化条件

校外文化条件是指适合或者影响中小学美术校本课程开发的文化方面的外在条件。校外文化条件包括历史文化遗产、文学艺术经典、民间传统习俗、民族生活风俗、传统文化活动等能够被校本课程开发所利用的资源条件。如文体活动、节庆、纪念日、建设成就、重大历史事件、传说、故事、影视、戏剧、民族与民间艺术以及人类文化的遗物、遗迹等。

对中小学美术校本课程开发产生较大影响的校外文化条件有民间美术、非遗文化、地方乡土文化等,还包括蕴含着中华文化精神和核心价值观的红色文化。这些校外文化的应用是国家教材很好的补充和拓展,也能够更好地体现地方特色的美术教育。

民间美术、非遗文化、地方乡土文化是人们世代相传相伴的文化艺术形式,伴随着人们的生活薪火相传。如过年家家户户挂灯笼、贴春联、贴门神、贴窗花、祭灶神、舞龙灯、舞狮子、划旱船等活动都涉及运用美术形式进行表达,这些民间美术形式与人们的衣食住行都紧密相关。非遗文化内容广泛,既包括剪纸、年画、版画、刺绣等非物质文化遗产资源,也包括古建筑、古代陶瓷、古代泥刻等文物资源,此外还有对审美产生影响的民间故事、民间传说、传统节日等。这些都为美术校本课程开发提供了可利用的资源,都有利于帮助学生加深对美术文化的理解。

中小学美术校本课程开发要打破国家教材的容量局限,找到能够补充和拓展国家教材资源的切合之处,形成不同学校美术校本课程开发的资源条件,并加以开发,以此带领学生了解当地社会文化资源,引导学生去发现社会生活中所蕴含的美术元素,并教会学生进行美术形式和美术价值的分析,开阔眼界,走出校园,面向社会。

中小学美术校本课程开发需要关注具有地方文化特色的文化遗产美术资源,包括古遗址、古建筑、石刻、壁画、版画等。我国民族众多,各个民族或杂居或聚居,在长期历史积淀、不同文化相互碰撞交融后形成了各地区、各民族独具特色的美术文化。随着新课改的深入发展,将地方美术课程资源融入美术校本课程教学为当代人民对历史文化艺术的传承创造了机会,美术教师要把握机遇,在美术校本课程的教学活动中可实地对地方资源进行合理利用。比如,国家教材中"欣赏·评述"部分就有对美术作品的鉴赏,教师可以利用身边的美术教育资源,如博物馆、古建筑、古遗址等,让学生将所学理论知识与实际相联系,从而使学生在美术方面的各种能力得到质的提升。

地方乡土文化作为承载民族文化基因的重要元素之一,越来越得到社会各界的广泛认同和重视。地方乡土文化的美术教育具有以下几项特点:它是一种人格的教育,一种情感的教育,一种生活的教育,一种民族精神的教育,也是一种世界观的教育,它传递的是对家乡的热爱,对祖国的热爱。将优秀乡土文化引入校本课程开发中,用图片、文字、音像、视频等多种形式记录下来,进行分类整理、分层编写、分主题归纳,形成系统的主题式校本课程开发模式,再进行推广运用,从而达到保护和传承地方乡土文化的双重目的。

如何把红色革命文化与美育工作相结合,是新时代的重要命题。将红色革命文化资源融入美术校本课程,是对美术教学内容上的创新。一方面,学生们可以走出教室,到当地的纪念馆、红色革命旧址、烈士陵园、老一辈革命家旧居暨纪念馆、革命遗址等地参观学习,还可以组织学生重走红色路线;另一方面,要引导学生用心感悟红色文化的精神内核,蕴含的革命精神,包括红船精神、井冈山精神、长征精神、抗战精神、西柏坡精神等。红色革命文化在学校美育中发挥着重要作用。通过红色革命文化美术校本课程的学习与品鉴、红色作品的多形式演绎、红色革命文化资源的开发利用,传承红色基因,丰富学校美育工作的内容,是推动中小学美育发展的重要途径,也是中小学美术校本课程开发的重要文化资源条件。

【课程案例1】

湖北省巴东县水布垭镇水布垭中小学校开发了红色美术文化资源与中小学生革命传统美德教育相结合的校本课程。

巴东县校本课程开发的外在条件:

1.中国革命的重要基地之一,有很多的革命历史遗迹。如:巴东县城的烈士塔、巴东县野三关镇的邓玉麟将军墓、巴东县金果坪乡的红三军文化遗址。

2.有非常正能量的历史人物和故事,如寇准劝农、巴东至长阳的红旗渠修建史等,这些都是非常宝贵的乡土红色文化资源。

美术教师对以上红色教育资源充分加以利用,形成的具体红色美育方法有如下几种:

1.通过红色文化美术作品欣赏,激发学生的中华红色精神,开展红色文化美术作品绘画实践,让学生动手体验中国革命的传统美德。

2.开发本土红色文化资源,培养学生的家国情怀。

3.利用美术活动课和节假日给学生讲解发生在巴东本土的中国革命故事和红色基地的

来龙去脉，带领学生参观、访问、进行社会调查、模仿绘制本土美术红色文化作品，举办本土美术红色文化故事会和本土美术红色文化绘画作品展，撰写学习心得体会，通过这些形式，培养学生热爱党、热爱人民、热爱社会主义的美好情感。

红色文化资源在中小学美术课程中的应用具有非常重要的作用，不但能够让学生对中国革命的历史具有更加深入的了解和思考，同时能够有效地运用红色文化资源培养学生的民族意识，让学生能够继承和发扬中华民族优秀精神，培养学生的爱国主义和热爱社会主义的情怀。因此，中小学美术教师应该对红色文化资源进行开发和利用，更好地传递中国红色革命精神，从而帮助学生树立浓厚的爱国情怀和民族使命感。

【课程案例2】

重庆市第三十九中学校在版画校本课程实施中结合课题巴渝少儿版画的研究，以重庆在抗战时期的特殊革命斗争史为主题，在2021年中国共产党建党100周年之际开展了"墨香绘长春　版画颂党恩"的版画创作项目活动。

引导学生通过了解重庆抗战版画、赏析经典革命版画、阅读红色经典文学创作、了解中国革命斗争史，并从《红岩》《铁道游击队》《革命先辈的斗争故事》《红日》等红色经典连环画以及中国100年经典版画中学习绘画与版画转化创作，从模仿刻制经典版画入手，到将自己收集到的历史故事画面创作成版画。

引导孩子们查阅资料，创作了20世纪20年代党领导人们从蒙昧到警醒的"觉醒篇"、"斗争篇"，党领导的保家卫国的战斗画面的"保家卫国篇"，建设社会主义新中国的"建设篇"，从一穷二白到经济和国防科技实力腾飞的"腾飞篇"，对曾经发生在重庆的那段红岩故事难以忘怀，于是在原著和经典连环画的影响下对里面的人物做了版画的刻制，组成了"巴渝英雄儿女传奇篇"。这段波澜壮阔的100年党史中那些优秀的共产党员的故事和形象也出现在孩子们的作品中，组成了新的篇章"历史不会忘记那些优秀的共产党员"。

学生们通过学习红色革命斗争史，用版画的形式展示了建党100年间中国发生的经典瞬间，让大家在感受红色革命文化的同时，也传承爱国主义精神和家国情怀。

三、家庭因素

在校本课程开发时需要考虑学生家庭会产生的影响，这也是制约校本课程开发的外在条件之一。

在校本课程开发时，需要考虑学生家庭的以下几个方面的影响：

（1）家庭经济状况。家庭的经济条件可能会影响学生参与某些需要额外费用支持的校本课程活动，例如，需要购买特殊材料或参加校外实践的课程。

（2）家庭文化背景。不同家庭具有不同的文化传统、价值观和信仰，这会影响学生对课程内容的接受程度和兴趣，以及他们在课程中的参与方式和表现。

(3)家庭教育观念。家庭对教育的重视程度、期望以及对不同学科和活动的看法,会影响学生对校本课程的态度和参与积极性。

(4)家庭学习环境。包括家庭是否有安静的学习空间、是否有足够的学习资源(书籍、电脑等),这对学生完成校本课程相关的作业和拓展学习有一定影响。

(5)家庭成员的职业。家庭成员的职业类型可能会影响学生对某些校本课程主题的兴趣和理解,例如,如果家庭成员从事科技行业,可能会使学生对科技类校本课程更感兴趣。

(6)家庭的教育支持。包括家长是否有时间和能力辅导学生完成校本课程的任务,是否积极参与学校组织的与校本课程相关的活动等。

(7)家庭语言环境。家庭使用的语言习惯和语言种类,可能影响学生在语言类校本课程中的学习和表现。

(8)家庭的时间安排。例如家庭的日常活动安排、节假日安排等,可能会与校本课程的时间产生冲突,影响学生的参与度。

综上所述,学生家庭对于学校实施校本课程开发的认同度、支持度以及参与度会有较大的差异,需要找到共识点,得到学生家庭的认同。学生在成长中受家庭环境的影响很大,家庭中父母亲人的教育观念、经济支持、情感支持等因素往往会直接影响到孩子们生理、心理、性格的成长。因此,学校在校本课程开发和实施中需要与学生以及学生家长进行沟通,取得他们的支持。

四、政策支持

国家、地方政策的支持是校本课程开发的先决条件,是各个学校进行美术校本课程开发的重要保障。国家政策为校本课程开发提供重要保障和明确总体方向,地方政策为校本课程开发提供指导、监督。改革开放以来,我国不断出台了艺术教育相关的系列政策和措施,对中国的艺术教育也在不断加强投资,这是中国教育改革的必然趋势。

首先,校本课程有助于满足学生的个性化需求。每个学生都有独特的兴趣、能力和学习风格。校本课程能够根据学校的具体情况和学生的特点进行定制,为学生提供更多选择,激发他们的学习热情和积极性,使教育更具针对性和适应性。

其次,它有利于传承和弘扬本地文化。学校所在的地区通常拥有丰富的地域文化、传统和特色资源。校本课程可以将这些本地独特的元素融入教学中,让学生更好地了解和认同家乡文化,增强文化自信和归属感。

再者,校本课程能够促进学校的特色发展。通过开发具有本校特色的课程,学校可以在教育领域中树立独特的品牌形象,提高学校的竞争力和吸引力,为学校的发展创造更多机会。

此外,校本课程的实施有助于教师的专业成长。教师参与校本课程的开发和设计,需要不断学习和研究新的教育理念和方法,这有助于提升教师的课程设计能力、教学研究能力和创新能力。

最后,校本课程能够加强学校与社区的联系。在开发校本课程的过程中,学校可以充分利用社区的资源,同时也为社区的发展作出贡献,形成学校与社区相互促进、共同发展的良好局面。

综上所述,校本课程在满足学生个性化需求、传承地方文化、促进学校特色发展、提升教师专业水平以及加强学校与社区联系等方面发挥着重要作用,国家对其的鼓励具有深远的意义和价值。

学习小结

通过本节的学习,我们初步了解了美术校本课程开发所具备的外在条件,理解了外在条件是开发美术校本课程的重要条件之一,掌握了辩证地运用这些外在条件进行中小学美术校本课程开发的基本方法。

练习实践

1. 请概述一下中小学美术校本课程开发中有哪些外在条件,以及特点是什么。
2. 以一个你较熟悉的中小学美术校本课程开发案例为例,分析其涉及的外在条件和运用到的资源。

第四章

中小学美术校本课程开发的方法与过程

学习目标

- 了解中小学美术校本课程开发的方法与过程的基本概念。
- 理解中小学美术校本课程开发的方法与过程需要遵循的规律。
- 掌握中小学美术校本课程开发的方法与过程的基本知识。
- 能够将所学到的方法和过程应用于中小学美术校本课程开发中。

知识导图

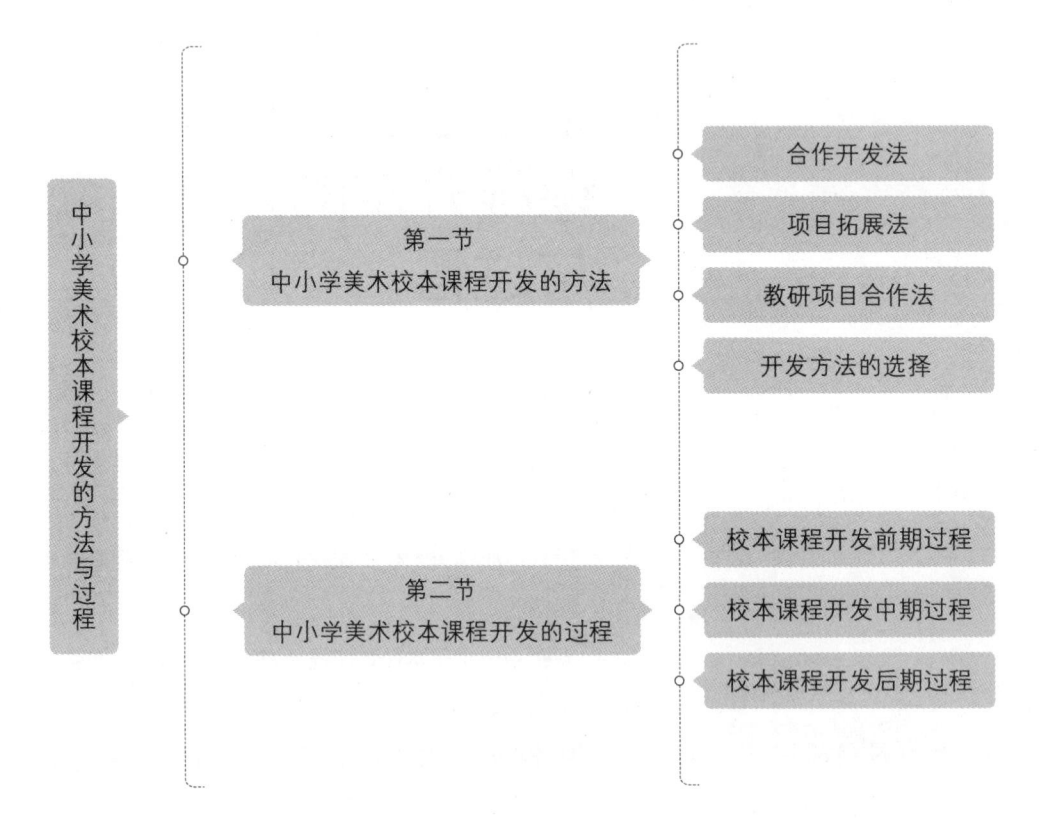

中小学美术校本课程开发的方法与过程
- 第一节 中小学美术校本课程开发的方法
  - 合作开发法
  - 项目拓展法
  - 教研项目合作法
  - 开发方法的选择
- 第二节 中小学美术校本课程开发的过程
  - 校本课程开发前期过程
  - 校本课程开发中期过程
  - 校本课程开发后期过程

第一节
中小学美术校本课程开发的方法

中小学美术校本课程开发是学校为完善人才培养,补充和拓展学校的课程教学,突出学校的办学特色,依据学校自身的性质、特点、条件以及可以利用和开发的资源,由学校与校外合作开展的课程开发活动。在实际开发过程中,会受到学校、教师、环境等多方面因素的影响,形成多种形态的课程开发方法。常见的方法有三种:其一,合作开发法;其二,项目拓展法;其三,教研项目合作法。

> **思考**
> 1. 中小学美术校本课程开发中校外合作包含哪几方面?
> 2. 中小学美术校本课程开发应用项目拓展法需要注意哪些方面?

一、合作开发法

中小学美术校本课程的开发是一项综合性很强的系统工程,开发团队既需要有组织管理、教育教学研究、教学实践、教材开发方面的人才储备,也需要有市场调研分析、资料收集整理、技术支持保障、设计应用开发等方面的团队支持;既需要与不同类型人才合作,也需要与相关的单位、文化场所、社区工坊合作。只有形成多学科、跨领域、校内外人员的合作,才能够有效地完成中小学美术校本课程的开发,这种多方面、多学科合作组织的形式,称为合作开发法。

在中小学美术校本课程开发过程中,合作开发是一种很重要的形式,也是比较有效的、切实可行的课程开发方法。在这里列举比较常见的几种合作开发法。

(一)校外合作

1.人员的合作

中小学美术校本课程开发中人员的合作尤为重要。从课程开发所需的人员构成分析,大致需要五类开发人员。一是组织管理人员和部门协调人员;二是教育教学研究人员和教材开发人员;三是教学实践的教师;四是市场调研分析和资料收集整理人员;五是技术支持保障、设计应用开发人员。

组织管理人员是指中小学美术校本课程开发团队的负责人和相关的组织、管理、协调人员。负责人一方面负责协调校内外各方面的关系,另一方面负责课程开发的总体策划、质量监控、人员的管理和行动的组织协调工作。负责人是课程开发的掌舵人,是全局的把控者,需要具备教育教学、学科认知、综合管理等多方面的综合能力。相关的组织、管理、协调人员包括各职能小组的负责人、秘书和相关工作人员等,该类人员负责各职能部门的上传下达、组织协调和具体工作的实施。

教育教学研究人员和教材开发人员是校本课程开发的主体,工作职责包括教育学研究、教学研究、教材编写、相关资料撰写等。一方面,需要按照总体规划,依据教育规律和课程目标,对所开发的课程进行系统的分析研究,确定课程开发的目标、定位,研究课程的基本构架;另一方面,需要撰写课程教材、编写课程大纲和相关课程资料。

教学实践的教师是校本课程开发中必不可少的组成部分。一方面校本课程开发是建立在教学实践的基础上的,需要通过课程教学对课程开发的可行性进行数据资料的收集;另一方面教学实践也是对校本课程开发成果的验证。

市场调研分析和资料收集整理人员的工作贯穿了校本课程开发的全过程。其一,要进行数据收集、分析,确定校本课程开发的可行性,其中包括定位是否准确、构架是否合理、方法是否得当、方案是否可实施等问题,需要对校内外相关教学案例和人员进行数据的调研和可行性分析;其二,要对课程开发中需要的资料、数据进行收集整理,供课程开发使用;其三,在课程开发产生阶段性成果和形成最终成果后,需要通过系统的数据收集分析,来验证课程开发的成果。

技术支持保障、设计应用开发人员是中小学美术校本课程开发的技术保障。美术校本课程开发,涉及出版印刷、现代教育技术、软硬件应用等多学科技术与多行业技术支持,需要与相关行业专业人员通力合作。

2.资源的合作

2015年,《国务院办公厅关于全面加强和改进学校美育工作的意见》提出各学校美术教学中可利用公共文化资源,鼓励学校与美术馆、博物馆、青少年宫、科技馆、音乐厅、剧院、社区,以及当地艺术家工作室、民间艺术作坊携手拓展校外美术教育教学资源。

对标课程标准,美术课程中有许多中小学美术校本课程开发可以利用的场所资源,包括:美术馆、图书馆、博物馆、艺术家工作室、艺术作坊、动植物园、公园、游乐场、商店、社区、村庄等。除了场所资源的合作,人文资源的合作也很重要。在校本课程开发中需要充分挖掘当地的人文资源,包括学生、家长、当地的艺术家和民间艺人等。

中小学在美术校本课程开发中也可以根据课程开发的需要与高校、教育部门、教育研究部门进行合作，让高水平的专家、学者与基层学校合作共同开发美术校本课程。

（二）校内合作

1.跨学段合作

《义务教育艺术课程标准（2022年版）解读》中强调了需要突出艺术课程综合性，提出不仅要加强不同艺术门类之间的交叉与综合，还要促进美术与其他学科的有机联系，达到课程的丰富性。

在校本课程开发中，需要幼、小、初学段教师共同进行教研活动，探讨各阶段孩子的心理、生理特征，各学段教师上下互通，分析研究不同学段学生特点，充分考虑跨学段合作的因素，有针对性地制定方案，找到应对的策略。

【课程案例】

跨学段合作案例

重庆市第三十九中学校与该升学片区的小学实现跨学段合作，每年邀请对口小学毕业学生到中学进行美术校本课程体验式学习，也主动派出美术教师到片区小学进行"版画特色课程进校园"活动，指导升学片区小学学生学习版画创作的方法，感受版画的乐趣和魅力。

2.跨学科合作

《义务教育艺术课程标准（2022年版）解读》中强调了需要突出艺术课程综合性，提出不仅要加强不同艺术门类之间的交叉与综合，也要促进美术与其他学科的有机联系，达到课程的丰富性。

课程的相互融通、学科融合是当下美术教育发展的重要趋势，跨学科合作主要指艺术课程要与其他人文与社会学科、自然学科相互融合。艺术发展进程充分表明，艺术课程与其他学科的有机联系，不仅可以从各学科中获取更广泛的知识，了解自然社会，丰富艺术内涵，还能够从不同学科中获得新的思维方法，促进艺术创新。

跨学科合作让知识共享与交流成为可能，强调艺术与自然、生活、社会、科技之间的联系与融通，突出课程的综合性。艺术课程强调以各艺术学科为主线，汲取、融汇姊妹艺术及人文学科、自然学科等相关内容，发挥艺术教育在促进学生全面发展中的积极作用。

跨学科合作可以激发合作者的创新思维，开阔合作者的视野，进而不断优化美术校本课程的资源和活动方式，提高学生的学习兴趣，拓展美术教学的内容。

二、项目拓展法

项目拓展法是指以学校已经开展的相关教学活动、育人活动项目为依托，实施中小学美术校本课程开发活动的方法。其优点在于先期实施活动项目的目标是明确的、可实施的，具有成熟的活动模式和活动方法。在学校已经开展的活动项目基础上实施中小学美术校本课程的开发，将会省去开发中许多环节或节省许多相关资源，可以做到事半功倍。

项目拓展的应用有多种方式，包括：利用学校已经开展的活动进行校本课程的开发，将原有的活动转化成校本课程；在学校已经开展相关活动的基础上进行拓展，将校本课程转化成为原有活动的一部分；在学校已开展相关活动的启发引导下，利用活动的资源开发出新的校本课程。项目拓展可以基于本校组织的相关活动进行融合、开发、拓展，形成校本课程开发的思路，还可以与其他单位、部门、机构已经成熟的相关活动进行合作，开发校本课程。

选择适合的活动进行校本课程的拓展开发，需要注意三方面的问题：一是目标性，二是适合性，三是可实施性。目标性是指所选择的相关活动项目与校本课程开发的目标是否契合。在选择已实施的活动项目时，首先需要考察分析该活动作为校本课程开发的可行性，分析其活动的主题、内容和方式方法是否符合校本课程开发的课程目标。只有形成一致的、或有相同取向的价值目标，才有进一步开发的可能性。适合性是指所选择的相关活动项目是否适合校本课程的开发。适合性需要从两方面考量：一是相关活动项目内容与所要开发校本课程内容的适合性问题；二是相关活动项目环境条件及其他方面因素与所要开发校本课程内容的适合性问题。可实施性是指所选择的相关活动项目是否具备校本课程开发的可实施条件。其中需要重点把握已开展相关活动项目的环境条件、人员条件等方面因素。

当前，各学校都组织了许多与美术有关的校园活动项目，如：面向全体学生的美术特色项目教学、社团活动、美术兴趣小组、美术知识讲座、美术知识竞赛、美术作品比赛和展览、校园环境布置、文艺演出与宣传等，这些都是可以利用的美术校本课程开发资源。依托这些活动开发的中小学美术校本课程既是课堂教学的延伸与拓展，同时也契合了学校办学的理念。另外，可以将校本课程开发与学校特色建设结合起来，因地制宜，营造具有浓郁的美术特色的景点和校园文化。如给学生搭建"教学楼版画装饰廊""卵石绘画展""墙面彩墨画展""学习园地装饰""楼道班级画廊""美术宣传橱窗"等学校公共区域展示平台，让全体师生共同创新参与设计建设，最终使校园的每一处景点都可以成为学生感受文化品位的场所。

【课程案例】

国家教材与学校特色发展结合案例

重庆市版画特色学校——重庆市第三十九中学校，对国家统编教材中版画课程进行内容的补充和扩展，搭建了自有特色的美术校本课程"启明版画"，并以"巴渝少儿版画特色校本课程发展的策略研究"课题为项目，围绕项目开展一系列的版画教育教学研究实践活动。

表4-1　巴渝少儿版画特色校本课程实施内容

		项目拓展内容	
巴渝少儿版画特色校本课程	国家课程	学习对象	全体学生
		学习要求	了解基础知识、学会创作的基本方法
		学习内容	创作流程、基本技法、临摹、学会整合历史、语文人物
		学习资源	国家统编教材、川美合作项目专题讲座、校本教材
		成果及展示	学校艺术节课堂作品展、版画展示墙、班级装饰评比
	校本课程	学习对象	有兴趣的学生
		学习要求	全面了解版画创作和技法、能运用不同的材料创作版画
		学习内容	学科整合活动课程、校本课程
		学习资源	校本教材
		成果及展示	市级和区级比赛、版画墙、学生作品集
	特色课程	学习对象	有一定美术基础的学生
		学习要求	独立创作版画作品、能驾驭不同版画材料
		学习内容	巴渝人文风貌、生活向往、主题表达、建党百年系列创作
		学习资源	游学采风故宫文物南迁纪念馆、启明版画进老街、梁平非遗学习
		成果及展示	国家级、市级、区级艺术节展赛，版画长廊学生作品集，社团风采大赛，巴渝风景线作品创作，建党百年"墨香绘长春　版画颂党恩"主题版画展

项目拓展是实现从常规课堂的普及版画教学（以国家课程教学内容为主）到提升兴趣、发展技能创作为主的校本课程，再到以提升创作技能、参与国家级、市级、区级美术学科各个主题竞赛为目标的社团课程为三级目标实施项目的课程体系，以期实现学生美育核心素养的建立。

三、教研项目合作法

教研项目合作法是指依托教师立项的教研项目进行中小学美术校本课程开发。目前许多学校是借助课题项目研究的形式来进行美术校本课程的开发。通常有两种形式：一是依托已经立项的教研项目进行校本课程开发；二是用校本课程开发来进行教研项目立项。

依托已经立项的与美术相关的教研项目进行校本课程开发是中小学美术校本课程开发的重要方法之一。目前，各学校都很重视提升教师的教学研究能力，鼓励教师申报各级教研项目，许多学校也立项了一批与美术相关的教研项目。依托已经立项的教研项目进行中小学美术校本课程的开发，一方面能够使项目更加地充实，另一方面能够使校本课程开发有清晰的目标和扎实的理论基础，同时也能够充分利用教研项目资源进行校本课程的开发。

以中小学美术校本课程为基础，拓展进行教研项目的研究也是一种可取的校本课程开发的方法。校本课程重点在于课程的设计和实施,而教研项目更注重的是理论和实践的结合,更加系统化、学理化。通过将校本课程凝练为教研项目,对校本课程理论和实践两方面都会产生很大的提升。

把美术校本课程开发与学校教学研究课题项目结合是美术校本课程开发的主要方法之一。在美术校本课程开发过程中需要充分考虑教研项目与美术校本课程两方面的因素,需要规范管理和运作,以保障课程开发的科学性与连续性。

【课程案例】

利用非物质文化特色进行校本课程开发案例

成都市人民北路小学以全国教育科学"十二五"规划教育部重点课题,非物质文化遗产校园传承研究子课题"小学生课本剧木偶制作与表演的课堂教学研究"为基础,进行了美术校本课程的开发,取得了良好的效果。

课程以学生喜闻乐见的非遗传承项目"成都木偶"(杖头偶)为切入点,整合语文、美术、音乐、表演等课程内容,凝练出突出校园文化传承的校本课程,并进行推广。该校本课程关注从小学低年级段到小学高年级段全体学生参与,是在国家统编教材基础上进行的校本化的拓展。从简单课堂玩偶制作教学、课外木偶制作兴趣组教学和手工作品竞赛,到建立"乐乐"木偶剧团表演团和制作兴趣组,颁发与木偶制作有关的奖品(黏土制作材料、提线偶人制作材料、布袋动物偶、拉线玩具等),拓展学生对木偶的认识,提升学生的美术学习兴趣和制作能力。

人民北路小学在开展小学高段木偶制作教学和基础性表演教学中,结合小学生课本剧编写的课堂教学、小学低段美术课开展指偶制作和表演教学,利用直观教学开展黏土指偶教学、小学美术课堂小玩偶制作系列课程实践教学、小学兴趣组布艺制作系列课程教学实践等方面的策略研究,开发出适合小学生特点的美术校本课程,深受孩子们的喜爱。

以课本剧木偶制作与表演的课堂教学研究为主体的校本课程的开展对人民北路小学课堂教学产生了极大影响,并渗透在学校的大量德育活动中,木偶已经成为人民北路小学"幸福教育"理念中不可分离的部分。

四、开发方法的选择

中小学美术校本课程开发的方法有多种,应根据美术校本课程开发的需要选择适合的方法,包括:对已有课程进行适当的调整、利用已有课程改编、将已有课程进行整合、对已有课程进行补充、对已有课程进行拓展和自主课程开发等。

在这几种方法中,课程开发主体的参与程度由低到高,开发的范围从小到大,开发的难度也随之加大。"对已有课程进行适当的调整"是参与程度相对较低的校本课程开发方法,其关注点在于对课程的选择。"利用已有课程改编""将已有课程进行整合"是在备选的课程中通过内容和方式的增减和重组,按照原有的构架对课程进行程度上的改变。"对已有课程进行补充""对已有课程进行拓展"是在原有课程基础上进行新内容、新方式的补充和拓展。"自主课程开发"是参与程度最高的校本课程开发方法,是按照已定的校本课程目标、思路进行全新的课程开发。其中,对已有课程进行适当的调整、利用已有课程改编、将已有课程进行整合、对已有课程进行补充、对已有课程进行拓展属于在现有课程基础上实施的校本课程开发。自主课程开发则是依据自身需求进行的自主创新。

(一)在现有课程基础上实施的校本课程开发

目前,在现有课程基础上实施的校本课程开发,主要是在国家统编教材的基础上进行校本课程开发。即学校和教师根据学生实际情况和学校自身条件,对现有的国家统编教材进行调整、改编、整合、补充、拓展,形成一门适合实际需要的校本课程。现行的国家统编教材主要指人民教育出版社、人民美术出版社、湖南美术出版社等出版的义务教育阶段美术国家统编教材。

校本课程是对国家课程、地方课程的丰富和补充,其的开发是为了满足学生和地区发展需要。校本课程不能与国家课程、地方课程相割裂,三者是相互关联的、相互支撑的、内在整合的三套课程。国家课程是国家教育部门规定的统一课程,体现国家意志,反映国家教育标准。地方课程是国家课程的补充,也是学生了解社会、关注社会、增强社会责任感的有效途径。而根据学校的办学思想和特色开发的校本课程,与学生贴合得更加紧密,能充分发挥教师的特长,更好地满足学校整体发展特色。三种类型的课程都是我国基础教育体系的重要组成部分,所以校本课程必须与国家课程、地方课程配套实施。

中小学美术校本课程在开发时,要根据本省市课程计划的有关规定,从学校的实际出发制定实施方案,同时结合学校或本地域的传统和优势,在国家统编教材里找到美术教师、学生都感兴趣的内容来进行深入探索,进而强化教学、扩展教学。美术校本课程开发需要适合本校实际情况,给学生提供不同需求的选择,充分发挥国家课程、地方课程和校本课程对学生发展的不同价值。

根据美术课标的指导,学校可以依据本校以及师生的实际需求,采用对现行美术教材进行选择、改编、补充、拓展等方式,将教材进行重新整合研究,开发中小学美术校本课程。

在国家统编教材中选择一些适合校本课程开发的内容,作为校本课程开发的基础,进行校本课程的开发是一种很好的选择。在初次进行校本课程开发或课程开发经验、能力尚不完善的情况下,适合选择这种相对容易的方式。如学校在开发经验不足的情况下,可以在国家统编教材中选择适合的、可操作的内容,进行移植或选用,并逐步完善。这种方式,对教师的专业能力有一定的要求,选题方向和课程内容要根据校本课程的需要进行选择。

在校本课程开发时,可以针对校本课程开发的需要对国家统编教材中未涉及的方面进行有针对性的补充,在国家统编教材的基础上进行拓展,以形成一门新的校本课程。对现有课程的开发主要涉及目标设定、内容选择、课程结构、课程内容、实施方式、评价方式与课程资源等方面内容。

还可以与国家统编教材中的民间美术课程衔接,利用本地区民间美术相关的乡土地方特色进行美术校本课程开发。

【课程案例】

乡土与地方特色开发案例

1.成都市新都区繁江小学开发的美术校本课程"棕编",是在人民美术出版社小学《美术》三年级上册《多彩的民间美术》的基础上,结合学校所在地区的一项国家级非物质遗产"棕编"开发的校本课程。繁江小学的校本课程"棕编"围绕着挖掘和守护民间美术资源展开,通过对棕编的历史、材料、制作过程等方面的了解,让学生认识到棕编文化传承与发展的重要性,引导全体学生参与传统文化的传承与交流。

2.重庆市北碚区复兴小学在人民教育出版社小学《美术》四级上册《生活中的线条》的基础上,拓展开发出了以"行知美育"为核心的儿童线描画特色校本课程。该课程以线描表现的形式描绘学校周边古村落的人文与自然资源,组织小学生们进行实地参观考察和采风活动,让学生体验艺术与自然、艺术与生活,成为具有地域特色的美术校本课程。

(二)依据自身需求进行自主创新的校本课程开发

美术校本课程的自主创新开发是指以学校办学理念为核心,以学校特色为基础,根据课程教学的实际需求和实际条件,结合"以学生为本"的教学思路自主开发具有创新性的校本课程。

依据自身需求进行自主创新的校本课程开发在方法选择上需要注意以下五个方面:

(1)依据国家对课程教学的基本要求,进行校本课程开发方法的选择;

(2)根据学校长期形成的办学特色和教学特点,进行校本课程开发方法的选择;

(3)结合学校的办学实际,包括教学环境、教学条件、师资状况等因素,有针对性地选择校本课程开发的方法;

(4)利用学校周边资源条件,包括历史文化遗迹、博物馆、美术馆、科技馆、古城古镇等,选择适合的校本课程开发的方法;

(5)根据本校学生的特点,围绕学生的实际需求,选择适合学生生理的、心理的、性格的、易接受的校本课程开发的方法。

【课程案例】

开发学校周边文化特色资源案例

  四川省双流中学开发的美术校本课程"彭镇老茶馆文化",以双流本土文化元素——彭镇老茶馆文化为素材,突出传统文化和本土文化特色。彭镇的观音阁茶馆是民国时期的老茶馆之一,年代久远、保存完好、历史文化积淀深厚。

  该校选择了依据自身需求进行自主创新的校本课程开发的方法,有针对性地进行"彭镇老茶馆文化"校本课程开发,既遵循了该校秉承的"仁、智、雅、和、仁——博爱"和弘扬传统文化的办学理念,又符合学校实际和学生需求。

学习小结

  通过本节的学习,我们初步了解了美术校本课程开发的三种基本方法,即合作开发法、项目拓展法、教研项目合作法的概念与运用方式,认识到了在美术校本课程开发中要根据学校的特点和实际需求有针对性地选择适合的方法,做到有的放矢。

  对于中小学美术校本课程开发的方法阐述,不仅限于本文所阐述的内容,本文更多的是起到抛砖引玉的作用。随着人们对教育教学认识的提升,国家、社会、学校、教师、学生对校本课程的理解也在发生着转变,因此,要学会用开放性的思维面对未来,对于中小学美术校本课程方法的理解也是如此。

练习实践

1. 选择一个中小学美术校本课程案例进行分析,说一说应用了哪些方法。
2. 结合本节所学内容,尝试提出一个新的中小学美术校本课程开发的方法。

第二节
中小学美术校本课程开发的过程

校本课程开发的过程是学校开发校本课程的步骤或者说工作流程。中小学美术校本课程开发的过程一般分为三个阶段：一是校本课程开发前期过程，包括可行性分析调研、确定美术校本课程的目标、确定人员组织及分工、收集整理开发资料；二是校本课程开发中期过程，包括制定课程方案和计划、确定课程内容、编制撰写教材；三是校本课程开发后期过程，包括组织教学实施、补充完善课程。在开发过程中需要遵照校本课程开发的适应性原则、补充性原则、特色性原则、可操作性原则。

> **思考**
> 1. 校本课程开发前期过程包含哪几方面？
> 2. 校本课程开发中期过程包含哪几方面？

以下，我们大致梳理一下中小学美术校本课程开发的基本过程。

一、校本课程开发前期过程

校本课程开发想法的触发，没有固定的模式，有时是基于一个偶发的事件、一堂课、一个学生或一次谈话形成的。校本课程开发想法的形成是基于学校长期的教学积累和教师丰富的教学经验，如何去进一步实施，需要探索合理的前期实施过程。在明确形成校本课程开发的想法之后，就进入校本课程开发前期过程阶段。

（一）可行性分析调研

可行性分析调研是基于形成了校本课程开发的基本想法后开始实施的，是对前期思路和设想的可行性分析、验证，是校本课程开发的前提。首先，对相关的题材、内容、课程等进行市场调研，分析选题的可行性。需要系统调研是否已经有了类似的课程开发，开发该类课程是否符合学校的办学思路、办学条件、办学特色和学生需求等。其次，需要注意具体的方法过程，如数据收集、数据整理、可行性分析、撰写结论等。

可行性分析调研过程需要对校内外学情、教情进行科学、充分的了解和分析。校内学情、教情分析包括对校内资源现状、教师和学生的评估。校外的学情、教情主要包括社会需求、环境状况、家庭情况等。从社会需求来看,校本课程开发要照顾到当下国家、社会对人才培养的需求,给学生提供更多能够适应社会发展能力培养的可能性;从环境状况角度来看,学校所辐射的周边环境的各方面因素都可能会对学校产生多方面的影响,需要通过分析学校所处的环境来把握校本课程开发的可行性;从家庭情况来看,需要对家庭生活状况、家庭环境、家庭受教育程度等方面进行调研。

可行性分析调研过程需要对课程开发资源进行科学、充分的了解和分析。课程开发资源包括内容资源和条件资源,内容资源指校本课程内容开发中所要涉及的资源;条件资源是指校本课程开发中所涉及的技术、设备、人员是否具备开发的条件。

(二)确定美术校本课程的目标

在完成可行性分析调研过程之后,需要根据分析调研的结果确定美术校本课程开发的目标。确定美术校本课程开发首先要明确课程最终要达到的目标,根据课程开发的思路,课程目标需要明确、具体、可衡量。

中小学生的美术校本课程目标分为三个方面:技能目标、感性目标和知识目标。技能目标包括学会使用不同的美术材料和工具制作作品;感性目标主要是通过观察和感受艺术作品,培养学生的审美能力和情感表达能力;知识目标则是帮助学生了解和理解美术的历史背景、文化内涵等方面的知识。

美术校本课程目标的确定应体现《义务教育艺术课程标准(2022年版)》精神,体现学生的学习需求与现状水平,还应体现本校的资源特色。目标的制定不一定是一步到位的,可在校本课程实施的过程中进行修订,并逐步完善和最终提炼。

1.根据学校办学思路确定校本课程目标

办学思路是学校办学指导思想和教育理念的集中体现。由于各个学校的办学思路不尽相同,因此,所开发的校本课程需要符合该学校的办学思路。

【课程案例】

"生命之美"版画案例

深圳市龙华区行知小学以陶行知先生的名言"人生天地间,各自有禀赋。为一大事来,做一大事去"为校训,以"知行合一,真善美爱"为学校精神,以"造一个真善美爱的儿童世界"为办学愿景,着力打造师生共同成长的精神家园。创造性地开发了以"爱"为主题的生命教育行知课程体系,包含人文科学"真"课程、生命健康"善"课程、艺术生活"美"课程。开发了美术校本课程"生命之美"版画体系课程,以观察生活、表现生活为切入点,培养孩子向善、向上、向美的品德,滋润他们的心灵,让他们终身受益。这是将办学思想融入校本课程特色与实现目标非常精准且成功的案例。

2.根据学校资源确定校本课程目标

学校的教育资源种类繁多且千差万别,其大体可以分为两类:自然资源和社会人文资源。以自然资源为例,农村学校与城市学校的自然资源就十分不同,这种差异有利于形成农村学校与城市学校校本美术课程的特色。农村地区乡土资源异常丰富,各种树叶、黏土、秸秆、卵石、树根随处可寻。

【课程案例】

开发乡土材料美育案例

重庆市南岸区迎龙小学开发的美术校本课程"竹壳雕刻艺术",就是利用农村特有的自然资源开发校本课程的成功案例,形成了自己的特色。该校地处于农村,入校学生均为周边农村人口,学校结合自身区位及周边丰富的生态资源优势,一直秉持"生态教育"理念,在"建和谐共生之园,育生命自觉之人"的办学理念下,将学生发展核心素养融入学校的育人目标中,确立了"育生命自觉之人"的培养目标,构建了"生·长"课程体系。学校以重庆市特色非遗项目"竹壳雕刻画"为基础,开发实施了"竹壳雕刻艺术"校本课程,将学校生态资源等优势有效转化,与传承非物质文化遗产、发扬本土优秀传统文化进行整合,既成为满足乡村孩子个性特长发展的一条途径,也对学校"生·长"课程体系与内容做了补充与完善,从而更好地达成培养目标。

迎龙小学经过"竹壳雕刻艺术"课程的开发和实践,让该校孩子们的艺术素养有了不同程度的改善和提高,逐渐朝着"懂欣赏、会合作、享幸福"的课程培养目标迈进。实践研究表明,该课程为学生个性的充分发展创造了条件,促进了学生整体素质的提高。

相比农村而言,城市学校自然少了许多原生态的自然资源,然而再生资源和废旧材料却是城市学校宝贵的资源。一些学校利用废弃材料"变腐朽为神奇"开发的课程案例也具有鲜明的特色和不可替代的价值。

【课程案例】

综合材料美术的运用与创意案例

重庆市永川区北山中学李冰老师开发的美术校本课程"化腐朽为神奇——综合材料美术的运用与创意"。

课程理念:美术,不只是画面,它是一种表达,是一种述说,是一种创新,是一种美,是一种思想,更是一种综合素养。从生活中信手拈来的废旧材料,经过我们天马行空的想象,就能创作出让人耳目一新的艺术作品。艺术创作并不是艺术家的专利,人人都可以参与进来,人人都可以成为艺术家。

课程目标:使用生产生活中的物品和废旧材料,通过天马行空的想象,进行装饰美化,重新组合造型，创作出表达一定情感和思想观念的艺术作品。这一过程不是老师单向度地灌输给学生知识和营养，而是系列问题的设定和诱发，师生在问题的追问下进行螺旋式的拓展。学生成为课堂现场的思考者和创造者，通过教学活动，使学生从感知、体验的途径感受艺术审美与创新的魅力。本课程能有效开展自主、合作、探究性学习活动，让学生掌握综合材料艺术的思想方法和创作方法。培养学生正确的审美观、价值观和个性的人文素养。感受艺术创造与生活的密切联系，使学生形成正确的环境保护、资源利用，以及美术为生活服务的意识。

校本课程教材编写思路：先是树叶、树枝、树根材料的运用，再是蔬菜、水果的造型表现，接下来是画石头和生活用品，最后是综合材料的粘贴和立体造型表现，共计十课。

此外，城市的历史文化资源非常丰富，如历史故事和文化遗迹等。一些城市学校利用当地的人文资源开发美术校本课程，也形成了鲜明的特色。

3.根据教师资源确定校本课程目标

美术教师是开发美术校本课程的核心，参与课程开发的全过程，包括前期分析调研、目标制定、教材编写、教学实施。因此，需要根据美术教师自身的喜好和特长来进行校本课程的开发，这样更容易使特色与目标达成。

【课程案例】

开发本地民间文化艺术案例

重庆梁平屏锦中学何本安老师师承梁平木版年画非遗文化传承人，利用梁平木版年画这一人文资源，开发了梁平木版年画美术校本课程，还根据自己多年的教学实践编辑了教材《梁平木版年画》，不仅传承了当地的民间文化，而且促进了学校美术教育的开展。

4.根据学生实际情况确定校本课程特色与目标

在不同的环境、背景、条件等因素的影响下，不同学校之间的学生既有共性，也有一定的差异，校本课程开发中也需要考虑这些差异因素。

【课程案例】

乡土材料的根雕、泥塑、草编——生活中的废物利用

重庆市南岸区在2000年初进行重庆市首批少儿美术特色学校创建时，重庆市南岸区长生小学参与了农村学校美术特色校本课程的实验改革。因为学校周围乡土资源丰富，所以校本课程开发的是陶艺、根雕、草编等特色乡土自然资源美术课程。近年来随着环境的改变，学校地理位置由原来城乡接合向城市中心区域发展。美术校本课程重新调整了开发的方向，从生活出发，贴近学生生活实践、贴近学生知识背景，让学生在生活化的美术教学中提

升艺术素养。

美术团队的老师们通过对美术资源开发、课程研究、特色活动实施等方面不断探寻，链接儿童生活，将美术特色转化为民族民间布艺传承。以身边的废旧衣物为原料，以拼布艺术为研究对象，重新成立了"布同繁想"学生艺术实践工作坊，开发了儿童共同探究废旧布料循环再利用，感受变废为宝的创作乐趣的美术校本课程。引导学生了解生活中平凡的废旧布料材质、颜色等特征，通过孩子们的想象，设计创作不同凡响的面料艺术作品。

2022年长生小学的"布同繁想"学生艺术实践工作坊代表重庆市参加全国第七届中小学生艺术展演活动，获学生艺术实践工作坊类一等奖。

(三)确定人员组织及分工

美术校本课程目标的确定，代表着校本课程的开发已经进入实质性开发阶段，需要考虑接下来的实施方法和过程。这个阶段相对比较杂乱，包括提出申请、提交方案、申请预算等，其中最核心的工作是进行校本课程开发人员的组织及分工。确定校本课程开发人员的组织及分工主要包括以下几个方面。

一是明确负责人。负责人负责全面管理校本课程开发工作。

二是确定分组。校本课程开发需要进行明确的人员分组，负责具体工作的实施。基本包括三方面的工作：课程规划、教材编制和课程实施。课程规划小组负责进行课程总体方案的设计，课程目标的修订，课程结构的制定；教材编制小组负责校本课程教材的编写；课程实施小组负责校本课程的实施及对方案和教材的验证。三个组需要分工明确，既各行其职，又相互协调。

三是确定人员构成，这里主要指的是各小组的人员配置。课程规划小组通常由教育研究的学者，教务管理的人员，学科专业骨干教师组成。教材编制小组需要根据校本课程内容、形式、课时等多方面的因素来确定人员的配置，如：需要开发一个共有五节课的大单元校本课程，通常需要三到五位学科专业教师和一位审核校对的主编。其重点是需要有一位笔力精湛、逻辑清晰的，既有深厚的教育教学理论知识，又有学科教学能力和教材编写经验的专家型教师全盘把握课程编写。

校本课程开发的人员组织及分工需要基于学校的具体情况来具体把握，不能生搬硬套。

(四)收集整理开发资料

收集整理开发资料环节是在前期可行性分析调研、确定美术校本课程的目标和确定人员组织及分工的基础上进行的，目的是进一步对将要实施的校本课程进行资料的补充、分析、整理。收集整理开发资料过程，需要不同分工的小组，对前期分析调研美术校本课程开发的资料进行筛选分析，提出进一步需要收集的资料清单。收集整理完成后，根据课程目标筛选出有价值的开发资料，并归档备案。

二、校本课程开发中期过程

校本课程开发中期过程是产生成果的阶段。该阶段的目标是制定校本课程的构架、体系和具体构件。其中构架是指校本课程的总体结构和各要素间的构成，包括课程基本指导思想、培养目标、课程目标、实施的要点等；体系是指课程系统中的整体与局部的关联，包括教学目标、教学计划、教学过程、教学评价之间的合理性关联；具体构件是指校本课程呈现的具体资料，包括课程教材、课程大纲、课程教案、课程评价等。

（一）制定课程方案和计划

校本课程开发的每一个环节过程都是按照课程目标这个主线，相互衔接、互为作用、彼此支撑的。在校本课程开发中期，首先需要制定课程方案和计划。

校本课程方案是指根据校本课程目标制定的有关如何开发和实施校本课程开发的指导性文件。包括基本框架、结构，实施的方法、过程，将要达到的目标和取得的成果等方面。校本课程计划是指校本课程实施的步骤、路径、各阶段达成的时间、各阶段完成的工作量等。方案和计划是相互衔接、互为支撑的关系。

经过前面的目标确定与现状分析，就可以拟出校本课程具体实施的方案。具体内容用一个美术校本课程开发方案进行分析。

【课程案例】

重庆市南岸区某校校本课程实施方案

一、课程开发目标

围绕"以美育人 以美化人 以美培元"的办学理念，加强学生艺术综合素养，激发学生"感受美、发现美、创造美"的能力，围绕学校的办学理念，结合自身优势，在校办、思政办、教务办、美术教研组协同合作下，进行了深入的前期调研、分析、讨论，初步确定的美术校课程的目标为：

1.围绕"核心素养内涵"，突出"以美育人 以美化人 以美培元"的办学理念，通过美术校本课程教学培养学生"感受美、发现美、创造美"能力。

2.充分挖掘学校的特色和周边文化环境，体现学校弘扬传统文化，传承中国传统审美精神的办学思想。

3.突出学生的特长培养，充分发挥每个孩子的美术潜能。通过美术校本课程教学，塑造学生健全完美的人格，培养他们良好的审美品质。

根据上述美术校本课程的目标，学校成立了以美术教研组为核心的、南岸区美术教研员涂轶予老师为组长的美术校本课程开发团队。

二、课程开发方案和计划

表4-2 课程开发方案和计划实施规划表

序号	方案	计划	需要完成的时间(天)
\multicolumn{4}{c}{课程开发和计划}
1	制定课程开发方案和计划	编写课程开发方案和计划	2
		制定课程实施方案和计划	2
2	确定课程内容	撰写内容要点	1
		收集完善文字资料	5
		收集完善照片资料	
		收集完善视频资料	
		收集完善实物资料	
3	编制撰写教材	确定教材题目	1
		编写教材主题和提纲	3
		撰写教材目录	2
		确定编写人员	1
		确定每章的内容	2
		撰写教材,完成初稿	30
		审核校对,定稿	5
4	组织教学实施	安排适合年级的三个平行班实施校本课程教学	30
5	修订完善课程	通过实践教学进行课程分析	2
		撰写课程总结	1
		提出建议意见	1
		修订教材	10
		修订课程大纲和教案	5

1.课程方案。

本美术校本课程为大单元课程,教学对象为小学五年级学生,共4节课。

(1)寻找非遗(1课时)。

介绍身边的文化,并从中寻找身边的非遗,讲授中国传统文化与非遗,认识中国传统文化的博大精深和其中的美。

(2)发现美(1课时)。

通过收集的传统美术样式,进行系统的资料收集与整理,让学生从中了解传统美术样式的形成,制作的方法和过程,从中学会"发现美"。并学习如何进行资料的收集整理。

(3)认识美(1课时)。

组织学生在非遗中发现具有审美的传统美术样式,进行传统美术形式和语言的分析整理,并进行深入的探讨,使学生能够认识美术的形式和语言,从中学会"认识美"。

(4)创造美(1课时)。

在前期收集和分析的基础上,将已掌握的传统美术形式和语言与学生的现代学习生活相结合,进行美术创意。使学生在学习传统文化的基础上进行"创造美"的表达。

2.基本计划。

本课程以课堂教学与课外考察相结合的方式实施。具体如下:

(1)寻找非遗,课堂讲授,1课时。

需要准备的教学资料:课件、学校周边不同类型的美术文化图片、视频资料、其他资料。

重点:讲授校园周边的非遗。

课时安排:

课程导入:2分钟。

内容展示:5分钟。

要点讲授:5分钟。

欣赏评述:5分钟。

分组讨论:7分钟。

教师归纳:3分钟。

分组发言:10分钟。

教师总结评述:3分钟。

(2)发现美,校外考察,1课时。

需要准备的教学资料:教案、需要讲授的图片展示资料、其他资料。

重点:了解传统美术样式的形成,制作的方法和过程。

课时安排:

组织教学:2分钟。

集体考察:10分钟。

要点讲授:5分钟。

分析评述:5分钟。

分组讨论:5分钟。

教师归纳:3分钟。

分组发言:5分钟。

教师总结评述:5分钟。

(3)认识美,校外考察,1课时。

需要准备的教学资料:教案、需要讲授的图片展示资料、其他资料。

重点:进行传统美术形式和语言的分析整理。

课时安排：

组织教学：2分钟。

集体考察：10分钟。

要点讲授：5分钟。

分析评述：5分钟。

分组讨论：5分钟。

教师归纳：3分钟。

分组发言：5分钟。

教师总结评述：5分钟。

(4)创造美，课堂讲授，1课时。

需要准备的教学资料：课件、不同类型与非遗创意主题相关的绘画资料(图片、视频)、其他资料。

重点：非遗与创意相结合主题的创意绘画。

课时安排：

课程导入：2分钟。

要点讲授：3分钟。

欣赏评述：5分钟。

分组讨论：5分钟。

教师归纳：5分钟。

实践创意：15分钟。

展示评述：5分钟。

三、课程实施与评价

1.课程的实施。

(1)成立学校校本课程开发与实践工作小组，校长对校本课程开发全面负责。教务主任、德育主任具体负责课程开发的督导和评价等工作，成员由教育教学专家和教师组成，具体落实好各门课程的开发和实施工作。

(2)制定校本课程的实施计划，起草校本课程开发总体方案。

(3)经学校审议通过后，参与开发的教师根据总体方案制定具体的、可实施的课程计划。

(4)根据课程计划和课程资源制定具体的课程内容的安排，要求重点联系学生的实际。需要重点考虑：一是教材的形式风格和编写的方式；二是每一章、每一节编写内容与目标达成的关系；三是教学的内容与教学形式的关联；四是教学内容、形式与可使用的工具材料之间的选择；五是教学资源与教学内容的关联；六是教学方法、时间、场地、学生等因素；七是教学评价的形式、内容等问题。

(5)人员的校本课程开发培训,分为三个阶段:前期工作培训、教材编写培训、教学实践培训。

(6)实施过程,包括:编写教材、教学实践、成果展示、评审验收。

2.完善校本课程的评价体系。

(1)对校本课程开发成果的评价。

(2)对教学实践结果的评价。

(3)对改进措施的评价。

通过上述案例,能够清晰地了解制定校本课程方案和计划的全过程。具体校本课程方案和计划的制定,需要根据每一所学校自己的特色和条件来进行。

(二)确定课程内容

"课程内容"是构成课程的关键要素。

【课程案例】

"启明版画"

重庆市第三十九中学校,根据国家课程中版画内容进行拓展,开发了自己的特色校本课程"启明版画"。

"启明版画"设置了10课时,包括木刻版画、吹塑纸版画、纸版画、综合材料版画等不同表现形式的版画内容。该课程将教学内容与国家统编教材和学生生活相衔接,以国家统编教材中的版画课程为基础,进行课程内容的补充和拓展。

该课程是全校性的基础普及课程,建立了突出培养学生兴趣爱好和提升创作能力的三级课程体系,课程内容方面突出体现了形式的多样性、技法的丰富性和材料应用的可选择性。

以上案例反映出各校校本课程内容的选择千差万别,但他们基本都遵循了以下几点原则。

1.适应性原则

一是坚持正确的教育导向,贯彻国家的教育方针政策;二是关注学生,体现"以学生为本";三是关注教学,注重"以教师为本"。

坚持正确的教育导向。确定美术校本课程内容首先需要根据《义务教育艺术教育课程标准(2022年版)》中"核心素养内涵"来制定课程目标。2023年3月10日,光明日报发表了《以美育人 以美化人 以美培元》的文章,指出:"一是要全面贯彻落实义务教育艺术教育课程方案,积极推进美育在整个义务教育中权重的增加。二是要深化素养导向的课程教学改革,把美育贯穿于各个学科的教育教学全过程,坚持以立德树人为根本,以社会主义核心价值观为引领,以提高学生审美和人文素养为目标,弘扬中华美育精神,以美育人、以美化人、以美培元。三是要把美育融入家庭生活和社会实践中,以美的尺度观照家庭生活和社会实践。"以美育人、以美化人、以美培元是学校一切工作的指导思想。

关注学生,体现"以人为本"的理念。在教育教学的过程中,需要以学生培养为本,以学生的发展为本。低年级学生与高年级学生对美术的喜好有所不同,在课程内容的设计中需要考虑不同学段学生的适应性。低年级主要培养孩子感知美、认识美、表达美的能力。通过积极参与班级或小组开展的美术活动,提高学习积极性。如开展玩陶泥、橡皮泥、超轻黏土的造型活动,初步形成综合探索与学习迁移的能力。高年级学生的美术活动在深入进行"造型·表现"领域学习的同时,侧重于"欣赏·评述""设计·应用""综合·探索"领域能力的培养。这阶段学生喜欢知识性的内容和综合材料造型、卡通人物表现、电脑美术设计等方面的学习内容。

关注教学,以教师为本。根据学校教师的特点进行校本课程内容的开发,充分发挥教师的主观能动性、创造性和积极性。

2.补充性原则

国家课程、地方课程和校本课程是相互联系的关系,美术校本课程在内容选择上是对国家课程的补充和拓展。因此校本课程在内容的开发上需要围绕课程标准,依据国家课程构架和内容主线,进行校本课程内容的开发。"启明版画"就是重庆市第三十九中学校根据国家课程中版画内容进行的特色校本课程开发。

3.特色性原则

校本课程开发的目的是满足本校学生的培养需求,需要根据学生的特点有针对性的尽量采用与学校和学生关联性较强的美术教学资源,如本地、本民族的文化历史等资源。

【课程案例】

成都市成华小学以四川省当地的彝族文化为校本课程的开发思路,深入挖掘适合美术课程开发的彝族文化题材内容,形成了具有浓郁四川彝族特色的版画校本课程"彝情彝趣"。课程以"彝情"为主题,选择符合小学学生的文化内涵题材,如小学生感兴趣的体育竞技活动、火把节、彝族年等,增加课程的趣味性。

4.可操作性原则

美术校本课程教学内容的可操作性是指校本课程的内容开发需要符合实际教学条件,可实施、可操作。我国各地区的经济发展相对不平衡,对学校的投入差异较大,不同学校学生的经济条件也不相同。需要符合学校的实际办学条件,学生的实际承受能力,进行美术校本课程内容的设计开发,避免学校超出预算,学生负担过重。

【课程案例】

深圳市福田区园岭教育集团园岭小学开发了以走进岭南文化为主题的校本课程,编辑了校本课程教材《版画》。教材里涉及的版画技艺技法种类较多,使用了很多较为专业的比如版画机、木蘑菇、布蘑菇、吹塑纸、木刻板、胶板、刻刀、刻针等几十种比较专业的版画制作工具和材料,仅印画的材料纸、颜料油墨就有十几种。这样的版画校本特色课程如果没有学校的支持,会给学生带来较大的经济负担。所以,学校在开发校本课程之初就体谅到学生家庭的实际困难,专门划拨了足额的校本课程开发和使用专项经费,用于购买所有版画工具材料,并免费提供给学生使用。

(三)编制撰写教材

校本课程教材是校本课程开发过程中的重要因素,它既是校本课程开发的成果,也是校本课程实施的依据和校本课程教学的资料。校本课程教材是前期调研、课程目标和课程方案的具体体现,也是课程教学实施及课程评价的依据。因而,校本课程教材在整个开发过程中起到承上启下的关键性作用。教材也称教科书,是课程教学的主要依据,是阐述教学内容的指导性资料,是课程内容的具体化呈现,也是学生获得知识的重要来源。美术校本课程教材包括美术校本课程教科书、教学参考书、相关教学参考资料等。

美术校本课程教材编写需要充分把握以下几方面。

1.坚持育人导向

教材编写首先需要坚持正确的导向,坚决贯彻和执行《义务教育艺术课程标准(2022年版)》。

2.精选内容素材

课程内容是美术校本课程教材的主体,课程内容的遴选和结构安排是美术校本课程理念的重要体现。教材编写要依据课程标准中"内容要求"选择内容素材。

(1)美术校本教材内容的选择。

第一,教材内容的选择一定要符合中国宪法和法律;第二,教材内容的选择一定要体现民族性和文化性;第三,教材内容的选择要突出思想性、经典性、时代性、实践性,有效满足学习任务要求,落实"核心素养内涵"目标;第四,教材内容的选择要体现适宜性。教材内容需要与艺术课程标准中"内容要求"基本保持一致,避免结构性缺失与遗漏,或超出范围。选择教材内容时要关注美术学科基本知识与基本技能的掌握,要体现基础性和知识性、学科技能和素质能力、通识性和学科性之间的融合。

(2)美术校本教材内容的设计。

教材内容的难易程度应符合艺术课程标准的基本要求,符合学生的能力要求。

3.优化组织结构

《义务教育艺术课程标准(2022年版)解读》中指出:构建美术校本课程教材的框架和内容,要突出主题化、生活化、情境化、项目式、任务驱动等新的学习理念和方式,提倡以单元的形式组织学习内容。

撰写美术校本教材要基于核心素养架构课程内容,明确课程内容架构的原则或思路,体现课程内容组织,呈现路径;要在全面梳理学科基础知识、基本技能的基础上,有效清理、统整知识点;要结合学科特点、学生学习规律和学习需要,系统组织课程内容。

课程标准提倡以单元的形式组织学习内容,强调单元的大小应根据不同的任务、学生的年龄特征确定,从整体到细节,处理好学科逻辑与生活逻辑的关系,并形成有特色的组织结构。教材编写要精心组织和设计学习任务,体现学科综合的理念,使学生在任务驱动下,有效提高综合探索和学习迁移的能力,帮助学生在情境中以问题为导向展开学习,实现从学科本位、知识本位到素养本位的转型。

在组织撰写美术校本教材中要关注六个方面:第一,学习内容设计要以任务群组合为原则(课程);第二,每节课应以有意义的真实情境活动展开(情境的设计);第三,设计合理、有趣、有意义的问题为学习导向(基本问题);第四,关注学习方法与解决问题的多样性、独特性、创新性(实践探索);第五,知识的迁移与拓展能力的培养(跨学科的综合表达);第六,学业水平质性评价(引导学生有益发展)。

在美术校本教材的编写中需要根据课程设计的需要,灵活调整和优化课程内容的组织结构。

4.突显课程特色

《义务教育艺术课程标准(2022年版)》要求"艺术教材内容的编排和呈现形式应适合核心素养的培养,突出活动性和实践性。要合理配置各种图文要素,精心设计版式。整体装帧与排版,要体现色彩、构图、影像等的视觉美感,充分考虑艺术学科特色"。

5.丰富教材形态

《义务教育艺术课程标准(2022年版)》指出:"在编写传统纸质艺术教材的同时,要与时俱进,适应数字时代的要求,构建具有视、音、图、文等要素的数字教材,体现直观性、交互性、趣味性。通过构建纸、电联动的新型艺术教材,多角度、多维度地呈现艺术教材的内容,提高学生的学习积极性和学习效率。"美术校本教材编撰要注意:一是丰富课程资源,包括参考用的图库、视频、录音、音乐与其他相关辅助材料等;二是使用现代教育技术,包括数字化、信息化视觉展示和教学技术;三是充分利用现代信息、大数据分析等技术,建设丰富的、不断更新的课程资源库,探索"大数据""互联网+"与美术校本教材开发相结合的新思路。

三、校本课程开发后期过程

(一)组织教学实施

教学实施是将校本课程内容和目标转化为实际教学效果的过程。在实施阶段,教师需要按照自己的校本课程教学计划进行教学,在关注学生的反馈和表现的同时及时调整教学策略和方法,确保校本课程教学效果最大化。此外,注意课堂管理,保证学生在良好的学习环境中进行学习,每个学生都有收获。

在教学的实施过程中,教师也要不断地提升自己的学科教学能力。

(二)补充完善课程

补充完善课程是对校本课程开发的提升和完善的过程。通过教学的实施,发现校本课程在开发中存在的不足和需要改进的方面,这也是校本课程开发重要的环节之一。校本课程开发不是一个固定的指标或是一项达标的任务,而是不断持续改进的过程。一方面,通过校本课程的教学实践,发现校本课程开发中存在的问题,包括教材编写、教学设计、教学实施、教学评价等,并进行及时的分析评价,寻找解决的方法,完善校本课程;另一方面,根据学校发展的需要,建立持续改进的机制,不断提升校本课程。

学习小结

通过本节的学习,系统了解了美术校本课程开发的过程。美术校本课程开发的过程与方法的应用,需要把握"贯彻一个中心,把握基本规律,根据实际情况灵活应用"的原则。"贯彻一个中心"就是要按照《义务教育艺术课程标准(2022年版)》的要求来制定课程目标;"把握基本规律"就是要在美术校本课程开发方法和过程的选择上遵循基本的教育教学规律;"根据实际情况灵活应用"是指在美术校本课程开发中需要遵循学校实际情况,选择适合的校本课程开发方法和过程。

练习实践

1. 浅析中小学美术校本课程开发过程的特点。
2. 以你所了解的一门中小学美术校本课程为例,分析其开发的方法与过程。

第五章

中小学美术校本课程开发案例分析

学习目标

- 了解中小学美术校本课程开发基本思路。
- 理解中小学美术校本课程开发的思路与形式,课程内容的选择和方法的组织。
- 掌握中小学美术校本课程开发的核心要素及相应的组织方式。
- 能够将已学习的知识应用于中小学美术校本课程开发之中。

知识导图

中小学美术校本课程开发案例分析

- 第一节 传统文化课程开发案例
  - 课程案例：小学美术校本课程"墨润童心、人人出彩"
  - 课程案例：小学美术校本课程"洛阳宫灯"

- 第二节 地域自然资源课程开发案例
  - 课程案例：小学美术校本课程"青瓦手绘"
  - 课程案例：初中美术校本课程"农耕之美"

- 第三节 社会文化资源课程开发案例
  - 课程案例：中学美术校本课程"彭镇老茶馆文化"
  - 课程案例：小学美术校本课程"校馆合作 以美育人"

- 第四节 学科融合创新课程开发案例
  - 课程案例：小学美术校本课程"染缬艺术"
  - 课程案例：小学美术校本课程"科学'+'艺术'+'"

第一节 传统文化课程开发案例

中华优秀传统文化是中华民族五千年来的思想精华、文化精华和精神宝库，是中华民族语言习惯、文化传统、思想观念、情感认同的集中体现。地方学校通过充分发掘其中的资源，确定课程目标，形成学生活动的主题，编撰成校本课程，既有助于传承与发扬中华优秀传统文化、丰富国家艺术课程体系，又可以使学生在积极的校本课程参与中感知、理解传统文化，增强对中华优秀传统文化的理解和认同，通过课程育人功能的发挥从而保证立德树人根本任务的落实。

> **思考**
> 1.哪些是传统文化范畴？阐述其形式特点并归类总结。
> 2.请根据自己的学习或工作经历思考：传统文化课程的开发要点是什么？

新的时代背景下，学校如何因地制宜、因校制宜选取传统文化资源开发校本课程，满足学生需求、教师发展和学校发展？本节将从两个不同地区、不同类型学校优秀传统文化校本课程开发案例着手，分析课程开发的条件与形式、方法与过程，探讨不同地区、不同类型学校因地制宜、因校制宜开发传统文化校本课程的思路和范式。

一、课程案例：小学美术校本课程"墨润童心、人人出彩"

重庆市南岸区天台岗小学花园校区的彩墨画校本课程"墨润童心、人人出彩"体现了城市小学以优秀传统文化为载体开发的特色校本课程的经验和做法。该课程按照年级和内容的不同一共设计了24堂美术教学内容并形成了特色校本美术教材，课程内容的设计充分考虑了城市小学校学生的兴趣点和美术表现能力。

（一）课程形态

"墨润童心、人人出彩"美术校本课程以"适应学生发展，分段设计课程"的设计思路，按美术题材、内容的不同和由低到高的知识结构，以大单元的形式设计了初探、人文、生活、国粹四个板块24节课。

"初探"板块共7课时,授课对象为一、二、三年级学生。主要通过彩墨小游戏的方式,以表现动物、植物和景物题材为主要学习内容,让学生在艺术表现中熟悉中国画用笔、用墨知识,初步了解彩墨画。

"人文"板块共7课时,授课对象为三、四年级学生。该板块以了解身边的人文生活相关的地域、文化资源为主要表现题材,使学生学会在生活中探索美、发现美,并采用绘画形式表现美。

"生活"板块共5课时,授课对象为五年级学生。该板块课程内容在"人文"板块的基础上,引导学生开阔视野,从更大的范围中去寻找美,寻找重庆的人文特色,让学生从关注自我、关注身边,转移到关注家园、关注社会。并根据学生的能力特点,教学生运用彩墨画技法表现所见所闻、表达所思所想,提升学生艺术实践和表现的能力。

"国粹"板块共5课时,授课对象为六年级学生。该板块是在前期课程的基础上的升华,引导学生学会挖掘中华文化中的传统国粹精华,发现和表现国粹中的美。在学生对彩墨画用笔用墨知识有一定了解和认识的基础上,开发中华优秀传统文化和地方特色文化资源设计教学内容,拓宽学生知识面,提高学生审美素养。

通过该校本课程的教学培养,在潜移默化中学生凝聚了对家乡的热爱、对传统文化的尊重,提升了学生民族自豪感和自信心。

表5-1　校本课程"墨润童心、人人出彩"的课程形态

课程板块	课程内容	实施年级	执教形式	课程板块	课程内容	实施年级	执教形式
初探	认识工具	一、二、三年级	随班	人文	我的好朋友	三、四年级	社团
	认识笔墨	一、二、三年级	随班		镜中的自己	三、四年级	社团
	彩墨游戏	一、二、三年级	随班		重庆小面	三、四年级	社团
	快乐的熊猫	一、二、三年级	随班		麻辣火锅	三、四年级	社团
	鱼儿水中游	一、二、三年级	随班		山城步道	三、四年级	社团
	油菜花	一、二、三年级	随班		崖壁上的民居	三、四年级	社团
	黄桷树下	一、二、三年级	随班		都市巨人	三、四年级	社团
生活	飞跃两江	五年级	社团	国粹	陶瓷上的艺术	六年级	社团
	两江游	五年级	社团		大足石刻	六年级	社团
	赶场忙	五年级	社团		铜梁龙	六年级	社团
	山城棒棒军	五年级	社团		人巧工精	六年级	社团
	茶馆故事	五年级	社团		粉墨登场	六年级	社团

(二)案例分析

重庆市南岸区天台岗小学地处重庆市中心城区,是区域内大型集团化学校,学校实行一

校六区、同质异彩的办学模式。天台岗小学下属花园校区在创办校区特色过程中,依据天台岗小学整体发展规划和校区师资情况,选择以"彩墨画"为载体开发校本课程,并形成了彩墨画特色教学,成为"重庆市彩墨画特色学校"。天台岗小学以传统文化创办学校特色和开发校本课程的过程中有以下几点值得借鉴和参考。

1.结合师资条件确定开发主题

学校积极响应所在区域提出的"书香南岸 幸福教育"的区域教育发展愿景,在"同质异彩"的学校办学模式的引领下,着力推动各校区特色品牌的创建。通过对重庆市南岸区天台岗小学师资的整体调研,发现花园校区5名美术教师中有4名为国画专业,其中硕士研究生2名,专业优势师资力量较为集中。基于此,学校基于政策与办学需要,结合校区优势师资条件,决定将彩墨画作为该校区特色创建方向,并从顶层设计进行校本课程的开发。

2.横向开发课程结构

学校在开发校本课程的过程中,将课程开发与特色建设相结合,横向开发校本课程资源。学校以彩墨画主题为起点,开发了初探、人文、生活、国粹四个方面的课程内容,课程结构呈现横向开放性的、发散性的拓展。结合国家课程艺术实践形式,从造型·表现、欣赏·评述、设计·应用、综合·探索四个方面分年段加以实施。

3.课程开发过程

(1)成立课程开发领导小组。

学校专门成立由分管副校长牵头、教导处统筹、美术教师具体执行的课程开发领导小组,进一步明确职责分工和计划进程,统筹推进校本课程开发。

(2)确定了开发课程的教学总目标。

①通过对彩墨画主题单元的学习,感受彩墨画独特的艺术形式与技法特点,培养学生对美术的兴趣;

②通过欣赏体验等活动,探究传统的笔墨技法,并结合主题进行艺术实践;

③通过彩墨画的学习,增进学生对中华优秀传统文化的理解和认同,引导学生树立正确的国家观和民族观。

(3)制定了具体的开发步骤。

课程开发领导小组基于课程开发教学总目标,制定了开发方案。根据方案,美术教师分段梳理、分析彩墨画课程资源教学,发现存在课时少、知识零散,学生学习呈现低层次、碎片化等问题。研究团队以问题为导向确定了"国家课程选用拓展"和"本土文化资源"自主创新开发相结合的开发形式,并以主题大单元的形式呈现课程资源。如"国粹"课程板块中的"人巧工精"一课就是对国家课程"会动的皮影"一课的拓展延伸。

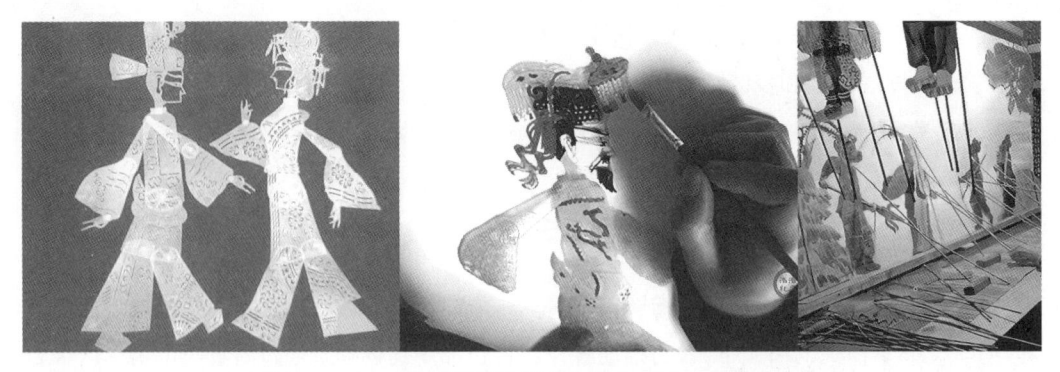

图5-1 "人巧工精"课程教学中学生完成的皮影作业

图5-2 "崖壁上的民居"课程教学中学生完成的彩墨画作业

"人文"板块中"崖壁上的民居"课程是基于重庆独特的自然资源"吊脚楼"自主挖掘、创新、开发的课程资源。

(4)制定实施策略。

学校以"普及+培优"的培养策略开展校本课程的分层分段实施,使用国家教材和校本教材相结合的方式推进彩墨画的"普及"培养,在提升学生综合素养的同时,培养学生彩墨画基础素养和笔墨技法。以彩墨画兴趣社团为载体,使用校本课程推进彩墨画的"培优",培养一批具有较高审美素养和彩墨画技能的学生梯队,也能够代表学校参加各级各类主题比赛和展示,提升学校的文化底蕴。该模式目前应用于重庆市南岸区天台岗小学各校点,下一步将逐步在区域推广。

4.课程评价

重庆市南岸区天台岗小学花园校区"墨润童心、人人出彩"校本课程的开发,以区域政策为导向,结合学校发展需要和师生条件,进行了有计划、多种形式的开发和有层次的实施,提升了学生美术素养和能力,推动了学校特色的创建和发展。目前学校已经获评"全国中小学美术教学改革实验学校""重庆市少儿美术特色示范学校""重庆市彩墨画特色学校"称号,并以彩墨画特色为切入点,提炼了校区"让每个孩子都出彩"的办学主题和"师生各尽其美"的课程理念,进一步丰富了学校的办学内涵。

不足之处则在于推行彩墨画大班额普及的过程中,因教学课时少而分散、学生自备工具不齐等问题,以致彩墨画课程普及的效果与质量受到一定的影响。如何与国家课程有效融合推进课程普及,值得进一步思考。

二、课程案例:小学美术校本课程"洛阳宫灯"

我国丰富的民族民间艺术是中华优秀传统文化的重要组成部分,是数千年文明沉淀的艺术结晶,其蕴含着我国民众勤劳、质朴、乐观向上的美好情感。我国丰富的民间艺术资源分布广泛,各地各类学校如何用好身边优秀的民间艺术资源,结合学校自身条件创新开发校本课程,使学生在深入的课程学习中了解家乡、赞美家乡,是校本课程开发值得深入探讨的课题。

洛阳宫灯繁荣发展于洛阳,已有上千年的历史,是国家级非物质文化遗产。河南省洛阳市某小学在洛阳宫灯传承人王福信及其女儿的指导下,将洛阳宫灯正式引入课堂开发特色校本课程,成果突出,得到了社会、区域、家长的一致好评。该课程的成功开发为地方学校利用本地传统文化资源创新开发校本课程提供了很好的参考和借鉴。

(一)课程结构

通过调查分析,"洛阳宫灯"校本课程是借助民间艺术资源与洛阳宫灯传人王福信老人及其女儿共同开发,校本课程的内容初步定为认识宫灯、纱绸宫灯、老样宫灯、彩绘宫灯、清化宫灯、洛阳花灯六个课程单元,并遵循知识由浅入深、由低到高的原则制定课程结构和具体实施计划。

表5-2 "洛阳宫灯"美术校本课程内容

课程序列	课程内容	课时	执教年级
1	认识宫灯	2	一年级
2	纱绸宫灯	3	二年级
3	老样宫灯	2	三年级
4	彩绘宫灯	4	四年级
5	清化宫灯	3	五年级
6	洛阳花灯	3	六年级

(二)案例呈现

教学课程:认识宫灯。

教学对象:一年级学生。

教学课时:2课时。

教学目标：

(1)了解关于洛阳灯笼的文化、种类及价值。尝试采用多种材料来制作小宫灯，培养学生观察生活以及创造能力。

(2)在观察体验中了解材料外形各异，美观实用，以及具有观赏性的洛阳宫灯，在探究中学习宫灯的设计制作方法。

(3)在学习和实践过程中，激发学生热爱洛阳传统艺术的情感，提高学生的审美情趣。

教学重点：通过欣赏，了解有关洛阳宫灯的文化内涵。

教学难点：结合不同材料设计制作宫灯。

表5-3 "认识宫灯"课程教案

课题	认识宫灯（一）		
课时	1课时		
教学环节	教师活动	学生活动	教学意图
一、导入新课	1.谜语导入：一个坛子两口，日里不走夜里走。2.出示课题。	学生猜谜底：宫灯。	激发学生学习兴趣，渗透宫灯造型特点。
二、讲授新课	1."宫灯"二字来历（出现伊始只有皇宫专用，由于比起平民百姓皇家用的灯更为精美，所以有"宫灯"之称），并简单介绍洛阳宫灯发展历史。2.欣赏不同材料的宫灯，纱灯类、方灯类、多角类等。观看宫灯制作视频及纪录片。	1.学生欣赏、了解有关洛阳宫灯的历史与文化。2.在教师引导下对宫灯分类有初步的了解，了解宫灯可从外形、材质等方面分类。3.深入、全面了解宫灯的制作工艺，对制作材料有一定的认识（洛宁青竹、丝绸）。	了解有关洛阳宫灯的历史与文化。激发学生对洛阳传统艺术的情感以及对生活的热爱，提高学生的审美情趣。
三、讨论探究	1.请学生以小组为单位，同学之间相互介绍自己带来的洛阳宫灯图片。2.每组选出一位同学向全班介绍本组最有特色的洛阳宫灯。	学生讨论。要解决的问题是：1.洛阳宫灯的分类。可从材质、外形、用途上分类。2.宫灯的基本结构。3.你想设计制作一个什么样的宫灯？	1.通过学生之间的交流，激发学习和探究的兴趣。2.培养收集信息的能力、合作学习的能力，以学生之间的互相学习来拓展相关知识。
四、创意比拼	1.创意要求：请你用简单的线条设计出造型新颖、独特的小宫灯。2.时间提示：5分钟。	1.学生画设计草图。2.学生介绍自己的设计，进行交流。	培养设计意识，启发构思，解决教学难点。

续表

课题	认识宫灯(二)		
课时	1课时		
教学环节	教师活动	学生活动	教学意图
一、反思回顾	教师对上节课宫灯内容作简单回顾。(重点回顾宫灯外形特点)	学生回忆宫灯历史文化、特点等。	巩固所学知识,为本节课宫灯的制作奠定基础。
二、教师演示	教师利用废旧材料制作宫灯:选材、选色、设计制作方法。	学生认真观察制作过程,学习制作方法。	指导制作方法。
三、艺术实践	布置作业,教师巡视辅导。 1.根据准备好的材料,设计制作一盏小宫灯。 2.为自己的小宫灯加上适当的配饰,增加情趣,体现个性。	1.学生体验设计和制作的全过程。在制作中发现问题并及时解决问题。 2.初步体验设计乐趣,为自己的小宫灯加上合适的装饰品。	培养学生设计和制作的能力。
四、小结评价	1.以"非物质文化遗产进校园"为活动契机,举办宫灯展。 2.全校所有学生及部分学生家长参与评价。 3.评选出优秀作品。	1.学生展示自己的作品,并说出自己的设计思路。 2.学生将制作的宫灯悬挂,并互相参观、欣赏。	1.学生可以相互交流经验,感受成功的喜悦,体验动手的乐趣。 2.提高学生欣赏和评价能力。
五、学生作业			

图5-3 美术校本课程"洛阳宫灯"班级实践作业展示

(三)案例分析

该小学北倚周山、南面洛水,成立于2010年。为全面提升学校的品牌形象,学校领导决定从学校特色入手,经过全面调研、专家研讨,学校把目光投向了学生身边的传统艺术——洛阳宫灯。并成立以美术教师为骨干成员的开发团队,架构课程体系,引进优势校外资源,共同开发美术教学内容。

1. 结合办学环境确定开发主题

该小学地处河南省洛阳市,该地有着众多的人文资源,是河南乃至全国的文化宝库,身处这里的孩子们自小耳濡目染、潜移默化地接受着优秀传统艺术的熏陶。其中洛阳宫灯古朴典雅,可操作性强,适合小学阶段学生学情特征和动手能力的培养,且当地还有洛阳宫灯传人省级代表这样的优质民间美术资源。学校基于课程开发的外在优势和特色发展需要,以特色创办为导向,结合专家的宝贵意见,确定了以"洛阳宫灯"为主题开发校本课程。

2. 课程开发的思路

基于洛阳丰富、广泛的民间艺术资源,聚焦适合学校开发的资源类型与开发方式。首先,学校通过自下而上问卷调研,分析"洛阳宫灯"课程开发的师生、家长基础,在此基础上美术团队率先思考开发方案与过程实施;其次,领导重视自上而下系统开发,通过集体决策开发方案落实具体要求、成立课程开发小组细化责任分工、借助民间艺术资源强化专业保障等方式开发课程资源,形成校本教材,开发校本课程。

3. 借助优质课程资源合作开发

洛阳宫灯为手工制作,看似简单,制作起来却十分复杂,从制作到成灯需要经过70多道工序。洛阳制灯艺人众多,目前只有王家制作洛阳宫灯技艺世代传承,他们深知洛阳宫灯千年传承的历史及其背后深厚的文化内涵,是开发校本课程的重要资源。学校领导经过集体研讨,共同确定"洛阳宫灯"校本课程借助民间优势资源实行校内校外共同开发,学校聘请洛阳宫灯传承人王福信老人及其女儿担任校外专家全程指导校本课程的开发与实施。由学校分管领导、中层干部负责牵头,严格挑选有一定美术基本功、有强烈上进心、年富力强的专兼职美术教师作为课程开发骨干成员组成精干的课程开发研究队伍。通过"走出校园,感触宫灯"——资源采风模式、"课上学习,课下实践"——课内外实践模式、"非物质文化遗产进校园"——专题专讲模式开发并实施校本课程。

图5-4 美术校本课程"洛阳宫灯"教学中学生完成的作业

4.课程评价

作为校内校外资源共同开发的美术校本课程,"洛阳宫灯"课程的开发模式和课程效果无疑是比较成功的,集中体现了该校从学生的生活入手,深入挖掘地方优秀传统文化,与民间艺人共同开发校本课程资源,走特色办学的课改思路。学校师生抓住了这历史悠久的优秀传统文化资源,依靠民间艺术传承人的指导,探寻出了一条适合当地小学美术教学之路,这是非常难能可贵的。但如何把握好及充分利用优秀传统文化资源传承优秀文化,又突出美术课的特点,将美术知识和技能巧妙地传授给学生,值得进一步深思和探索。

学习小结

通过本节的学习,我们初步了解了基于优秀传统文化资源开发美术校本课程的过程与方法,理解了校本课程的开发不仅是对国家课程和地方课程的有力补充,亦是对散落在民间的中华优秀传统文化的继承和发扬,通过传统文化校本课程的开发与实施,可以激发学生对家乡的热爱,增强学生的民族自豪感。

本节中两所学校围绕传统文化资源开发的美术校本课程给我们提供了一个可供参考和借鉴的实例。我们在运用传统文化资源开发美术校本课程的时候,还需要注意以下几点:第一,是否有利于学生审美素养的提高;第二,是否有利于学生美术知识与技能的提高;第三,是否有利于学生艺术素养的提高和美术兴趣的发展。

练习实践

1.结合已掌握的知识,梳理你所了解的地方特色传统文化类型,并对其展开课程开发的可行性分析。

2.选择当地的一种传统文化,分小组尝试在城市小学或乡村小学开发美术校本课程,以提纲形式呈现。

第二节
地域自然资源课程开发案例

《义务教育艺术课程标准（2022年版）》鼓励广泛而有针对性地利用地方资源开发课程。地域自然资源主要是指特定区域存在的自然资源，它与学校教育教学活动、师生日常生活紧密相连，是校本课程开发的宝贵资源。

狭义地讲，自然资源主要是指天然存在的生态环境和物质。祖国山河壮丽、景色怡人，自然资源十分丰富，分布在广大的城市和广袤的乡村。尤其是在乡村，千姿百态的林木山川、花叶草虫、泥土沙石等都是艺术创作最宝贵的开发资源。

恰到好处地运用地域自然资源开发校本课程不仅可以更好地丰富美术教学内容，激发学生的学习兴趣，还可以激起学生对家园故土的文化自信，对家乡、祖国的热爱之情，提高其审美能力和责任意识。本节将从城市、农村两个维度分析城市学校和农村学校因地制宜借助当地自然资源开发校本课程的方法与过程。

一、课程案例：小学美术校本课程"青瓦手绘"

地域自然资源是美术校本课程最丰富的开发资源之一，每所学校所处的地理环境和地理位置不一样，所拥有的地域自然资源也有明显的差异。各地各类学校如何聚焦学校条件、教师发展和学生成长需要，有选择的使用资源，有创意的开发课程，是各级各类学校运用地域自然资源开发校本课程中需要重点聚焦和思考的问题。

重庆市开州区汉丰第八小学地处开州老城，老城内参差不齐的传统民居建筑配上白墙青瓦别有一番景象，那形态各异的造型、美丽的纹理、特别的质地，浑然天成。"青瓦手绘"就是该学校通过调研分析，因地制宜、因校制宜取材于本地自然资源，选择贴近学生生活、便于操作和呈现的青瓦自然资源，开发的校本课程。

（一）课程形态

学校用青瓦作为素材和载体，开发"青瓦手绘"美术校本课程，来激发学生学习美术的兴趣，了解家乡悠久的历史、深厚的文化底蕴。该课程按照儿童身心发展规律和美术学科知识结构层级,从三方面进行教学。一是,三、四年级以儿童画作为创作主题,通过"线描"表现形式进行青瓦手绘创作,了解点、线、面的知识,理解并掌握"线描"的基本技法和技能,提升学生的美术技法运用能力和独特的创造力。二是,五年级进行主题性的青瓦手绘创作,初步了解青瓦"彩绘"的制作过程,掌握各种工具材料的使用技巧,能用基本的美术造型技法表现所见所闻、所思所想。三是,六年级能熟练掌握青瓦"彩绘"的表现技法,并借助青瓦彩绘的形式表达自己的思想与情感。

表5-4 "青瓦手绘"项目式乡土美术课程内容

课程序列	课程主题	课程内容	实施年级	课程用时
1	青瓦手绘——线描	认识青瓦 有趣的几何形 我的"好伙伴"	三、四年级	6
2	青瓦手绘——彩绘	我的自画像 美丽校园 家乡美	五年级	6
3	青瓦手绘——创作	戏曲脸谱 诗情画意 山水世界	六年级	7

(二)案例分析

1.课程开发主题的选择

重庆市开州区汉丰第八小学结合国家政策要求,因校制宜,关注学生特点,开发了"亮眼睛"项目式综合实践活动课程,设计了"亮眼睛看学校""亮眼睛看家乡""亮眼睛看重庆""亮眼睛看中国""亮眼睛看世界"五大循序渐进的模块。每个模块分不同的课程项目开展,在"亮眼睛看家乡"模块中,分解出"老城万花筒""舌尖上的老城""开州方言知多少""寻找老城记忆"等课程单元。在"寻找老城记忆"课程单元的实施中,老师指导学生在老城遗址的断壁残垣中挑选一片片青瓦,并引导学生将青瓦作为素材和载体,进行青瓦单片画或系列组画的创作。由此,逐步形成了"青瓦手绘"课程主题,并通过一系列的教学实践,逐步完善了课程教学。

2.课程开发的思路

"青瓦手绘"美术校本课程是基于学校"亮眼睛"项目式综合实践活动课程中的子课程项目进行开发。该课程采用了校本课程开发的基本步骤与方法,实行学校统筹,课程开发小组负责具体实施的开发思路。课程开发旨在提高学生的综合实践能力,激发学生对家乡的热爱,增强学生民族自豪感。

3.课程开发的方法

在开发校本课程的过程中,汉丰第八小学成立了"青瓦手绘"校本课程开发管理领导小组,校长任组长,分管教学副校长任副组长,中层干部和美术学科组长为成员,负责统筹规划和管理课程开发与实施。教导处和美术学科组负责拟定和落实"青瓦手绘"课程开发与实施方案。总务处负责课程开发与实施的物资保障和经费保障。政教处、少先队、安稳办负责相关主题活动的开展。自上而下、层层落实、优化保障机制,确保课程顺利开发和有效实施。

4.课程开发的过程

(1)实地调研,确定课程方向。

学校组织参与"青瓦手绘"校本课程开发的老师对周边的地域自然资源进行了系统的现状调查。通过田野调查发现,在开州区常见的青瓦古朴浑厚,蕴藏着丰厚的文化内涵,其质地坚硬,肌理丰富,形式感强,非常适合进行创意绘画。通过文献查阅,发现青瓦大多应用在西南地区的传统建筑之中,具有几千年的历史,但中小学美术课程教学却很少将其作为美术教育资源,这坚定了学校将"青瓦手绘"课程作为校本课程开发的方向。

图5-5 "青瓦手绘"校本课程开发过程中教师组织学生进行实地考察

(2)明晰教学理念,拟定课程目标。

"青瓦手绘"校本课程组以"做中学"的教学理念为指导,让孩子们参与洗晒青瓦、设计图案、勾勒作画等过程,提高学习美术的兴趣。经过不断提炼,确定了该校本课程的总体目标:

①对标"欣赏·评述":通过学生参与对传统建筑的了解,对"青瓦"的认识,让学生们了解家乡悠久的历史、深厚的文化底蕴,激发学生爱国爱家的情怀。

②对标"造型·表现":通过课程的开发与实施,学生能了解、掌握青瓦手绘基本的创作技法,如彩绘、雕刻、拓印等;通过进行手绘实践,使学生学会独立创作简单的青瓦手绘作品,提高学生动手实践能力和独特的艺术创造力。

③对标"综合·探索":通过老师的引导,学生进行合作探索实践,提升学生的创新意识和合作意识。

围绕总体目标,"青瓦手绘"校本课程组的老师进行了课程主题和教学内容的优化,如在

"青瓦手绘——线描"课程主题下设认识青瓦、有趣的几何形、我的"好伙伴","青瓦手绘——创作"课程主题下设戏曲脸谱、诗情画意、山水世界等美术教学内容。为了让老师的教学指导简洁高效,让学生明确创作步骤,也让学生易学会用,经过集体研讨和集中教学实践,"青瓦手绘"校本课程组将青瓦手绘的创作概括为以下五个步骤:

第一步:洗涤青瓦、晾晒青瓦;
第二步:设计图案、铅笔起形;
第三步:调制颜料、勾画轮廓;
第四步:确定造型、绘图上色;
第五步:添加细节、调整画面。

图5-6 "青瓦手绘"课程教学中教师指导学生进行青瓦绘制

图5-7 "青瓦手绘——创作"课程中学生绘制的作品

5.课程评价

重庆市开州区汉丰第八小学"青瓦手绘"美术校本课程实施以来,取得了丰硕的成果。在课程的开发与实施过程中,学生亲历了项目策划、查阅资料、实地考察、准备材料、设计图案、勾画轮廓、绘制图案、调整细节、布置展台、宣传解说的全过程,不仅有效助推了学校特色项目的发展,更增加了学生对于乡土美术创作材料更深层次的了解,体验到了家乡悠久的历史、深厚的文化底蕴和绘画艺术的魅力。

随着新课程方案和课程标准的实施,学校要在现有校本课程开发的基础上,提升"青瓦手绘"校本课程内涵,深化教学质量,完善"青瓦手绘"校本课程体系和管理,引领孩子们在"青瓦手绘"校本课程学习中,提升思想品德、审美情感和美术技能。

二、课程案例:初中美术校本课程"农耕之美"

我国地大物博幅员辽阔,受经济、地域等因素的制约,农村中小学美术教学中普遍存在教学软硬件条件较差的问题,导致农村美术教育与城市美术教育相比还有一定的差距。但广阔的农村有着丰富的自然资源可以利用,农村学校及美术教师如何利用本地的自然环境因地制宜、就地取材开发校本课程值得思考。

"农耕之美"校本课程是新疆维吾尔自治区哈密市伊州区西山乡某中学在当地有关部门的支持和帮助下,学校美术教师就地取材、因地制宜,利用新疆农村极为丰富的农作物资源,结合地方实际开发的具有浓郁地方特色的美术校本课程。该课程共设计了"秸秆贴画""粘棉花""新疆瓜果节""果壳与艺术""葡萄的成长""果核与艺术"六个教学单元。该校开发的校本课程"农耕之美"为广大乡村学校开发校本课程提供了一个好的样板。

(一)课程形态

"农耕之美"校本课程是利用新疆农村农作物资源,开发的适合本地学生特点,适应当地教学,符合当地特色的美术校本课程。该校本课程按照由浅入深的层次结构,设置了六个美术教学单元,并根据农村地域自然资源由易到难、由浅入深地设计了相应的教学内容。在教学中引导学生从审美的角度欣赏秸秆、棉花、瓜果、果壳、果核等农作物材料,结合藤编工艺创作主题作品,在过程中激发学生学习美术的兴趣,提高学生审美能力、创作与表现能力。

表5-5 "农耕之美"校本课程设置

课程序列	课程板块	课时	实施学段	备注
1	秸秆贴画	6	全学段	社团
2	粘棉花	6	全学段	社团

续表

课程序列	课程板块	课时	实施学段	备注
3	新疆瓜果节	6	全学段	社团
4	果壳与艺术	6	全学段	社团
5	葡萄的成长	6	全学段	社团
6	果核与艺术	6	全学段	社团

(二)案例呈现

表5-6 "秸秆贴画"课程教案

课题	秸秆贴画		课型	综合·探索
课时	1课时		教学对象	二年级
教学目标		1.了解秸秆的含义以及秸秆艺术在生活中的应用。通过利用手工制作的方式方法结合秸秆的特点来完成一幅秸秆贴画。 2.通过视频展示和教师讲解,学生尝试用剪刀、胶水、秸秆、彩笔等各种工具完成艺术创作。 3.让学生在学习中感受艺术创作的乐趣,提高学生的动手能力和艺术表现能力,了解秸秆艺术与生活的紧密联系,使学生更加热爱自然、热爱生活。
重点及难点		培养学生的发散思维,发挥自己的想象完成艺术创作。
教学环节	教师活动		学生活动	教学意图
一、导入新课	师:展示图片,让学生猜一猜这些作品都是用什么制作的? 导入课题。 图5-8 "秸秆贴画"课程资源		学生进行图像识读,了解艺术形式。	激发学生学习兴趣,渗透秸秆贴画造型特点。

续表

二、讲授新课	1.认识秸秆。 教师进行总结陈述：秸秆是农作物脱粒后剩下的茎。通常指小麦、水稻等农作物在收获籽实后的剩余部分。 师：这些田间不起眼的秸秆是怎样变成一幅美丽的作品的呢？我们来看一个视频了解一下。 2.同学们想一想生活中哪些东西是使用秸秆制作的？ 生活中的秸秆艺术无处不在，它与我们的生活是息息相关的。 3.赏析秸秆贴画作品。 图5-9 "秸秆贴画"课程资源	1.学生欣赏、了解秸秆贴画的艺术制作过程。 2.发现身边的美，感受生活的美好。	1.课堂拓展，让学生更加深刻地了解秸秆艺术的制作工艺过程。 2.拓展学生的思维。
三、教师示范、指导实践	1.教师现场示范秸秆贴画作品。 2.回顾制作步骤。 (1)铅笔起稿。 (2)胶水定型。 (3)叠加添画。 (4)整体调整。	学生观看教师示范，思考制作方法和步骤。	直观示范和步骤回顾便于学生直观学习。
四、创意比拼	1.创意要求：请你以"驼铃古道"为主题制作一幅秸秆贴画作品。 2.时间提示：25分钟。	对照作业要求制作主题秸秆贴画作品。	启发构思，解决教学难点。

续表

五、小结评价	1.以"驼铃古道"为主题举办秸秆贴画展。 2.学生家长参与评价。 3.评选出优秀作品。	1.学生展示自己的作品，并说出自己的创作意图。 2.整体呈现学生秸秆贴画作品，并互相参观、欣赏。	1.学生可以相互交流经验，感受成功的喜悦，体验动手的乐趣。 2.提高学生欣赏和评价能力。
六、学生作业	图5-10 "秸秆贴画"课程中学生制作的作品		

（三）案例分析

该中学以农村美术教学中的自然材料为突破口，从校情特点和学生成长需要出发，挖掘农村随处可见的瓜果、棉花、秸秆等自然材料，开发了以农耕作物为主题的特色校本课程。该课程在挖掘利用乡土材料开发校本课程的过程中，有以下几点特别之处。

1.课程开发主题的选择

该中学是一所典型的乡村中学，学校中大部分孩子来自周边农村，教学资源的匮乏为美术课程的实施带来一定的困难。因当地美术教学资源匮乏，应对国家课程所需的学习材料有限，该中学的苏老师发挥丰富的想象力和创造力，把当地农作物资源的开发带入中小学美术课堂，思考将学生生活中的秸秆、果皮、棉花等农作物资源作为主要载体开设兴趣社团，让有兴趣爱好的学生在课外活动时间集中起来，统一培训创作作品，形成了一定的规模，取得了较好的成果。在当地政府帮扶项目的政策支持和帮助下，学校以前期艺术成果为积淀主题开发了"农耕之美"校本课程。

2.课程开发的思路

该课程的开发基于学生学情条件和教师的艺术思考，以前期师生艺术实践为先导，在一定实践积淀的基础上，借助政府相关的政策扶持与经费保障，将"农耕之美"重点开发并形成校本课程。

3.课程开发的方法与过程

随着参与兴趣社团学生的日益增多,一间功能室远不能满足学生学习需求,在当地政府和教委的大力支持下,学校成立了"农耕之美"工作坊,获批第三期农村中小学领雁工程项目学校,在领雁工程项目组成员的共同努力下,开发校本课程,并编写了《农耕印象》校本教材。根据学校实际情况,制定相应的课程实施计划,每班每周开设一节校本特色课。成立"农耕之美"工作坊,遴选有这方面特长和爱好的学生加入工作坊,由老师专门负责指导学习,定期将学生作品进行评选、展示。工作坊里那不起眼的秸秆、果皮、棉花等经过孩子们的巧思妙想变成了各种各样的精美作品,材料上有秸秆、果皮、棉花等,数量上有个体和组合等,主题上有"十二生肖""驼铃古道"等。

4.课程评价

该中学利用校内、校外条件,开发美术课程资源,从而形成了有特色的美术校本课程。在此基础上还成功创办了特色学校,将影响力扩大至区域外乃至全国。该校本课程不仅为我们提供了如何利用地方自然资源开发生动有趣的美术课程范例,更说明农村的美术教师大有可为。

在当前城乡差距逐步缩小的大背景下,乡土特色校本课程如何适应新时期、如何焕发生机与活力值得进一步探索和思考。

学习小结

通过本节的学习,我们初步了解了利用地域自然资源开发美术校本课程的过程与方法,认识了地域自然资源丰富的广阔的开发前景,掌握了可以借鉴和参考的自然资源开发校本课程的模式和方法。借助地域自然资源开发美术校本课程,关键在于如何利用资源、如何挖掘蕴藏在资源中的文化内涵和寻求学生易于感知的着眼点,使开发的美术校本课程具有应用和推广的价值,并能够丰富当地中小学美术教学,有效地促进美术学习的多样化,激发学生的创新精神,培养学生的美术创造能力及美术鉴赏能力,让学生在实际生活中感悟美术独特的艺术价值。

练习实践

1.结合已掌握的知识,对你了解的当地特色自然资源进行归类,分析确定其属于自然材料和自然环境中的哪一种类型。

2.选取一所中学(小学),分析其地域自然资源种类,根据学校特点设计并拟定课程开发主题。

第三节
社会文化资源课程开发案例

相对于自然资源而言,社会资源与人类的关系更为直接和密切。社会文化资源是人类创造的一种精神财富,也是校本课程开发的重要资源。通过学习,引导学生树立正确的历史观、民族观、国家观、文化观,增强爱国、爱家的意识,坚定文化自信,提升人文素养。

社会文化资源非常丰富,如文体活动、节庆、纪念日、建设成就、重大历史事件、传说、故事、影视、戏剧、建筑、雕塑、壁画等。其中,既有许多具有很高的文化历史价值的非物质文化遗产,如蜀绣、凤阳花鼓、梁平木版年画等;也有许多记录了中国共产党发展的历史遗迹,如遵义会议旧址、上海中共一大会址、延安宝塔山等;还有许多记录中国传统文化的历史遗迹,如兵马俑、大足石刻、北京故宫、西安大雁塔、武汉黄鹤楼、浙江雷峰塔等;分布在各省、市的博物馆、展览馆、图书馆等也是可利用的社会文化资源。这些社会文化资源对于美术校本课程的开发具有不可估量的价值。

在中小学美术校本课程开发中,学校需要根据本地丰富的、特色的社会文化资源,依据本校学生的认知特点来选择开发主题,确定校本课程的教学内容,通过课程教学实践激发学生学习美术的兴趣,培养健康向上的审美情趣。引导学生增进对中华文化的理解和认同,树立文化自信,引导学生认识美、发现美、表现美。

一、课程案例:中学美术校本课程"彭镇老茶馆文化"

《义务教育艺术课程标准(2022年版)》的总目标强调"了解不同地区、民族和国家的历史与文化传统,理解文化与构建人类命运共同体的关系,学会尊重、理解和包容"。社会文化资源是人类社会资源极为重要的一个组成部分,用社会文化资源开发美术校本课程可引导学生了解地方文化传统,感知和理解我国深厚的文化底蕴。我国历史悠久,且幅员辽阔、地大物博,有着优秀的文化历史背景和分布广泛的社会文化资源,各地学校需要因地制宜、因校制宜地运用社会文化资源开发富有特色的校本课程,以满足师生需求。

四川省双流中学"彭镇老茶馆文化"校本课程是基于学校所处的彭镇优秀的老茶馆文

化,结合学生学习需求,以"老茶馆文化"为主题,以速写、水粉画等表现手法,开发的特色校本课程。该校利用社会文化资源,结合学生学习需求和学校的办学理念,成功开发了"彭镇老茶馆文化"校本课程。

(一)课程形态

彭镇老茶馆文化有着悠久的历史,蕴藏着多种文化资源,是具有典型地方特色的社会文化资源。四川省双流中学美术教师程军安带领团队开发的"彭镇老茶馆文化"课程划分为"老茶馆鉴赏""老茶馆写生""老茶馆创作"三个课程板块,课程划分充分考虑了城市中学生的特点和学习的需求。

表5-7 "彭镇老茶馆文化"校本课程计划

课程板块	课程单元	课程名称	课时	授课教师
老茶馆鉴赏	1	彭镇老茶馆之建筑艺术欣赏	3	程军安
	2	彭镇老茶馆之壁画欣赏	3	程军安
	3	彭镇老茶馆之摄影作品创作及欣赏	3	程军安
老茶馆写生	1	彭镇老茶馆之人物速写(素描)	3	程军安
	2	彭镇老茶馆之场景水粉写生	3	程军安
老茶馆创作	1	彭镇老茶馆之版画设计	3	程军安
	2	彭镇老茶馆之剪纸创作	3	程军安
	3	彭镇老茶馆之油画(丙烯)创作	3	程军安

"老茶馆鉴赏"课程板块分为三个单元,包括"彭镇老茶馆之建筑艺术欣赏""彭镇老茶馆之壁画欣赏""彭镇老茶馆之摄影作品创作及欣赏"等课程单元,共9课时。主要以介绍彭镇老茶馆的建筑特色为重点,通过现场教师讲授和现场考察的方式,让学生领悟老茶馆建筑的独特之美,产生对家乡的热爱与自豪之情。

"老茶馆写生"课程板块分为两个单元,包括"彭镇老茶馆之人物速写(素描)""彭镇老茶馆之场景水粉写生"等课程单元,共6课时。该部分主要是领略茶馆里喝茶人的独特神情,泡茶人的动作,各地慕名而来的游客的神态,等等,可以对标"造型·表现"领域要求,通过素描、水粉画等绘画写生的方式进行表现,让学生掌握一定的绘画技法。

"老茶馆创作"课程板块分为三个单元,包括"彭镇老茶馆之版画设计""彭镇老茶馆之剪纸创作""彭镇老茶馆之油画(丙烯)创作"等课程单元,共9课时。该部分主要是让学生学会从实际生活中提取素材,结合已学的绘画技能,进行创意设计,提升学生表现美的能力。

(二)案例呈现

校本课程"彭镇老茶馆文化"第二课程板块第一单元"彭镇老茶馆之人物速写(素描)"第一课。

(1)教学目标:对标"造型·表现"领域,学习素描技法,了解老茶馆中的生活美。
(2)教学过程:现场集中教学。

具体过程:课程导入、讲授新课、示范教学、指导教学、课程评价。

教学速写作业要求构图得当,结构合理,造型准确。素描表现手法多样,材料工具丰富。故此,选择以素描进行写生,更容易被同学们接受。在教学中要求学生以线性为主的方式进行表现,以线面结合的方式表现彭镇老茶馆的人物动态。

彭镇老茶馆的人物形象丰富而生动,各地游客和当地茶客和谐共处,现代和传统元素叠加,有丰富的素描题材。彭镇老茶馆的人物素描又细分为风景、场景、人物及静物素描,采用写生、半写生半默写、默写的训练方式。

(三)案例分析

针对较为发达地区的中心城市中小学校本课程,如何在城市中选取适合的社会文化资源,用于校本课程的开发,"彭镇老茶馆文化"校本课程提供了一个良好的示范。

1.课程开发主题的选择

四川省双流中学以"规范+人本"办学理念为指导,构建了基础类、拓展类及特色类"三类课程"模式。基于学校"三类课程",结合当地的社会文化资源,美术学科教师程军安带领团队通过前期调研、整理相关素材、专家论证等方式,确定以"老茶馆文化"为主题,以素描、水粉画等为表现形式,开发"彭镇老茶馆文化"校本课程。

2.课程开发的思路

随着近年来素质教育的深入推广,社会对美术专业人才的需求增多,为了适应美术专业应考学生的需要,四川省双流中学将中学美术技能学习和学生综合素养的培养相结合,以"彭镇老茶馆文化"校本课程教学形式实现学校人才培养的目标。

3.课程评价

选题准确。四川省双流中学利用学校周边社会文化资源优势,结合学生特色和校内美术教学资源,合理确定了以"老茶馆文化"为主题的"彭镇老茶馆文化"校本课程。

方法得当。"彭镇老茶馆文化"校本课程将美术技法教学和审美教育相结合,既抓住了社会文化资源的特点,又能够很好地实施美术技法教学和美术鉴赏、审美教育。

适应学生特点。选择适合的社会文化资源实施现场教学,有益于学生在学习中参与和融入学习环境,对调动学生的学习积极性有较大的帮助。

二、课程案例:小学美术校本课程"校馆合作 以美育人"

《义务教育艺术课程标准(2022年版)》明确指出"鼓励学校与美术馆、博物馆、音乐厅、歌剧院、影院、青少年宫、社区和新时代文明实践中心,以及当地社区艺术家工作室和民间艺术作坊携手,开展多种形式的艺术教育教学活动,以便通过优质校外艺术资源共享,提升艺术教学的质量"。中小学美术校本课程开发需要有效利用博物馆等社会文化资源。

博物馆是研究、收藏、保护和展示物质与非物质遗产的非营利性公共场所,也是记录和承载一个地区历史、文化的重要社会文化资源。通过与博物馆合作或利用博物馆资源开发中小学美术校本课程,能够更好地实施"审美教育、情操教育、心灵教育"。江西省宜春市某小学与当地博物馆合作开发的"校馆合作 以美育人"美术校本课程取得了丰硕的成果。

(一)课程形态

"校馆合作 以美育人"美术校本课程沿着课程主题主线,分年段纵向的、由浅入深的、由易到难的实施教学。通过遴选有价值的藏品设计了"低段:探秘阿房宫""中段:旧时烟火""高段:历史穿越,梦回青铜"三大课程板块,共14个教学课例。通过实地参观、藏品欣赏相结合的教育活动形式,带领学生理解古代艺术家的创作思维和方法,感受艺术的魅力,理解不同的历史文化。

表5-8 "校馆合作 以美育人"课程设置

课程板块	课程内容	课时	开发教师
低段: 探秘阿房宫	时光斑点	2	陈心
	前前后后	2	张云强
	墙面的艺术	2	李峰
	线条的魅力	2	谭世均
中段: 旧时烟火	古韵茶香	2	陈心
	瓷器的魅力	2	张云强
	宫衣精雕细琢	2	李峰
	诗意的点缀	2	谭世均
	通向历史的秘径	2	庞文洁
高段: 历史穿越,梦回青铜	初识青铜	2	谭世均
	青铜之形	2	陈心
	青铜纹样	2	张云强
	青铜出土记	2	李峰
	探访文物修复室	2	谭世均

（二）案例呈现

课程：青铜纹样。

执教对象：小学五年级学生。

教学过程：(1)场景展示，博物馆；(2)课程导入，欣赏作品；(3)讲授新课，展示纹样；(4)欣赏评述，讲授历史和审美；(5)分组讨论，纹样分析；(6)课间练习或创意实践；(7)展示评价。

本课将人教版小学《美术》五年级下册《珍爱国宝——古代的青铜艺术》一课与青铜器的纹样相结合，通过对青铜纹样构成方式、内涵寓意的学习，增进学生对传统文化的了解，知道动物纹、几何纹、人事活动纹等纹样的基本特征和构成方式，并在了解纹样知识的基础上，学习用拓印、手绘等形式进行创意绘画实践。该课程在实施"造型·表现"艺术实践领域美术技能知识学习的同时，结合对博物馆社会文化资源的鉴赏，对学生进行"欣赏·评述"艺术实践领域的培养。

图5-11 "青铜纹样"课程教学现场及学生作品

（三）案例分析

1. 课程开发主题的选择

该小学利用与宜春博物馆有着多年合作的便利条件，借助市级、区级馆校合作的优惠政策，将博物馆资源引入校本课程开发，形成特色美术校本课程，突出学生综合素养和审美感知能力的培养。

2.课程开发的思路与方法

"博物馆"走进课堂,不仅能够使学生学到美术知识技能,也能够了解"文物"中蕴含的文化和思想,以便对学生实施价值观教育和爱国主义教育。

3.课程开发过程

(1)组建优秀研发团队。

该小学是宜春市大型集团化学校,有20多名专职美术教师,美术师资队伍强大。学校在开发校本课程的过程中借助集团化办学的优势,以中小学美术学科教学为突破口,形成了优秀的美术课程教学和校本课程开发团队。团队由学校指导,骨干教师牵头,根据每位教师的特长进行分工组成课程开发小组。

(2)设定课程目标。

课程目标有两个层面的内涵:一是对标"欣赏·评述"领域,培养学生审美鉴赏能力;二是对标"造型·表现"领域,提升学生的美术技能。

(3)优化课程设置。

该校本课程分为计划内课程和社团课程两大实施路径。计划内课程在各年级的美术课中,每月安排一节。计划内课程分为校外参观博物馆、课堂讲授和工作坊实践三种教学形式。校外参观博物馆,由老师带领学生一起参观博物馆,了解博物馆文化,激发学生对博物馆的兴趣和热情;课堂讲授,由教师进行博物馆相关知识的赏析,培养学生的审美鉴赏能力;工作坊实践,教师根据自愿原则,在三至六年级选拔一批"博物馆工作坊"的坊员,利用课后服务时间进行创意实践学习,培养学生的创新探索意识。通过以上三条路径实施课程,实现了学生全员参与校本课程的学习,给学生提供了更多的学习和能力提升的机会。

(4)制定实施路径。

一方面,博物馆派专人对接学校,负责提供课程资料和授课的便利条件;另一方面,学校指定教师带领学生前往博物馆考察,由博物馆和学校美术教师共同商讨学习的主题和美术校本课程开发的具体内容及实施方案。

4.课程评价

该校与博物馆合作,利用当地社会文化资源,开发的"校馆合作　以美育人"美术校本课程,丰富了学校美术课程资源和美术课堂教学形式,也凸显了学校的办学特色,使学生在亲身体验中感知艺术之美和享受文化熏陶,切实提升了学校美术教学质量。该课程案例能够对拥有相似资源的学校的校本课程开发产生一定的启示,但在实际开发过程中需要根据学校自身的特点,选择适合的展示环境进行校本课程的开发。

学习小结

社会文化资源是开发美术校本课程的重要资源,是传统和现代文化的知识宝库。将社会文化资源引入美术教学课堂,一方面符合艺术课程标准的要求,另一方面能够体现美术课程教学的特点,使学生在学习美术理论、技法知识的同时,提升核心素养。

练习实践

1. 结合已掌握的知识,从本地出发,思考具有地方特色的社会文化资源有哪些。
2. 试析自然资源与社会文化资源各自的特点及在美术校本课程开发中的应用。
3. 尝试撰写一份以社会文化资源进行校本课程开发的资料,注意写清楚方法与过程。

第四节
学科融合创新课程开发案例

《义务教育艺术课程标准（2022年版）》提倡以各艺术学科为主体，加强与其他艺术的融合，重视艺术与其他学科的联系，充分发挥协同育人的功能。美术课程内容也设置了相应的"综合·探索"领域课程内容。

在新课程改革大背景下，美术教师要有"跳出学科看学科"的课程思维，通过探索美术学科内部交叉、美术与姊妹艺术、美术与其他学科、美术与社会之间的内在联系，合理开发美术课程教学内容，通过综合性、创造性的艺术实践活动，促进学生更广泛地理解知识、技能，提升综合能力。

以学科融合开发校本课程有利于培养学生综合思维和学习迁移的能力，对提高学生的综合素养、培养学生的创新精神和全面推进素质教育具有重要的现实意义，同时也对教师开发课程的能力提出了更高的要求。学科融合不仅是课程内容的融合，也是呈现方式的整合；不能局限于必修学科的融合，需要超越学科知识体系的"大融合"。下面是两例地方学校以学科融合形式开发的美术校本课程实例，均比较详细地阐释了地方学校开发学科融合美术校本课程的过程和方法，供大家学习和参考。

一、课程案例：小学美术校本课程"染缬艺术"

重庆市南岸区怡丰实验小学的"染缬艺术"校本课程是基于区域课改要求和学校劳动教育课程需要，将美术课程与劳动教育相结合开发的特色美术校本课程。经过长时间的积累和实践，该校建构了符合校情，具有浓厚特色的"染缬艺术"校本课程，丰富了学校的美术课程教学体系。

（一）课程形态

染缬艺术是中国传统染色工艺，是国家级非物质文化遗产。美术校本课程"染缬艺术"是由学校指导、美术教研组实施的校本课程。美术校本课程开发组经过系统的调研认为，染缬艺术的风格与形式符合学校的办学理念和美术教师的专业能力,也很适合该校学生的认知特点,由此确定了以"染缬艺术"为主题的美术校本课程的开发思路。经过认真研讨,将该课程设计了两个章节,共10课时教学内容。

第一章"'怡'染学堂"教学目标为:了解传统的染缬艺术,学习传统的染缬技艺。染缬即古代丝绸印染工艺的总称,从工艺上分为灰缬、绞缬(扎染)、蜡缬和夹缬(夹染)四类。

第二章"'怡'染工坊"教学目标为:在掌握传统染缬技艺的基础上进行创意实践,提升学生的创新实践能力。

表5-9 "染缬艺术"课程内容

课程章节	章节名称	课程内容	课时	实施对象
第一章	"怡"染学堂	染缬的历史与种类	1	1—2年级
		扎染制作的材料与步骤	1	1—2年级
		捆扎法	1	3—4年级
		夹染法	1	3—4年级
		缝绞法	1	5—6年级
		灰缬法	1	5—6年级
		综合法	1	5—6年级
第二章	"怡"染工坊	创意拼贴画(一)	1	3—6年级
		创意拼贴画(二)	1	3—6年级
		寻找生活中的色彩	1	3—6年级

(二)案例呈现

课程名称:寻找生活中的色彩。

教学对象:本校学生。

学习目标:初步了解民间草木染工艺,学会运用基本的折、染等方法染制不同色彩,并进行创新性实践。

教学准备:课件、扎染工具、草木材料、针、线、剪刀等。

教学过程:

(1)导入新课,通过视频、实物和图片展示导入主题。

(2)讨论交流,组织学生对新课主题进行讨论。

(3)作品欣赏,通过视频和实物展示优秀创意示范作品,启发学生。

(4)技法演示,通过视频展示制作方法和过程。

(5)创作实践,组织学生分组进行创意实践活动。

(6)展示评价,展示学生作品,进行学生作品评价。

(7)拓展与延伸,学生在课外尝试着做一个染色创意实践活动。

表5-10 "寻找生活中的色彩"课程展示评价内容

评价项目	具体内容	自己评	他人评
意志品质	积极主动参与劳作	☆☆☆☆☆	☆☆☆☆☆
	不怕困难、吃苦耐劳	☆☆☆☆☆	☆☆☆☆☆
合作交流	主动和同学配合	☆☆☆☆☆	☆☆☆☆☆
	认真听取建议、做贡献	☆☆☆☆☆	☆☆☆☆☆
技能习得	正确使用工具	☆☆☆☆☆	☆☆☆☆☆
	灵活运用方法	☆☆☆☆☆	☆☆☆☆☆
作品完成度	存在不足	☆☆☆☆☆	☆☆☆☆☆
	美观大方	☆☆☆☆☆	☆☆☆☆☆
	富有艺术气息	☆☆☆☆☆	☆☆☆☆☆

(三)案例分析

1.课程开发主题的选择

怡丰实验小学秉承"智慧学习 阳光生活 健康成长"的办学理念,以优化教学过程、提高教学质量为核心,构建"怡悦"课程体系,结合学校"怡染作坊"的特色艺术基地确定开发主题,全面提升"染缬艺术"美术校本课程品质。让学生在学会扎染基本技术的同时,培养学生对中国民间传统艺术的审美认知。

2.课程开发的方法

怡丰实验小学在"怡悦"课程体系框架之下,以区级教学课题为引领,结合学校"怡染作坊"的特色艺术基地和区域美劳共育实践研究种子教师工作坊的资源共同开发。从学生的兴趣和学校的实际出发,开展以扎染为依托的"美劳融合"的"染缬艺术"美术校本课程。通过开发课程进一步探索新时代城市小学劳动教育与美术校本课程相结合的教学模式,寻找具体可操作的基于校园文化特色的小学劳动教育实施策略。

3.课程开发的过程

在"染缬艺术"美术校本课程开发过程中,怡丰实验小学劳动课题组成员和"怡染作坊"美术教师开展调研分析,从学科特性、育人价值、活动类型方面调研美术与劳动的学科共性,确定校本课程开发目标、结构、内容和实施计划。在设计课程时,以培养学生的劳动素养为导向,融劳动情感于扎染选材中、融劳动技能于美术实践中、融劳动精神于艺术实践中、融劳动思维于课堂教学中开发课程内容。通过了解扎染的特点及发展历史,掌握制作的方法和技能,设计并制作简单的工艺作品,感受其中蕴含的传统工艺的劳动智慧和审美趣味,增强学生的劳动意识和审美能力,融劳动教育于"染缬艺术"校本课程的开发中。

4.课程评价

怡丰实验小学以课题为引领,基于劳动教育与美育的双重视域,依托本校已有的扎染特色共同开发"染缬艺术"美劳共育校本课程,该课程探索了新时代城市小学劳动教育的校本课程模式,积累了可推广的综合化课程开发经验,在区域内取得了一定的反响。学科融合创新模式下的中小学美术校本课程开发,需要打破原有的学科壁垒,从多角度、多层面创新性地思考课程开发的可行性,以促进学生综合素养的提升。

二、课程案例:小学美术校本课程"科学'+'艺术'+'"

新课程倡导课程资源的开发要主动适应社会发展和时代进步的要求,不断创新资源开发与利用的途径、方法和机制。新课标突出综合的课程理念,强调跨学科学习,强调充分发挥协同育人功能,促进学生身心健康全面发展。美术与科学的跨学科教学通过为学生提供独特的学习体验,培养其创造性思维和解决问题的能力。在具体开发的过程中,如何更有效地整合美术和科学课程、满足学生在跨学科学习中的特殊需求、结合学校条件和学生条件开发校本课程资源,是需要思考的问题。

深圳市福田区某小学的"科学'+'艺术'+'"校本课程从内容和方法上拓展了美术教学的内容,满足了学生在跨学科学习中的需求,推进了教师对跨学科教学的认识和理解,使美术教学更具有综合性、互动性和时代性。

(一)课程形态

该小学通过前期调研、多学科参与、顶层设计、提炼形成等开发过程,最终将"科学'+'艺术'+'"校本课程按知识由低到高的层次结构纵向开发了"神奇的光""世界粮食日""环保宣传日""神州的故事"等11个教学课程。

表5-11 "科学'+'艺术'+'"课程内容

课程模块	课程内容	实施对象
生活中的自然现象	下雨了 神奇的光 有趣的液体 变化的气体 无味的世界	低段 (1—2年级)

续表

课程模块	课程内容	实施对象
生活中的环保日	世界粮食日	中高段（3—6年级）
	环保宣传日	
	神州的故事	
	世界海洋日	
	世界水日	
	世界环境日	

(二)案例呈现

教学课程：世界粮食日。

执教对象：四年级学生。

表5-12 "世界粮食日"课程教案

单元主题	课题：世界粮食日	课时：1		课型：造型·表现、设计·应用
教材分析	在巩固学生兴趣的基础上，丰富基础知识和基本技能技巧。遵循视觉性、实践性、人文性和愉悦性的原则，以循序渐进的方式，结合学生的兴趣和学生的生活实际，以美术创作的形式逐步融入。			
学情分析	小学四年级的学生已有一定的认知基础，自我意识发展，独立意识增强，并能大胆地发挥想象，敢于创造和表现。现在的生活条件优越，学生对世界粮食危机的认识不足。所以在每年10月16日的世界粮食日到来之前，科学组教师决定以环保小报的形式进行相关展示和宣传。			
学习目标	1.在美术方面，学生可以通过绘画、手工艺作品等表达自己对于粮食的理解。锻炼学生的创造性思维，培养学生欣赏和理解艺术的能力。 2.在科学方面，学生可以通过实地考察、实验等方式深入了解粮食的生长过程、生态系统和生物多样性，拓展科学知识，培养观察能力和实验设计能力。			
重点难点	学生能够对生物多样性产生兴趣，对它们有一定的了解，能用美术的方法进行创造性的表现。			
教学用具	卡纸、剪刀、水彩笔、照相机、平板电脑、PPT课件。			

续表

教学过程					
环节	教学内容	教师活动	学生活动	目标达成与评价要点
一、课程导入	任务驱动,情景设置。	1.创设情境:"我们学校正在进行午餐'悯农奖'的评比,谁能说说我们为什么要进行'光盘行动'呢?" 2.引出课题。	学生调动生活经验和认知基础,思考情境中的问题。	激发学生对学习持续的兴趣。
二、新授知识	了解生物形式的多样性。	1.教师提供相关材料,组织学生整理分析,讨论为什么要珍惜粮食,为什么种粮食会这么辛苦等。 2.分小组交流讨论。 ①现在和古代相比,粮食产量增多的主要原因是什么? ②还可以如何提高粮食产量?有什么好办法? ③在节约粮食这方面,我们能做什么? 小结:影响粮食产量的因素有种子、肥料、技术、天气等。 3.认识了伟大的农业科学家——"杂交水稻之父"袁隆平。	小组交流讨论,认识与理解生物多样性。	引导学生充分感受科技带来的进步,激发他们用自己的智慧去改变现状。
三、艺术实践	美术表现。	1.教师引导学生思考:如果想要与众不同,主题文字内容能不能变?还可以怎么变? 2.教师利用教学软件讲解并示范,回顾制作步骤。 突出主题 大小适中 突出对比 3.布置任务:完成世界粮食日的小报制作。	通过教师演示,掌握小报制作的方法。最后呈现出一份完整的作品。	引导学生用图文并茂的方式表现对生物多样性的理解。

续表

四、展评总结	赏析点评。	教师让学生分享自己对粮食日学习的理解与展望，实施生生互评与教师点评。		
板书设计		世界粮食日 图文并茂 突出主题		

（三）案例分析

1. 课程开发主题的选择

该小学建于2018年，是一所新建大型学校，且该学校位于所在城市核心区域，学校硬件设施设备配置较为完善。在区域的政策支持下，学校在2020年获评区域科技特色示范窗口学校，并以此建构了科技课程体系。学校结合信息化背景下的政策支持，结合优质的生源条件，确立了"科学'+'艺术'+'"开发主题，并在学校整体课程体系之下重点开发并形成学校优势特色项目。

2. 课程开发的思路

该小学"科学'+'艺术'+'"校本课程在学校整体课程体系之下，着眼"和而不同　皆能成器"的学生培养目标，整体统筹规划课程开发与实施过程，结合学校科技特色，围绕国家课程拓展改编和自主创新开发的形式开发美术课程资源，丰富了美术教学内容和学校的课程体系，促进了学生多元智能发展，并在此基础上创办了学校特色，进一步丰富了学校内涵。

3. 课程开发的方法

"科学'+'艺术'+'"校本课程的开发，涉及多学科参与、全学段实施。课程的开发与实施得到了学校自上而下的高度重视，是集中优质资源和师资力量进行的跨学科融合开发。该美术校本课程由校长牵头、教导主任统筹、科学教研组和美术教研组合作开发，并由美术学科分段具体实施。学生在学习中获得了对知识的理解，更通过美术的表达将这些知识变得生动形象。

4. 课程评价

该校立足《义务教育艺术课程标准（2022年版）》，结合学校特色办学条件和学生条件，开发了"科学'+'艺术'+'"校本课程，既有科学的内容习得，又有美术的视觉表达，促进了学科的交流和互动，这样的学科交流有助于培养学生更为综合和跨学科的视野。该校在2021年3

月创办并形成了学校科技美术特色,丰富了学校办学内涵,在区域内外取得了不俗的成绩和较好的社会反响。在后续开发和实施校本课程的过程中,还需要根据不同的资源取向,跟进并采用风格迥异的教学方式。

学习小结

融合创新课程是未来课程改革的趋势与方向,运用学科融合开发美术教学内容和校本课程,不仅有利于学生对美术学科知识的学习和理解,还能培养学生运用所学综合知识,创造性解决实际问题的能力,实现学生综合素质的提高。

练习实践

1.结合你了解的中小学,思考可以选择哪些课程资源进行美术校本课程开发?
2.请阐述一下怎样才能开发出具有创新性的学科融合创新课程?

第六章

中小学美术校本课程教学实践的基本方法

学习目标

- 了解不同类型、不同环节中小学美术校本课程的教学实践方法。
- 理解不同类型中小学美术校本课程教学实践中的要点、难点。
- 掌握不同类型中小学美术校本课程教学实践的基本方法与技能。
- 能够将各种中小学美术校本课程教学实践的方法应用于教学实践中。

知识导图

中小学美术校本课程教学实践的基本方法
- 第一节 中小学美术校本课程实施中常用的教学方法
  - 课程导入教学中常用的方法
  - 新课讲授中常用的教学方法
  - 教师教学示范中常用的教学方法
  - 学生互动中常用的教学方法
  - 组织活动中常用的教学方法
  - 总结评价中常用的教学方法
- 第二节 中小学美术校本课程教学方法实施中的要点和难点
  - 美术校本课程教学方法实施中的要点
  - 美术校本课程教学方法实施中的难点

第一节
中小学美术校本课程实施中常用的教学方法

《义务教育艺术课程标准(2022年版)》中提出:"结合国家教育方针和有关政策文件深入解读课程标准,并通过案例对课程实施的思路和方法进行示范、引导。"因此,探索有效的、适合现代学生身心发展的教学方法已经成为美术学科提升教学质量的必要之路。在美术教学的广阔天地中,教学方法是多元化、综合性的,它们相互关联、相互促进,共同构成了美术教学的完整体系。随着教育理念的更新和科技的发展,如何深度实现课程校本化对美术校本课程教学方法提出了新的要求,不仅需要教师具备扎实的专业知识和丰富的教学经验,更需要他们不断创新,以适应不同地区、不同学生的学习需求。本节内容通过结合部分案例,从课程导入到新课讲授,从教学示范到学生互动、组织活动以及总结评价环节,探讨美术校本课程教学实践中常用的教学方法,希望能够为美术教师提供一些有益的参考,同时也为提高学生的美术素养和综合素质贡献一分力量。

一、课程导入教学中常用的方法

(一)情境导入法

情境导入法指教师在课程导入环节通过创造特定的情境来激发学生的学习兴趣和积极性。它通过构建具体、生动、有趣的情境使学生自然过渡到课程相关内容中来,让学生在身临其境的感受中进入课堂,能够将抽象的美术概念、技巧或历史背景具体化、形象化,有助于学生更好地理解和记忆,帮助学生更好地理解美术知识,激发其探究欲和想象力,使教学更具有吸引力。在美术校本课程中情境导入法需要将问题与学生的生活、环境等产生关联,激发学生探知问题的意愿。还可以在情境导入时包含一定的创作元素,鼓励学生发挥想象力和创造力,在情境中自由表达自己的想法和感受。在美术校本课程教学实践

> **思考**
>
> 1.情境导入法还能以哪种方式创设?
>
> 2.分解示范法教学中需要注意哪方面的问题?

中常用的设置情境导入的方法有：

（1）创设主题情境：根据教学内容以语言、音乐等叙述描绘创设情境，如描绘环境、季节、文化氛围等，然后围绕所创设的相关情境，引导学生进行认知活动。

（2）环境展现情境：根据学生的生活经验，选取家庭、学校、社会、自然等场景，使学生融入情境并引导其进入特定的学习环境，让学生在相对熟悉的环境中学习和创作。

（二）问题导入法

问题导入法是在美术校本课程教学导入环节通过提出具有启发性和引导性的问题，引导学生带着问题去学习。美术校本课程教学中，教师可以根据教学内容和教学目标，精心设计一些与课程内容紧密相关的问题，这些问题可以涉及美术的基本概念、技巧、历史背景等内容，旨在引发学生的思考和讨论，激起学生的探究欲。

问题导入法的关键在于问题的设计。问题应该具有启发性和引导性，能够激发学生的好奇心和探索欲望。同时，问题还应该与学生的年龄特点和认知水平相适应，避免过于简单或过于复杂，需要遵循"由浅入深"的原则。此外，问题的数量和质量也需要适中，不宜过多或过少，以确保学生能够充分思考和讨论。

（三）视频、图片导入法

美术作为一种视觉艺术，相对固化的传统讲授型美术课堂已经无法满足现在的教学需要，随着时代的发展与进步，多媒体的应用已经深入美术校本课程教学的多个环节。视频和图片作为视觉艺术的主要媒介，为学生提供了直观的艺术体验，与单纯的文字描述相比，它们更能吸引学生的注意力，并使学生更快地进入学习状态。美术校本课程需根据课程背景在实践中呈现高质量的图像和视频，让学生更深入地观察艺术作品的细节，增强对艺术作品的感知和理解，提高学生的学习兴趣和参与度，提高课堂教学效率和课堂互动性，拓宽学生的艺术视野。

（四）其他导入法

除了上文中所介绍的几种导入方法以外，在美术校本课程教学实践中还有许多其他的导入方式，如：故事导入法、表演导入法、实物导入法、经验分享导入法等。无论采用哪种导入方式，教师都需要注意其有效性和吸引力，巧妙地利用好课堂的前几分钟，确保学生能够从中获得有价值的信息和启示。同时，教师还需要根据学生的年龄、兴趣和课程内容的特点来灵活调整导入方式，以满足学生的不同需求和期望。

二、新课讲授中常用的教学方法

(一)讲授法

讲授法是美术校本课程新课讲授环节中最基本的教学方法,是其他教学方法的基础,没有讲授法,其他的方法也很难有效实施。讲授法需遵循"精讲多练"的原则,在讲解过程中可以出示一些直观性的辅助材料,做到抽象与具体相互印证,帮助学生理解。这种教学方法通常用于介绍美术的基本概念、原理、技法和历史背景等。

(二)实践操作法

在美术校本课程教学实践中,实践操作法是一种非常重要的教学方法,它强调学生通过亲自动手实践来掌握美术技能和创作方法。

在实践操作开始前,教师应明确本次实践的目标和要求,使学生清楚地知道自己需要完成什么任务,达到怎样的标准。需准备充足的实践素材,包括纸张、颜料、画笔、雕塑材料等,以确保学生能够有足够的材料和工具进行实践操作。

(三)案例分析法

案例分析法是深入探究美术作品或现象的教学方法,让学生通过分析具体的案例来理解美术知识、技能和理论。在美术校本课程实践中应用案例分析法时,首先要选择能够涵盖课程内容的重要知识点和知识技能,以及符合情感价值观等要求的、具有代表性的、典型性的美术作品或现象作为案例。

(四)项目驱动法

项目驱动法是以学生为中心,通过实际项目来驱动学生学习和掌握美术知识和技能的教学方法。美术校本课程教学实践中所应用的项目驱动法可以以确定项目主题和目标—制定项目计划—实施项目—展示项目—评估项目的模式展开。

首先,确定一个与美术校本课程相关的项目主题和目标,这个主题可以是绘画、雕塑、设计、摄影等任何美术领域,目标需要明确学生需要掌握的技能和知识。接下来,教师需要与学生一起制定项目计划,这个计划应该包括项目的具体任务、分工、时间表和预期成果等。通过制定计划,可以确保项目的顺利进行,并帮助学生建立时间管理和团队协作的能力。在项目实施阶段,学生需要按照计划进行工作,教师应该在这个阶段提供必要的指导和支持,确保学生能够顺利完成项目。完成项目后,学生需要展示自己的作品,并进行评估。评估可以包括自我评价、同伴评价和教师评价等多个方面。

需要注意的是,在项目驱动法中,更重要的是学生在项目过程中的学习和成长,教师需要鼓励学生发挥想象力和创造力,在项目中进行创新和探索。

三、教师教学示范中常用的教学方法

(一)分解示范法

美术校本课程教学实践中,分解示范法是在技能讲解与实践操作环节常用的教学方法,是将复杂的创作过程或技能操作分解为若干个简单步骤逐一进行示范的教学方法,这种方法能够帮助学生更加清晰地理解每一步的操作要点和技巧,逐步掌握美术技能。

分解示范法一般在美术校本课程中进行较为复杂的美术创作或技能操作时使用,能够帮助学生逐步掌握难度较大的内容。同时,这种方法也适用于初学者或基础稍弱的学生,通过逐步的引导和练习,帮助他们建立正确的操作习惯。然而,分解示范法也可能导致学生的创作思维受到限制,因为过于细致的步骤分解可能会限制学生的自由发挥和创新思维。因此,教师在使用分解示范法时,要注意引导学生发挥创造力,鼓励他们尝试不同的创作方式和方法。

(二)比较示范法

比较示范法通过对比展示美术校本课程中不同的艺术作品和技巧,帮助学生更直观地理解差异,提高审美能力和美术技能。教师可以选取具有代表性的不同风格、不同技巧、不同时期的艺术作品,或者是同一主题但表现方式不同的作品,进行对比展示,引导学生深入思考。

比较示范法适用于各个年级段的美术校本课程教学,特别是在"欣赏·评述"领域的美术校本课程教学实践中需要拓宽学生视野、提高艺术鉴赏力时更为适用。

四、学生互动中常用的教学方法

(一)小组讨论法

在美术校本课程教学实践中,可通过合理分组、明确讨论目标和提供讨论材料来促进学生之间的合作与交流,由此提高学习效果的小组讨论法被广大美术教师沿用。其具体实施方法如下:

(1)需要教师为学生设定一个明确的讨论主题,这个主题应该与教学内容紧密相关,确保学生能够围绕主题展开讨论,避免偏离主题;

(2)根据学生的特点、绘画水平等因素,将学生分成若干小组,每个小组的人数应控制在4—6人,以便学生能够充分交流并互相启发;

(3)教师可以为学生提供一些与讨论主题相关的材料,如图片、视频、文章等,以便学生能够更深入地了解讨论内容;

(4)在讨论过程中,教师应积极引导学生发言,鼓励学生表达自己的观点和想法;

(5)教师注意维护讨论的秩序,确保每个学生都有机会参与讨论的同时还应及时对讨论进行总结和点评,肯定学生的表现,指出存在的问题,并提出改进建议,鼓励学生将讨论成果应用到实际中。

(二)同伴评审法

同伴评审法可以让学生有机会从同伴那里获得反馈,提高他们的创作技巧和批判性思维能力。同伴评审法需要将学生分成小组,确保每个小组的成员水平相当,以便提供有效的反馈。

在评审过程中,每个学生轮流将自己的作品向小组成员展示,小组成员根据评审标准对作品进行评价,并给出具体的建议。在此过程中,教师要观察学生的互动,确保评审活动有序进行。评审结束后,教师应对整个活动进行总结,强调评审的重要性和收获,还应鼓励正面的建设性的反馈,避免过于负面的评价,形成积极的学习氛围导向。

五、组织活动中常用的教学方法

(一)参观教学法

参观教学法是美术校本课程教学实践组织活动中常用的教学方法,旨在通过组织学生参观艺术展览、博物馆、美术馆以及民间传统手工艺作坊等场所,引导学生观察艺术作品、感受艺术作品及其制作过程。在实施参观教学法的过程中,教师应适时地介绍艺术作品的背景、作者、风格等信息,增强学生的感性认识,使学生对艺术作品有更直观的了解,引导学生将所观察到的艺术作品与课程内容联系起来,鼓励学生提问和讨论,促进他们进行思考和交流,进一步加深他们对美术知识的理解和欣赏能力,鼓励他们从作品中汲取灵感,拓宽学生的艺术视野。

(二)游戏教学法

游戏教学法是小学美术校本课程组织活动中常用的比较富有创意和实效的教学方法,通过游戏的方式提高学生的学习动力,同时也培养他们的创造力和团队合作精神。在实施此方法时,选择适合的游戏是至关重要的。游戏不能脱离教学内容,在能够帮助学生理解和掌握美术知识和技能的同时还需具有一定的趣味性和挑战性,以激发学生的学习兴趣和积极性。

六、总结评价中常用的教学方法

(一)作品展示法

作品展示法在美术校本课程总结评价中扮演着至关重要的角色,其主要目的在于提供一个平台,让学生有机会展示自己的创作成果,从而增强学生的自信心、创作动力和审美能力。同时,作品展示法也能促进学生间的互相学习和交流,激发学生的创作热情。

表6-1 作品展示法实施环节

展示准备	空间布置	选择宽敞明亮的教室或展览室作为展示空间,确保每幅作品都能得到充分的展示
	作品装裱	根据学生的插画作品尺寸和风格,选择合适的画框和背景纸进行装裱,使作品更加美观
	标签制作	为每幅作品制作标签,标明作者姓名、作品名称和创作灵感来源
展示流程	作品摆放	将装裱好的作品按照一定顺序摆放在展示区域,按照作者姓氏首字母或作品风格、主题等进行分类摆放
	介绍环节	每个作者轮流上台,向观众介绍自己的作品,介绍内容包括作品的创作背景、灵感来源、创作过程中的困难与收获等
	互动环节	观众可以向作者提问,或者发表对作品的看法和建议,作者可以现场回答观众的问题,与观众进行互动交流
展示后续	作品收藏与归档	将展示后的作品进行妥善收藏,作为学校美术教育的宝贵资料
	评价与反馈	评价总结优点和不足,为后续的教学提供改进方向,同时,将学生的作品展示给家长和其他教师,获取他们的反馈和建议

(二)自评、互评法

自评、互评法是一种促进学生自我评价和同伴间相互评价的方法。通过自评,学生能够审视自己的作品,认识自己的优点和不足;通过互评,学生能够学习他人的优点,发现不同的创作视角,同时提供建设性的反馈。在美术校本课程教学实践中,自评、互评法的实施主要包括以下几个步骤:

(1)作品准备:学生准备自己已完成的美术作品。

(2)自评环节:学生根据自己的创作过程和成果,对照评价标准进行自我评价。评价标准可以包括创意、技巧、完成度等方面。

(3)互评环节:学生将自己的作品展示给同伴,互相进行评价。在互评时,学生需要尊重他人的作品,提供建设性的反馈和建议。同时,学生也可以从他人的作品中学习优点,拓宽自己的创作思路。

(4)教师总结：教师对学生的自评和互评结果进行总结，肯定学生的努力和进步，同时指出存在的问题和改进的方向。

（三）档案袋评价法

档案袋评价法作为一种新的质性评价方式，要求教师和学生将各种有关学生表现的材料收集起来，并进行合理的分析与解释，以反映学生在学习与发展过程中的努力、进步状况或成就。在美术校本课程教学实践中，体现为收集、整理并展示学生在一段时间内的美术作品和创作过程，从而全面评估学生的美术能力和进步情况。

在美术校本课程教学实践中，档案袋评价法的实施主要由以下方面组成：

(1)确定评价目的和对象：明确档案袋评价的目的，是为了了解学生的学习进步、展示学生的成果，还是为了评估学生的综合能力。

(2)选择合适的档案袋类型：根据评价目的和对象，选择合适的档案袋类型。例如最佳成果型、精选型或过程型档案袋。最佳成果型档案袋主要收集学生在美术校本课程学习中的最佳作品，精选型档案袋则选择有代表性的作品进行收录，而过程型档案袋则注重记录学生在学习过程中的成长和变化。

(3)制定评价标准和程序：制定明确的评价标准，以便对收集的作品进行客观、公正的评价。

(4)收集作品：根据档案袋类型和评价标准，收集学生的作品，确保作品能够全面反映学生的学习成果和能力。

(5)整理作品：将收集的作品进行整理，分类归档。按照作品类型或时间顺序等进行整理，以便后续评价和展示。

(6)展示作品：将整理好的作品进行展示，可以是在教室、学校的线下展示，也可以是线上展示的形式。

(7)评价作品：根据制定的评价标准，对展示的作品进行评价。评价可以采用教师评价、学生自评、同伴互评等多种方式进行。

(8)反馈与改进：将评价结果及时反馈给学生和家长，帮助他们了解学生的学习状况和能力水平。

学习小结

在美术校本课程实施过程中，教学方法的选择和运用至关重要，不仅直接影响课堂教学效果、学生学习效果，还关系到学生对美术的学习兴趣以及创造力和表达能力的培养。本节对美术校本课程教学实践方法进行了介绍，这些教学方法在美术校本课程实施中各有其独特的作用和价值。教师在实际教学中应根据学生的实际情况和教学目标选择合适的教学方法，以最大限度地发挥学生的潜力，同时还应不断创新教学方法和手段，以适应时代的发展和学生的需求。

练习实践

1. 结合已掌握的知识，谈一谈你熟悉的美术校本课程的教学实施方法。
2. 选择一个中小学美术校本课程，试析其应用了哪几种课程教学方法。

第二节

中小学美术校本课程教学方法实施中的要点和难点

随着教育改革的不断深化,美术校本课程已成为培养学生创新精神和实践能力的重要途径。然而在实施美术校本课程教学方法的过程中,我们不可避免地会遇到一些挑战和问题。

本节将对美术校本课程教学方法实施中的要点和难点进行探讨,以期为广大美术教育工作者提供有益的参考和启示。通过对这些要点和难点的梳理和分析,我们可以更加清晰地认识到美术校本课程在培养学生创新精神和实践能力方面的重要作用,从而有针对性地开展教学活动,提高教学效果和质量。同时,通过本节内容的学习也希望能够激发更多的教育工作者对美术校本课程教学方法进行研究和探索,共同推动美术教育事业的蓬勃发展。

一、美术校本课程教学方法实施中的要点

美术校本课程教学方法的实施要点在于"明确教学目标"、"选择合适的教学方法"、"围绕教学方法的落实,注重目标的达成"、"提供及时的反馈和指导"以及"注重评价与总结"。这些要点共同构成了美术校本课程教学的核心框架,对于提高教学质量和效果具有重要意义。

(一)明确教学目标

明确教学目标是任何教学方法实施的基础,美术校本课程教学也应遵循新课改提出的核心素养,关注学生的学习方式、学习能力以及情感价值观等方面的全面发展。

(1)在美术校本课程的学习中,学生应达到的知识理解和技能掌握的具体目标,通过知识与技能教学目标的实现,为学生建立起坚实的美术基础,也为未来的艺术学习和创作做好准备。

(2)美术校本课程的教学过程由组织教学、导入课程、新课讲授、实践练习、讲评小结五个环节来完成。新一轮课程改革所提出的核心素养背景下,研究性学习与过程体验成为美术校本课程教学实践中的重要内容。

(3)需要教师在教学过程中精心设计教学活动,有机融入社会主义核心价值观、中华优秀传统文化、革命文化和社会主义先进文化等教育要求,注重学生的情感体验和道德实践。

(二)选择合适的教学方法

在美术校本课程教学实践的过程中,教学方法的选择至关重要,不同的教学方法的外在行为特征都有所差异,因此在美术校本课程的教学实践过程中,只有根据不同类型的校本课程选择合适的教学方法才能够更好地达到教学效果。在此,我们以美术校本课程为本体,对四类艺术实践领域教学中常用的、与之相适应的教学方法作进一步的了解。

1."欣赏·评述"艺术实践领域

讲授法:教师系统地讲解课程相关知识和文化背景,帮助学生建立对课程内容的整体认识。

情境模拟法:教师为学生创造一个与艺术作品相关的情境,让学生身临其境地感受作品所表达的情感和意境。这种方法可以帮助学生更加深入地理解和欣赏艺术作品。

除了以上所示教学方法,在"欣赏·评述"艺术实践领域的教学实践中,还有直观教学法、互动探究法、呈示法等,教师可以根据教学目标和教学内容选择适合的教学方法。

2."造型·表现"艺术实践领域

观察与模仿法:通过引导学生观察生活中的场景与艺术作品,让他们学会捕捉物体的形态、色彩和质感,并尝试模仿其造型表现。

步骤示范法:通过教师的步骤示范和讲解,让学生了解如何逐步完成一个造型表现作品,从而培养他们的造型能力和操作能力。

除了以上所示教学方法,在"造型·表现"艺术实践领域的教学实践中,还有实践操作法、材料探索法等,教师可以根据教学目标和教学内容选择适合的教学方法。

3."设计·应用"艺术实践领域

创意启发法:教师可以用特定的方法与活动激发学生的创造性思维,设计出具有个性和创意的作品。

小组合作法:将学生分成小组,小组成员可以相互讨论、分工合作,共同完成作业的设计和制作,这种方法有助于培养学生的团队合作精神和沟通能力。

除了以上所示教学方法,在"设计·应用"艺术实践领域的教学实践中,还有项目驱动法、实践操作法、作品展示法等,教师在教学实践中可以根据教学目标和教学内容选择适合的教学方法。

4."综合·探索"艺术实践领域

跨学科整合法:将美术与其他学科相结合,引导学生进行跨学科的探索和学习,此方法可以帮助学生从多个角度理解艺术作品,提升学生的综合能力。

互动探索式教学法:引导学生主动参与到课程探索中来,教师可以设置一些开放性的问题,引导学生通过查阅资料、观察实物、讨论交流等方式,自主寻找答案,深化对课程内容的理解。

此外,考虑到学生的兴趣爱好、年龄、认知水平、教学资源和条件等个体差异,教师对于多种教学方法的尝试和灵活调整是非常重要的,随着教学进程的推进和学生情况的变化,也需要灵活调整教学方法,以满足学生的需求和提高教学效果。

(三)围绕教学方法的落实,注重目标的达成

在美术校本课程中,教师落实各种教学方法并达成教学目标是一个细致而系统的过程,在具体的校本课程教学实践中如何落实已经设计的教学方法,如何能够达成教学目标,我们通过实际案例来一起了解。

以小学美术校本课程"试画山水"为例:

1.启发式教学

方法实施:教师展示了一幅宋代的山水画作品,让学生观察画面中的构图、笔墨运用以及色彩表现,并引导学生感受画面所传达的宁静与和谐,激发学生的兴趣和好奇心。

2.示范教学

方法实施:教师以山水画为例,演示了如何运用不同的笔触、墨色、设色来表现山水的层次和气势,让学生直观了解国画技法的运用。

3.实践操作

方法实施:学生选择了一个自己喜欢的山水场景,运用所学的国画技法进行创作。教师巡回指导,及时纠正学生的错误,并给予个性化的建议和指导。

4.分组讨论与合作

方法实施:学生将自己的作品放在一起,互相欣赏并发表意见,分享创作心得和体验。通过讨论,学生不仅了解了其他同学的创作思路和技法运用,还从中汲取了灵感、得到了启发。

5.反思与总结

方法实施:最后,教师引导学生进行反思和总结,回顾整个学习过程,思考自己在国画技法、审美能力和创造力方面的提升。

通过以上教学方法的落实,学生不仅能够掌握基本的国画技法,还能够了解中华优秀传

统文化的内涵和审美价值。在实践操作过程中,学生的创造力和审美能力得到了提升。同时,通过分组讨论与合作,学生的交流能力和团队合作精神也得到了培养。最终,学生完成了一幅幅充满个性和创意的国画作品,展现了对中国传统绘画艺术的热爱和理解。

(四)提供及时的反馈和指导

在美术校本课程学生实践操作环节,教师需要及时给予反馈。这意味着在学生完成一个步骤或遇到问题时,教师就应该给予回应,而不是等到课程结束或作品完成后再统一评价。反馈应该具体而明确,避免使用模糊或笼统的评价,还应包含对学生未来创作的建议和指导,这有助于学生明确下一步的努力方向。每个学生都有自己的特点和风格,教师应该根据学生的具体情况提供个性化的反馈和指导,以更好地满足学生的需求。

以小学美术校本课程"家乡的泥塑"教学实践为例:

个性化指导:当教师发现A同学在制作泥塑时,总是难以掌握泥团的形状,导致作品变形。教师对他进行了指导,耐心指导他应如何正确地揉捏泥团,使其保持形状。

问题解决:B同学在制作过程中遇到了泥塑干裂的问题。教师及时给予指导,建议B同学在制作过程中适当添加一些水分,或者在泥塑表面涂抹一层保湿剂,以防止干裂。

创意引导:教师在巡回指导过程中发现大多数学生的泥塑作品都是一些简单的形象,如房屋、动物等。为了激发学生的创造力,教师鼓励学生尝试将更多的家乡元素融入不同类型的泥塑作品中,如家乡的特色建筑、特色服饰元素、特色产品等。

(五)注重评价与总结

在美术校本课程实践中,评价不仅仅要看学生的作品成果,还要考虑学生在实践操作过程中的表现,如态度、参与度、合作精神等多维度评价;引导学生进行自我评价,让他们反思自己的创作过程和成果,这有助于培养学生的批判性思维和自主学习能力。在课程结束时,教师应该对整个实践过程进行总结,提炼出重要的知识点和技能点,帮助学生巩固所学内容。总结应不仅是对过去课程的回顾,还应该展望未来。教师可以提出一些建议或挑战,鼓励学生继续深入学习和探索。

以中学美术校本课程"皮影传承人"教学实践中的评价与总结为例:

1.作品成果评价

在评价学生的作品时,教师不仅关注作品的外观和制作技巧,还注重作品所传达的文化内涵和创意。例如,A同学以《西游记》中孙悟空为原型制作的皮影道具,虽然在制作技巧上还有所欠缺,但是教师看到了她在道具设计中融入的孙悟空的特点和相关故事情节,这体现了她的创意和她对皮影戏文化的理解。因此,教师在评价时给予了A同学充分的肯定和鼓励,同时也提出了改进制作技巧的建议。

2.学习态度评价

在学习态度方面,教师通过观察学生在课堂上的表现和参与情况来进行评价。B同学在制作过程中非常认真,虽然在描样、雕镂、上色等环节遇到了很多困难,但他仍旧坚持完成了自己的皮影作品,而且在此过程中总是积极寻求帮助并努力解决问题。这种积极的学习态度得到了教师的认可和赞扬。教师在评价时强调了B同学的学习态度对于学习效果的重要性,并鼓励他继续保持这种积极的态度。

3.参与度评价

在评价学生的参与度时,教师考虑了学生在课堂上的发言、提问和合作情况。D同学在课堂上非常活跃,不仅积极参与讨论和提问,还主动帮助其他同学解决问题。她的高度参与得到了教师的肯定。教师在评价时强调了参与度对于学习效果和团队合作的重要性,并鼓励其他同学向D同学学习。

4.合作精神评价

在评价学生的合作精神时,教师注重观察学生在小组活动中的表现。在小组制作环节,C同学和E同学在图案设计上产生了不同的意见,经过教师的引导和调解,他们最终达成了共识并成功完成了道具制作。教师在评价时肯定了他们的合作精神和解决问题的能力,并鼓励他们在未来的学习中继续发扬这种精神。

二、美术校本课程教学方法实施中的难点

美术校本课程教学方法实施中的难点主要集中在学生差异、教师能力、资源特点、教学时间等方面。

(一)学生差异

在美术校本课程教学实践中,由于每个学生的背景、兴趣、能力、学习风格等方面都存在差异,这使得教师在教学方法的实施过程中面临诸多挑战。面对在不同类型的美术校本课程和教学实践中所体现出的学生差异问题,我们结合实际教学案例进行深入了解。

(1)在"欣赏·评述"艺术实践领域美术校本课程教学实践中,学生之间存在的差异主要体现在以下几个方面:

①背景知识不足:学生对地方文化资源、地方物质资源了解程度不一,这影响了他们对美术校本课程内容的欣赏和深入理解。

②审美差异:每个学生都有自己独特的审美观点和偏好,对于同一件艺术作品,他们可能会有截然不同的评价和感受。

③参与度不均:一些学生对欣赏课程非常感兴趣,而另一些学生可能对此毫无兴趣。这

导致在课堂上,部分学生积极参与,而部分学生则显得漠不关心。

【解决方案】

①引导深入讨论。

江西省景德镇市某小学"欣赏·评述"艺术实践领域美术校本课程"青花瓷"教学实践中,教师展示了不同形制的青花瓷实物,学生们对这些陶瓷作品的理解差异很大,有的认为它很美,有的则觉得这些经常能够见得到的瓷器并没有什么特别之处。

面对这种情况,教师首先引导学生分享自己的观点,并询问他们为什么会有这样的看法。通过这种方法,学生们开始深入讨论,互相交流自己的理解和感受。

教师随后介绍了景德镇陶瓷的艺术风格和创作背景,以及瓷器在中国文化中的地位和意义。这些信息帮助学生更深入地理解了青花瓷的价值和魅力。

②个性化学习路径。

重庆市南岸区某小学"欣赏·评述"艺术实践领域课程"插画绘山城"教学实践中,教师发现有些学生对插画的抽象表现方式非常感兴趣,而有些学生则更喜欢用具象表现形式。为了满足学生的个性化需求,教师设计了两个不同的学习任务。对于喜欢抽象表现方式的学生,他们被要求对抽象的山城插画作品进行深入研究和分析;而对于喜欢具象艺术的学生,他们则被要求对相对具象的山城插画作品进行深入研究和分析。通过这种方式,每个学生都能在自己的兴趣点上进行深入学习和探索,提高了他们的学习效果和兴趣。

③提高参与度。

在一些关于中国传统艺术的校本课程欣赏课中,部分学生在不了解中国传统艺术背景的情况下,对课程感到枯燥、缺乏兴趣的表现。面对这种情况,教师可以设计不同的小组合作任务,将学生分成几个小组,每个小组需要选择一幅中国传统艺术作品进行研究和展示。在小组合作的过程中,学生们互相交流、互相学习,不仅提高了对传统艺术的理解和欣赏能力,还增强了团队合作精神和参与度。

(2)在"造型·表现""设计·应用"艺术实践领域美术校本课程教学实践中,学生之间存在的差异主要体现在以下几个方面:

①学生技能水平差异:在"造型·表现""设计·应用"艺术实践领域课程实践中,学生的绘画、手工制作以及设计实践等技能水平往往参差不齐,有的学生在进入课程前就已经具备了一定的基础,而有的学生则可能从未接触过相关技能。这导致在美术校本课程中,一些学生可能因为技能不足而感到挫败,而另一些学生则可能觉得课程过于简单。

②接受程度差异:由于学生个人背景、学习习惯和认知能力等因素,学生对于校本课程内容的接受程度和理解深度也会有所不同。

③想象力和创造力差异:在"造型·表现""设计·应用"艺术实践领域课程中,创造力和想

象力是至关重要的。然而,学生的创造力和想象力水平各有高低。有的学生天生具有丰富的想象力和创造力,而有的学生可能相对缺乏想象力和创造力,需要更多的引导和激发。

【解决方案】

①差异化教学。

在部分美术校本课程教学实施过程中,教师发现学生由于个人对美术的兴趣、参与过少儿绘画培训等原因,绘画技能水平存在一定程度的差异。为了解决这个问题,教师可以将学生分为初级阶段和高级阶段进行教学:初级班主要结合校本课程教授基础绘画技巧和构图方法、手工制作方法,而高级班则结合地方文化艺术注重培养学生在造型表现方面的创意和表达能力。经过分组教学实践,初级班的学生在绘画技能上有了明显的提升,而高级班的学生则在创意和表达方面取得了显著的进步。

②渐进式教学。

对于接受程度较慢的学生,教师可以设计渐进式的教学内容,逐步引导他们增强对课程内容的理解和应用能力。结合校本课程内容先从简单的技能开始教授,然后逐渐增加难度,引导学生逐步进行学习。通过这种渐进式的教学方式,使学生的基础造型技能得以逐步提升,进而达到教学目的。

③创意激发活动。

在美术校本课程的教学实践中,为了激发学生的创造力,教师可以通过组织创意激发活动,如头脑风暴、创意竞赛等活动,为学生提供展现创造力的平台,并鼓励他们互相学习和交流。学生们不仅可以自由发挥想象力、展示自己的创造力,还能从其他同学的作品中获得启发和灵感。这种方法不仅适用于创新设计类课程,在"造型·表现"领域也能够帮助教师达到预设的教学效果。

(3)除了具有其他类型课程中背景知识、技能水平、接受程度等方面的差异,在"综合·探索"艺术实践领域的美术校本课程教学实践中,学生差异还主要体现在:

①探索能力差异:在"综合·探索"艺术实践领域课程中,学生的自主探究和创新能力各不相同,有的学生能迅速适应新的学习模式,主动探索课程内容,而有的学生可能更习惯于传统的被动接受知识的方式。

②学习态度和动机差异:学生的学习态度和动机也会影响他们在课程中的表现。有的学生可能对课程充满热情,愿意投入大量时间和精力进行本土艺术的探索和作品创作;而有的学生则因为其他原因,如其他课程的学业压力而不愿意花过多时间在美术课程中。

【解决方案】

①探索能力差异。

项目式学习:在美术校本课程教学实践中,设计不同层次的综合探索项目,让学生根据自己的能力和兴趣选择适合的项目进行探究。

分组合作:将探索能力强的学生与探索能力稍弱的学生分在同一组,通过合作学习,实现优势互补。

引导性探索:对于探索能力较弱的学生,教师可以提供更多的引导和支持,帮助他们逐步建立探索的信心和能力。

②学习态度和动机差异。

激励机制:建立明确的奖励制度,对学习态度积极、动机强烈的学生给予及时的肯定和奖励。

兴趣激发与情感支持:通过课程内容的设计,激发学生对美术的兴趣,从而增强学习动力。对于学习动机较弱的学生,教师可以提供更多的情感支持,了解他们的困难和需求,帮助他们建立积极的学习态度。

(二)教师能力

美术校本课程教学中,教师的专业能力直接影响着教学质量,教师需要不断提升自身能力,以应对日益变化的教育环境和学生需求。结合案例,我们对在不同类型的美术校本课程实施中,如何有针对性地提升教师的教学能力进行探讨。

1."欣赏·评述"艺术实践领域

【背景描述】

某小学美术校本课程开设了"欣赏·评述"艺术实践领域课程,旨在培养学生的艺术审美能力和创造力,传承发扬当地特色文化艺术。然而,在教学过程中,教师发现学生对于课程内容的理解和欣赏能力有限,且学生对于艺术作品的评价往往停留在表面。

【问题分析】

经过分析,教师意识到自己在艺术欣赏课程中的教学能力有待提高。具体表现为:缺乏对当地的文化艺术、艺术理论知识的深入了解,无法很好地结合地方文化引导学生深入欣赏艺术作品;教学方法单一,无法激发学生的学习兴趣和创造力;缺乏跨学科知识整合的能力,无法将艺术作品与其他学科知识相结合。

【解决方案】

针对以上问题,教师采取了以下措施来提升自己的教学能力:

(1)增强当地的文化、艺术知识。

教师着重对当地的文化、艺术资源进行了解学习,通过深入学习,教师在教学实践中对引导学生欣赏艺术作品和理解课程内容有了更好的把握。

(2)探索创新教学方法。

除了常规的教学法,教师积极探索尝试采用多种教学方法,如情境创设、案例分析、角色扮演、比较分析法等,使课程更加生动有趣。

(3)强化跨学科知识整合。

教师主动与其他学科教师合作,将艺术作品与其他学科知识相结合。例如,在欣赏中国古代传统美术作品时,教师与语文教师合作,引导学生从文学角度理解画作中的意境和情感。这样的跨学科知识整合不仅丰富了学生的知识体系,还提高了他们的综合分析能力。

2."造型·表现"艺术实践领域

【背景描述】

结合本土地方文化的"造型·表现"类美术校本课程在山西省太原市某小学占据着重要位置。学校期望通过面塑等传统民俗校本课程,帮助学生掌握基础造型技能,培养其艺术创造力,并传承这一特殊的民间艺术形式。然而,在实际教学中,相关教师发现学生在面塑课程中造型表现方面能力进步缓慢,而且作品缺乏创意和表现力。

【问题分析】

经过观察和反思,教师意识到自己对山西面塑这一民间艺术的了解不够深入,在教学能力上存在一些不足。一方面,缺乏系统的面塑造型知识和实践经验,无法有效地指导学生进行面塑造型创作;另一方面,教学方法相对单一,难以激发学生的学习兴趣和创造力。

【解决方案】

为了提升教学能力,教师采取了以下措施:

(1)加强造型理论学习与实践。

教师参加了面塑艺术的理论培训和实践工作坊,学习基础的面塑造型理论知识和实践技能。通过模仿学习、自行创作等方式,提高自己的造型能力,并尝试将理论知识与实践相结合,形成自己的教学风格。

(2)寻求专业指导,与同行交流。

教师主动向面塑这一非物质文化遗产的代表性传承人寻求专业指导,向研究这一民俗的专家请教,在提升自己面塑艺术方面造诣的同时积极与其他教师进行交流和分享,共同探讨教学中的问题和解决方案。

3."设计·应用"艺术实践领域

【背景描述】

成都市金牛区某中学为了培养学生的创新思维和设计能力,特别开设了创新设计类美术校本课程。其中,"来自成都的明信片"课程旨在让学生将成都的文化特色融入设计之中,制作具有地方特色的明信片。

【问题分析】

在实施这一课程时,教师发现自己在创新设计方面,如新的设计理念、设计软件的使用等方面能力有限,难以引导学生进行有效的创新设计。教师缺乏创新设计的理论知识和实践经验,无法为学生提供有效的指导和建议。

【解决方案】

为了提升自己在创新设计类美术校本课程中的教学能力,教师采取了以下措施:

(1)学习与培训。

教师参加了创新设计相关的培训课程和研讨会,学习创新设计的基本理论和最新趋势。重点学习了如何激发学生的创新思维、如何进行设计指导等内容。

(2)实践探索。

教师亲自参与设计实践,从制作自己的明信片开始,尝试将成都的文化元素融入设计中。通过实践,教师不仅提升了自己的设计能力,还更好地理解了学生在设计过程中可能遇到的困难。

(3)合作与交流。

教师与其他设计领域的教师及专业人士进行合作与交流,分享彼此的教学经验和设计心得。这种跨领域的合作有助于教师拓宽视野,获得更多的灵感和启示。

4."综合·探索"艺术实践领域

【背景描述】

为了丰富学生的艺术体验,陕西省西安市某小学将古乐与古画结合,开发了"音画华夏"这一"综合·探索"艺术实践领域的美术校本课程。该课程结合音乐与绘画,让学生通过听觉与视觉的艺术形式感受中华文化的魅力。然而,在实际教学中,教师发现自身在跨学科整合和创新能力上有所欠缺,影响了课程的教学效果。

【问题分析】

在"音画华夏"课程中,教师需要同时掌握音乐和绘画两种艺术形式,并能够将它们有机地结合起来。然而,很多教师并不具备跨学科的教学能力,难以有效引导学生进行综合探索。

【解决方案】

(1)跨学科学习。

教师主动学习音乐和绘画的基础知识,了解两种艺术形式的特点和表现手法。相关美术、音乐教师以参与课程研讨、互相听课、参与培训等方式提升自己在跨学科整合方面的能力。

（2）探索教学方法。

教师尝试将音乐与绘画相结合的教学方法，如让学生通过听音乐感受画面，或根据画面创作音乐。同时，教师还引入多媒体教学资源，如视频、音频等，丰富教学手段，提升学生的学习兴趣。

（3）探讨与交流。

教师与其他科目的教师进行合作与交流，共同探索跨学科教学的方法和策略。通过分享彼此的教学经验和资源，教师不断拓宽自己的教学视野，提升自己的教学能力。

美术校本课程实践中教师能力提升是一个持续不断的过程。教师需要保持学习的热情和探索的精神，不断更新自己的知识储备和教学技能，拓展自己的知识边界，注重实践经验的反思和总结，加强与其他教师的合作与交流，以更好地提高自己的教学能力，在美术校本课程实践中呈现出最好的教学效果。

（三）资源特点

在实施美术校本课程教学时，不同地区文化背景的差异会对教学资源的选择和运用产生重要影响。因此，如何合理运用教学资源，以适应不同地区学生的文化背景和学习需求，成为教学实施中的关键问题。

案例一：江南水乡画韵课程

地区文化背景：江南水乡以其独特的自然风光和丰富的水乡文化著称。

【教学资源运用】

实地考察：组织学生参观当地的水乡古镇，感受水乡的自然风光和人文气息。

多媒体教学：利用图片、视频等多媒体资源展示江南水乡的美景，帮助学生建立直观感受。

文化讲座：邀请当地文化专家讲解水乡文化的历史渊源和特色，增强学生对文化背景的理解。

案例二：西北黄土高原美术课程

地区文化背景：西北黄土高原以其粗犷的自然风光和深厚的黄土文化为特色。

【教学资源运用】

实物展示：收集黄土高原特色的民间工艺品，如陶器、剪纸等，供学生观赏和学习。

户外写生：组织学生到黄土高原进行户外写生，感受黄土的自然韵味和文化底蕴。

艺术家交流:邀请当地艺术家分享创作经验,指导学生进行黄土文化主题的艺术创作。

在不同地区文化背景下实施美术校本课程时,应注意以下几点:

(1)深入了解地区文化背景:教师在教学前应深入了解当地的文化特色和历史背景,以便更好地选择和运用教学资源。

(2)灵活调整教学方法:根据地区文化差异和学生特点,灵活调整教学方法和策略,以满足学生的学习需求。

(3)注重实践体验和文化传承:美术校本课程应注重学生的实践体验,通过实地考察、户外写生等方式,让学生在亲身体验中感受文化的魅力。

(4)充分利用当地资源:教师应充分利用当地的自然和文化资源,将资源融入教学中,增强课程的针对性和实效性。

(四)教学时间

在美术校本课程中,教学时间的设计和确定关乎学生能否全面、深入地理解艺术知识、掌握艺术技能以及在艺术学习中获得愉悦感和成就感。只有通过合理的时间安排和灵活的教学策略,才能够让学生在有限的时间内获得最大的艺术学习收益。下面以"欣赏·评述"与"造型·表现"两类艺术实践领域美术校本课程教学时间设计与教学环节安排案例进行进一步说明。

(1)"欣赏·评述"艺术实践领域美术校本课程教学时间设计与教学环节安排案例分析。

中学美术校本课程:蜀绣艺术欣赏。

课程时长:总课时为16节,每节课40分钟。

教学时间设计与教学环节安排:

课程导入(5分钟):在每节课的开始,用5分钟时间简要介绍本节课的主题和目的,激发学生对蜀绣艺术的兴趣。

蜀绣的艺术风格介绍(10分钟):用10分钟时间详细介绍蜀绣的艺术风格、表现手法、色彩特征等。

蜀绣代表性艺术家生平与作品分析(15分钟):选取具有代表性的艺术家,用15分钟时间介绍他们的生平事迹和代表作品。通过深入分析作品,帮助学生理解艺术家如何通过作品表达思想和情感。

学生互动与讨论(5分钟):留出5分钟时间供学生进行小组讨论或提问,鼓励他们分享自己的观点和感受,增强课堂互动。

课堂总结与作业布置(5分钟):在每节课结束前,用5分钟时间进行课堂总结,回顾本节课的重点内容,并布置相应的作业或拓展任务,以巩固学生的学习成果。

在设计艺术欣赏类美术校本课程的教学时间时,应根据课程特点和学生的实际情况进行合理分配。通过详细规划每个环节的教学时间,可以确保学生能够全面、深入地了解艺术作品和背后的文化内涵。同时,注意控制每节课的时长,避免学生因疲劳而影响学习效果。此外,还应根据学生的反馈和实际情况灵活调整教学时间,以达到最佳的教学效果。

(2)"造型·表现"艺术实践领域美术校本课程教学时间设计与教学环节安排案例分析。

小学美术校本课程:家乡的风筝。

课程时长:总课时为12节,每节课40分钟。

课程特点与教学时间设计:

风筝历史文化介绍(5分钟):风筝作为中国传统文化的重要组成部分,具有丰富的历史和文化内涵。课程安排5分钟时间,简要介绍风筝的起源、发展和文化内涵,为学生制作风筝提供文化背景。

风筝制作技艺讲解(10分钟):风筝制作需要一定的手工技艺和美术知识。分配10分钟时间,详细讲解风筝的制作步骤、材料选择和注意事项,确保学生能够掌握基本的制作技巧。

学生动手实践(20分钟):实践环节是造型表现类美术校本课程的核心。安排20分钟时间,让学生动手制作风筝。教师可以巡回指导,帮助学生解决制作过程中遇到的问题。

作品展示与交流(5分钟):课程最后,留出5分钟时间供学生展示自己的作品,并进行简单的交流。这不仅可以增强学生的自信心,还可以促进学生之间的相互学习。

"造型·表现"类美术校本课程强调学生的实践能力和创作技能的培养。在设计和确定教学时间时需要充分考虑课程的特点和学生的实际需求,以确保学生能够在有限的时间内全面了解课程重难点,掌握基本的技能技法。

学习小结

本节内容涵盖了学生个体差异的处理、教学方法的创新与实践、教师能力的提升以及教学资源的整合与完善等多个方面。为了克服这些难点,教师需要不断更新教学理念和方法,提高教学水平和能力。同时,也需要学校和社会的支持与合作,共同推动中小学美术校本课程的发展和创新。

练习实践

1.谈一谈你在美术校本课程教学方法实施中遇到的困难,并说一说是如何解决的。

2.你认为美术校本课程教学方法实施中最突出的要点是什么?

第七章

中小学美术校本课程的教学设计

学习目标

- 了解中小学美术校本课程教学设计的概念、意义和作用。
- 理解中小学美术校本课程教学设计的知识要点。
- 掌握中小学美术校本课程教学设计的基本思路、方法和过程。
- 能够将本章所学知识运用于实际教学之中。

知识导图

中小学美术校本课程的教学设计
- 第一节 中小学美术校本课程教学设计概述
  - 教学设计的概念
  - 教学设计的意义与作用
- 第二节 中小学美术校本课程教学设计基本过程
  - 确定课程目标
  - 明确课程主题
  - 选择课程内容
  - 设计课程构架
  - 制定课程实施过程
  - 确定评价方式
- 第三节 中小学美术校本课程教学设计基本方法
  - 以目标为导向的教学设计方法
  - 以过程为主导的教学设计方法

第一节
中小学美术校本课程教学设计概述

中小学美术校本课程教学设计旨在深化美术教育改革，提高学生的美术素养和综合素质。通过对校本课程的定义、特点、目标、策略、实施与管理等方面的概述，为美术教育工作者提供有益的参考。在今后的教育实践中，我们应不断探索、创新，优化美术校本课程的设计与实施，为培养具有创新精神和审美素养的新一代人才贡献力量。

一、教学设计的概念

教学设计是根据课程教学目标、教学内容和学生需求，对将要实施的课程教学进行有目标的、有计划的、条理清晰的设想和规划。教学设计是课堂教学的实施计划和蓝本，也是有目的地将各种教学思路、教学方法、教学要素进行有序组织和优化的过程，最终形成可实施的教学方案，是课程教学实施最有效的保障。

教学设计的要点在于：明确的目标、清晰的思路、正确的方法、条理化的过程、实现目标的达成。

> **思考**
> 1. 中小学美术校本课程教学设计的要点是什么？
> 2. 中小学美术校本课程教学设计的意义主要体现在哪几方面？

（一）明确的目标

教学设计首先需要有一个明确的课程教学目标，这是课程教学实施的核心要素。教学目标是教学设计的起点，是课程教学的目标，也是检验课程教学最终是否达成的评价标准。因而教学目标的设定是教学设计的第一步，也是影响整个教学活动实施的关键。在设计中小学美术校本课程的教学目标时，首先要遵循《义务教育艺术课程标准（2022年版）》的基本要求，其次需要体现课程的校本特色和美术特性，并根据课程内容和教学实际条件合理设计课程目标。

(二)清晰的思路

在教学设计前,设计者需要对设计的教学各环节、要素、条件有整体的、系统的认识,形成一个清晰的、完整的设计思路。

清晰的思路表现在:教学设计者需要强化目标导向意识,坚持教学设计的"主线和闭环"。主线:以教学目标为主线,从设计起点,贯穿各教学环节和教学过程,到设计的终点,始终主导课程运行。闭环:以目标的达成为核心价值,围绕教学目标,链接各教学环节,形成一个完整的教学闭环。

完整的思路表现在:对课程教学的认识,需要将课程放在一个完整的系统中进行思考,教学设计需要围绕教学目标这个核心点,各环节协同作用,最终达成教学目标。

在中小学美术校本课程教学设计中,需要把握"课标、校本、美术"这三个关键词,无论采用什么方式方法实施课程教学,都需要围绕这个基本点进行。

(三)正确的方法

在教学设计中需要根据教学目标、教学内容、教学条件,以及教师、学生的因素来合理选择正确的教学方法。何为正确的教学方法?在课程教学中,能够很好达成教学目标的方法,就是正确的方法。因此,在对教学方法的选择上需要注意四个方面:一是只选适合的不选吸引眼球的;二是需要考虑教师的教学能力和特点;三是需要考虑学生的条件;四是需要考虑教学环境、硬件等方面的条件。

(四)条理化的过程

过程是事物运动的阶段性轨迹,在课程教学中是指对教学活动从开始到结束,这一运行中各个阶段的把握。过程是实现教学设计的重要环节,不仅需要通过过程达成教学目标,也需要通过过程实现教学方法。在教学过程设计中需要考虑目标、方法、条件、教师、学生等多方面的因素,因此,设计者需要具有条理化的思维。对于过程的设计,需要把握四个方面的要点:一是各阶段过程要清晰、明确;二是各阶段过程衔接要流畅;三是各阶段过程需要相互关联;四是过程不宜繁杂。

(五)实现目标的达成

教学设计的最终目的是达成教学目标,因此,如何实现目标的达成是在教学设计时需要始终考虑的要点。如何达成教学目标?需要在设计中始终贯彻OBE教育理念,教学各环节对照教学目标,清晰每一过程和环节的作用和对目标达成的贡献度,科学地实施教学设计。

二、教学设计的意义与作用

中小学美术校本课程不同于国家课程有大量的规范性资料、教参和课程案例,需要根据各中小学美术校本课程的目标、需求特点来规划和设计课程,形成符合教学实际需求的教学设计,因此,需要在美术校本课程的教学设计中清晰课程教学设计的意义,具体归纳如下:

(1)能够使实施教学的教师在课程教学中明确教什么、如何教;

(2)能够使教师更加清晰课程教学的目标,优化课程教学内容,优化教学组织环节,更有效地开展教学活动;

(3)能够使教师清楚教学重点、难点、目标达成的情况,有的放矢地组织教学;

(4)能够有效地提高课程教学的效率,提升教学质量;

(5)有利于教师的自身发展,提升教师的教学能力、学科能力和组织教学能力。

学习小结

通过本节的学习,我们初步了解了中小学美术校本课程教学设计的基本概念、基本现状,掌握了美术校本课程教学设计的意义和作用,从而能够使校本课程的教学设计真实切合学生需求,通过全面、系统而又创造性的设计思维,以及周密细致、不断反思、不断改进的工作态度,形成开放、动态、以学生发展为本的教学设计。

练习实践

1. 中小学美术校本课程教学设计的重点是什么?
2. 思考如何进行中小学美术校本课程教学设计。
3. 请你针对某一中小学美术校本课程进行教学设计。

第二节
中小学美术校本课程教学设计基本过程

中小学美术校本课程教学设计的基本过程包括：确定课程目标、明确课程主题、选择课程内容、设计课程构架、制定课程实施过程、确定评价方式。

一、确定课程目标

明确课程的总体目标和具体目标，包括认知、技能、情感等方面的目标。课程目标是教学活动期望达到的学生学习效果。明确总体目标和具体目标，对指导教学过程、评估效果有重要意义。制定课程目标需全面考虑认知、技能、情感等方面，以促进学生全面发展。

认知目标：关注学生对知识的理解、记忆、应用和创新。设计时，根据课程内容和学生认知水平设定恰当的学习要求，如从记忆到分析、综合、评价等不同层次的认知目标。

技能目标：关注学生掌握和运用知识的能力，包括基本技能、高级技能和创新技能。设计时，结合学科特点和学生需求，制定切实可行的学习目标，如从基本操作到高级应用、创新实践等不同层次的技能目标。

情感目标：关注学生在学习过程中的情感态度和价值观。设计时，充分考虑学生心理需求，关注情感体验，引导学生形成积极学习的态度和正确的价值观，如通过设置富有挑战性、趣味性的学习任务，激发学生兴趣和热情，培养学生自信心和合作精神。

总之，明确课程总目标和具体目标，有助于提高教学质量。教师应根据课程标准和学科特点，科学制定教学目标，确保教学活动有效推动学生成长。同时，关注教学过程反馈，调整和优化教学目标，实现最佳效果。

二、明确课程主题

在围绕课程目标选择课程主题时，我们不仅要追求教育的深度和广度，还要确保这些主题能够激发学生的学习兴趣和创作欲望。以下是如何结合学校的地域文化、传统特色等资源，选择具有教育意义和启发性的课程主题的详细步骤。

首先，我们需要深入理解课程目标。课程目标是我们教学的指南针，它决定了我们期望学生通过本课程达到什么样的美术知识、技能和情感态度水平。明确了目标之后，我们就可以开始寻找与之相匹配的课程主题。

其次，我们要深入挖掘学校的地域文化和传统特色。每个地方都有其独特的历史、文化和风俗，这些元素是构成学校特色和个性的重要部分。通过挖掘这些资源，我们可以为学生提供一个丰富多彩的美术学习背景，让他们在学习过程中感受到家乡的魅力和自豪感。

再次，在选择课程主题时，我们要确保这些主题与学校的地域文化和传统特色紧密相关。例如，如果学校位于一个有着丰富民间艺术传统的地方，我们可以选择"民间艺术探索"作为课程主题，引导学生学习并创作具有地方特色的民间艺术品。如果学校所在地有着悠久的历史，我们可以选择"历史与美术"作为课程主题，让学生通过美术作品感受历史的厚重和文化的传承。

最后，我们还要确保课程主题与学生生活密切相关。学生最熟悉和感兴趣的是自己的生活经验和日常所见所闻。因此，在选择课程主题时，我们要尽可能地将学生的生活经验融入其中。例如，我们可以选择"校园风景写生"作为课程主题，让学生用画笔记录自己熟悉的校园风光；或者选择"节日装饰设计"作为课程主题，让学生在制作节日装饰品的过程中感受到节日的氛围和乐趣。

通过这样的方式选择课程主题，不仅能够满足课程目标的要求，还能够激发学生的学习兴趣和创作欲望。当学生在一个熟悉、亲切且富有文化底蕴的环境中学习和创作时，他们的学习效果和创造力都会得到极大的提升。同时，这样的课程设计还能够让学生更好地了解自己的家乡和文化，培养他们的文化素养和民族精神。

三、选择课程内容

根据教学目标和学生需求，选取和组织适宜的教学内容，包括知识、技能和素材等。分析本节课在教材中（整本书和相应的单元）的地位和作用，对内容进行基本解读，对内容的重点和深浅等进行分析。

在选择课程内容时，我们需要确保课程内容与课程主题紧密相连，并且能够为学生提供具有代表性和启发性的学习材料。同时，我们还需要考虑学生的年龄特点和兴趣，以确保所选内容既符合他们的认知水平，又能激发他们的学习热情和创作欲望。

首先，根据课程主题，我们要筛选出具有代表性和启发性的美术作品、艺术家和艺术流派。这些作品和艺术家可以是传统的，也可以是当代的，但一定要能够体现课程主题的核心思想和艺术特色。例如，如果课程主题是"民间艺术的魅力"，我们可以选择具有地域特色的民间艺术品，如剪纸、刺绣、泥塑等，并介绍这些艺术品的制作技艺和背后的文化故事。这样不仅可以让学生领略到民间艺术的独特魅力，还能激发他们对传统文化的热爱和尊重。在选择艺术家和艺术流派时,我们也要注重其代表性和启发性。应选择那些在艺术领域有重要贡献和影响力的艺术家和流派,让学生了解他们的艺术风格、创作理念和艺术成就。例如,在介绍"印象派"时,我们可以选择莫奈、雷诺阿等代表性艺术家,让学生欣赏他们的经典作品,并了解他们如何通过光影和色彩来表现自然和生活的美好。

其次,在确定了美术作品、艺术家和艺术流派后,我们还需要结合学生的年龄特点和兴趣,选择适合他们的美术材料和技法。对于小学生,我们可以选择水彩笔、油画棒等易于掌握的绘画材料,并教授他们基本的绘画技巧;对于中学生,我们可以引入更专业的绘画材料和技法,如素描、水彩、版画等需要运用的材料和技法,以满足他们更高层次的学习需求。

最后,重视学生实践能力的培养。在课程内容中,可以安排大量的创作和实践活动。这些活动可以是绘画、手工制作、雕塑等多种形式,旨在让学生在实践中巩固所学知识,提升创作能力。同时,还可以鼓励学生参与学校或社区的美术展览和比赛,让他们在实践中展示自己的才华,增强自信心和成就感。

总之,在选择课程内容时,我们要注重内容的代表性、启发性和实践性,并结合学生的年龄特点和兴趣进行合理安排。这样的课程内容不仅能够满足学生的学习需求,还能够激发他们的学习热情和创作欲望,促进他们的全面发展。

四、设计课程构架

第一,合理安排教学时间,确保每个课程主题都有充足的时间进行探究和实践。设计清晰的教学流程,包括导入、新课呈现、学生实践、总结评价等环节。一个清晰的教学流程能够帮助学生更好地理解和掌握知识。一般来说,美术课程的教学流程可以包括以下几个环节:

(1)导入。通过展示图片、播放视频或讲述故事等方式,激发学生的学习兴趣和好奇心,为新课的学习做好铺垫。

(2)新课呈现。教师介绍新课的主题、目标和主要内容,通过讲解、示范等方式,让学生明确学习任务和要求。

(3)学生实践。学生根据教师的指导,进行绘画、手工制作等实践活动,将所学知识运用到实际创作中。

(4)总结评价。教师和学生一起回顾所学内容,总结学习成果,并对学生的作品进行点评和反馈。在每个环节中,我们都要注重学生的参与和互动,鼓励他们发表自己的观点和创意,培养他们的创造力和批判性思维。

第二,为了丰富学生的学习体验,我们需要针对不同的课程主题设计多样化的教学活动和练习。这些活动可以包括:

(1)实地考察。组织学生参观美术馆、艺术工作室等场所,让他们亲身感受艺术的魅力和创作氛围。

(2)分组讨论。让学生分组讨论某个艺术问题或现象,培养他们的合作精神和批判性思维。

(3)创意创作。鼓励学生发挥想象力和创造力,进行自由创作或命题创作,培养他们的艺术表现力和创新能力。

(4)角色扮演。通过角色扮演的方式,让学生模拟艺术家或艺术流派的特点和风格进行创作和表演,增加学习的趣味性和互动性。

这些多样化的教学活动和练习不仅能够激发学生的学习兴趣和创作欲望,还能够提升他们的艺术素养和综合能力。

五、制定课程实施过程

编写详细的教学方案,包括教学目标、教学内容、教学方法和手段等。准备教学所需的材料和设备,确保教学过程的顺利进行。在实施教学过程中,注重学生的参与和互动,鼓励他们发表自己的观点和创意。根据学生的实际情况,灵活调整教学进度和教学方法,以满足他们的个性化需求。

六、确定评价方式

制定多元化的评价标准,包括知识掌握、技能运用、情感态度等方面。设计多样化的评价方式,如作品展示、口头评价、书面评价等,以全面了解学生的学习情况。鼓励学生自评和互评,培养他们的自我认知能力和批判性思维。将评价结果及时反馈给学生和教师,以便在教学过程中进行针对性的指导和改进。设计有效的评价方式和标准,确保学生对教学内容的理解和掌握程度的有效评估。

以上是美术校本课程教学设计的基本过程中的主要内容,步骤间相互关联,形成一个有机的教学设计系统。

校本课程教学设计是学校自主进行的,而且是各不相同的,国家很难采用类似于外部统一考试等评价手段来评价校本课程的实施成效。因此,校本课程开发除通过教育行政管理部门的评估外,还需要更多地依靠学校进行自我评价,不断地反思校本课程教学过程中出现的各种问题,自我批评、自我激励、自我改进,保证校本课程教学的健康顺利运行。校本课程学习结果的考核与评价方式主要以平时考查为主,期终也有考查,学生学习结果应由教师和学生学习小组一起评价。

教学评价涉及学习态度、过程表现、学业成就等多方面,贯穿艺术学习的全过程和艺术教学的各个环节。主要环节的评价包括:(1)课堂评价,主要方式有观察、提问、交流、记录等;(2)作业评价,包括实物作品、视听表演、数字化编创作品等;(3)期末评价,可运用表演、展示、纸笔测试、档案袋等方式。根据不同的校本课程的具体形式,选择合适的教学评价方式。教学评价的基本流程：明确预期的学习结果、制定评价的方式和标准、制定评价量表。

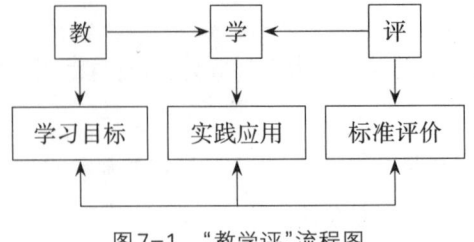

```
    教 ──→ 学 ←── 评
    │      │      │
    ↓      ↓      ↓
  学习目标  实践应用  标准评价
    ↑_____↑_____↑
```

图7-1 "教学评"流程图

中小学美术校本课程的教学设计根据教学目标和教学内容，制定学科教学的教学计划和教学方案的实施过程。美术校本课程的教学设计可以帮助学生更好地了解、学习和掌握美术知识和技能，培养学生的创造思维和审美能力，促进学生全面发展。基本方法首先是以学生为中心，注重培养学生的主体性和主动性，鼓励学生积极参与美术创作和表现。其次是结合实际教学情境，根据学生的实际情况和需求进行教学设计，确保教学活动的有效性和实用性。最后要合理运用多种教学手段和资源，如讲解、示范、实践、讨论等，丰富教学内容和形式，激发学生的学习兴趣和积极性。

综上所述，中小学美术校本课程的教学设计需要注重学生的主体地位，结合实际情境，运用多种教学手段和资源，经过确定目标、设计内容和活动、实施教学和评价反馈等过程，来实现学生美术素养发展的目的。教学设计的好坏直接影响到教学效果和学生的学习成果，因此教师需要不断探索和改进教学设计的方法和技巧，提高教学质量和效果。

学习小结

本节探讨中小学美术校本课程教学设计的基本过程，包括六环节：确定分层课程目标，明确地域文化与学生生活结合的主题，选择匹配学生年龄的代表性实践性内容，设计融入多样活动的课程构架，制定强调互动与个性调整的实施过程，确定多元评价方式。中小学美术校本课程教学设计强调以学生为中心，依托校本特色，动态反思优化，提升学生美术素养与创造力。

练习实践

1.请结合地方文化或校园特色设计一个中小学美术校本课程主题，并围绕该主题制定具体教学目标。

2.根据你设计的课程主题，完成一个完整课时教学方案，要求各环节时间分配合理且具有可操作性。

3.为你设计的课程制定一个包含过程性评价、作品评价和学生自评互评的多维度评价方案，要求评价方式多样且评价标准具体明确。

第三节
中小学美术校本课程教学设计基本方法

教学设计是教育过程中的关键环节,它决定了教学活动的方向、内容和效果。在教学设计的过程中,教师可以选择不同的方法来指导他们的教学实践。其中,以目标为导向的教学设计方法和以过程为主导的教学设计方法是最为常见的两种。这两种方法各有特点,都旨在提高教学效果,促进学生的全面发展。

一、以目标为导向的教学设计方法

(一)以学生为导向的教学设计

以学生为导向的教学设计方法,强调学生的中心地位,教学设计需紧密围绕学生的需求、兴趣、能力和认知水平展开。这种方法的核心是"以学生为中心",旨在通过激发学生的学习兴趣和积极性,促进他们的自主学习和全面发展。在具体实施时,教师需要深入了解学生的需求和兴趣,根据学生的实际情况调整教学内容和教学方法。同时,教师还需要注重培养学生的自主学习能力和创新思维,鼓励他们在学习过程中主动探索、积极实践。

> **思考**
> 1. 中小学美术校本课程教学设计的关键是什么?
> 2. 中小学美术校本课程与国家美术课程之间的关系应如何衔接?

(二)以课程为导向的教学设计

以课程为导向的教学设计方法,强调教学设计的针对性和系统性。教师需要根据课程的目标和要求,制定详细的教学计划和教学方案,确保教学内容和教学方法与课程目标保持一致。在具体实施时,教师需要认真研读课程大纲,明确课程的目标和要求。同时,教师还需要根据课程目标和学生特点,选择适当的教学方法和手段,确保教学过程的顺利进行和教学目标的顺利实现。

二、以过程为主导的教学设计方法

（一）以感知体验为主导的教学设计

以感知体验为主导的教学设计方法，强调学生在学习过程中的感知和体验。这种方法通过创设具体的教学情境和实践活动，让学生在亲身体验中感知和理解知识，从而增强学习效果。在具体实施时，教师需要设计丰富多彩的教学情境和实践活动，让学生亲身参与其中。通过实践活动，学生可以更加深入地理解知识，形成深刻的记忆和印象。同时，教师还需要关注学生在实践活动中的表现和反馈，及时调整教学策略和方法。

（二）以素养提升为主导的教学设计

以素养提升为主导的教学设计方法，强调在教学过程中培养学生的核心素养和综合能力。这种方法注重学生的全面发展，旨在通过教学活动提升学生的思维能力、创新能力、实践能力等核心素养。在具体实施时，教师需要设计具有挑战性和启发性的教学活动，让学生在探究和实践中提升核心素养。同时，教师还需要注重培养学生的自主学习能力和合作能力，帮助他们形成积极的学习态度和良好的学习习惯。

总之，无论是以目标为导向的教学设计方法，还是以过程为主导的教学设计方法，都需要教师根据学生的实际情况和课程要求，灵活选择和运用不同的教学策略和方法，以确保教学过程的顺利进行和教学目标的顺利实现。

学习小结

通过本节的学习，我们了解了中小学美术校本课程教学设计的基本方法，为全面掌握中小学美术校本课程的教学设计打下了基础。

练习实践

1.请用自己的语言组织描述校本课程与校本课程教学设计的区别是什么？教学设计的方法有哪些？

2.请以小组为单位，检查自己的校本课程教学设计有何问题、该作何改进，并修改你的教学设计。

第八章

中小学美术校本课程的教学资料编写与制作

学习目标

- 了解中小学美术校本课程教学资料编写与制作的基本概念和特点。
- 理解中小学美术校本课程教学资料编写与制作的意义。
- 掌握中小学美术校本课程教学资料编写与制作的基本方法与技能。
- 能够独立进行中小学美术校本课程教学资料编写与制作。

知识导图

中小学美术校本课程的教学资料编写与制作

- 第一节 中小学美术校本课程教学资料编写与制作概述
  - 教学资料编写与制作的现状
  - 教学资料编写与制作的作用

- 第二节 中小学美术校本课程教学资料的编写
  - 教学计划的编写
  - 课程教案的撰写

- 第三节 中小学美术校本课程教学资料的制作
  - 教学资料的收集
  - 教学课件的制作
  - 美术资料的整理

- 第四节 中小学美术校本课程教材的编写
  - 校本教材编写的原则
  - 校本教材编写的方法
  - 校本教材编写的过程
  - 校本教材编写中应注意的问题

第一节
中小学美术校本课程教学资料编写与制作概述

教学资料中蕴含了大量的教育信息,能创造出一定教育价值的各类信息资源,包括学生和教师在学习与教学过程中所需要的各种素材、教学软件、补充材料等。教师收集与编写教学资料的过程,实际上也是教师对自己的课程资料进行丰富和开发的过程。这将有利于教师教学的个性化和学生学习的自主化,从而改变传统的课堂教学模式。

一、教学资料编写与制作的现状

在网络出现之前,传统的教学活动以教室作为主要教学地点,以教科书等纸质资料作为主要教学资料,以面对面的教学作为主要授课方式。教学资料的获取主要是通过购买已出版的教材或参考资料。随着网络技术、信息技术的发展和普及,网络正在以惊人的发展速度和广泛的影响力,渗透到我们的工作、学习和生活当中,同时也改变着传统的教学活动。网络上资源丰富,通过网络获取信息十分便捷,因此,教学资料的获取不再局限于购买教科书或教参,通过网络下载资料成为一种常见的教学资料获取方式。另外,网络环境下的教学活动与传统的教学活动有很大区别,教学活动的地点不再局限于教室,授课方式不再局限于面对面的形式,教学资料变得丰富多样,不仅有传统的纸质教材,还包括数字化资料、电子资料、多媒体资料等。

> **思考**
> 1. 教学资料包含哪些内容?
> 2. 你收集教学资料的途径是什么?

二、教学资料编写与制作的作用

教学资料编写与制作的目的是最大限度地使用资料。由于教师在收集教学资料的过程中,本身就使得教材被多媒体化了,因此,教师收集教学资料的过程,实际上也是教师对自己的课程资料进行丰富和开发的过程。这将有利于教师教学的个性化和学生学习的自主化,从而改变传统的课堂教学模式。

教学资料编写与制作的作用主要有以下三个方面。

(一)及时更新教材内容

教材在相当长的一段时间内,其内容一般会保持不变,如果没有紧贴时代的内容,学生将难以对其产生兴趣。这时候,教师的教学资料库就可以通过获取新的学科信息,来弥补教材内容更新慢的不足。

(二)丰富课堂形式

教师的教学资料库能增加教学内容的表现方式,丰富课堂形式,使课堂的亲和力得以增强。

(三)适合专题探究

在教学中,教师往往会结合社会热点问题,通过制作专题的手段来激发学生的学习兴趣和探究热情,资料库可以避免学生盲目地"网络漫游",引导学生为了某一个专题而上网,利于学生自主学习。

教师的教学资料的编写是教师教学工作的一个重要组成部分。在大数据时代,信息技术快速推动着教育的变革,特别是网络技术的普及,极大地延伸了学校教育中教与学的时空。现在网络上各种形式的资料库层出不穷,虽然能为教师提供丰富的资源,激发教师的想象力和创造力,引领教师自觉进行教学更新,但是,由于存在不同的校本教材体系和评价机制,加之每一位教师的教学都有一定的个性,现有的一些资料库很难满足教学的需要。因此,教师建立个人教学资料库就尤为重要,不仅能丰富教学资源,还能充分发挥教师的能动性,促进教学的创新和教研工作的开展。

学习小结

通过本节的学习,我们初步了解了教学资料编写与制作的现状,认识了教学资料编写与制作的作用。

练习实践

1. 谈一谈你收集教学资料的方法。
2. 结合已掌握的知识,设计一份自己的教学资料库目录。
3. 挑选你最熟悉的一种学习软件,谈谈它给你的教学实践带来的好处和不足。

第二节
中小学美术校本课程教学资料的编写

教学资料的编写主要包含教学计划的编写和课程教案的撰写两个部分。教学计划是课程设置的整体规划，它规定了不同课程管理学习方式的要求及其所占比例，同时，对学校的教学、生产劳动、课外活动等作出全面安排，明确了学校课程开设的顺序及课时分配，并对学期、学年、假期进行划分。课程教案是教师为顺利而有效地开展教学活动，根据课程标准、教学大纲和校本教材要求及学生的实际情况，以课时或课题为单位，对教学内容、教学步骤、教学方法等进行具体设计和安排的一种实用性教学文书。课程教案包括教材简析和学生分析、教学目的、重难点、教学准备、教学过程及练习设计等。

一、教学计划的编写

学校活动的总时间是由教育部门统一规定的。时间是学校工作的重要依据，教学则要根据课程表的时间量来准备。时间的长短决定了教学设计的形式。通常教学计划有学期计划、单元计划和课时计划三种类型。

（一）学期计划的编写

学期是学校教学年度的分期单位。目前，我国中小学的一个教学年度分为两个学期，学期计划就是对学期教学工作的总体规划。通常学期计划需要在开学之前制定出来，制定学期计划需要考虑以下事项。

> 💡 **思考**
> 1. 教学计划的编写包含哪些内容？
> 2. 你在拟写教案时，有何困惑？还能进一步优化吗？

1. 整体把握教学内容

虽然学期计划不会很详细，但是会明确思路，制定本学期教学的总任务，明确教学的主要内容和范围，以便明晰教学重点和难点。因此，教师首先应当通览全套教材，了解课程内容的全貌，知道课程知识的前后关系。在此基础上教师应深入分析教材，确定该学期的单元教学内容、教学重难点和注意事项。为了增强教学效果，有些教师还会在开学前对课程内容、学生学习兴趣进行调查，以便从学生的角度思考和安排教学。

整体把握教学内容还有一个好处，即教师可以根据地域文化、节日、学校的总体工作安排，如运动会、艺术展演等情况，适当地调整教学内容，以便课程教学能够更好地贴近生活。

2.合理安排教学资源

美术教学比较依赖物质材料，如果没有准备教学相应的工具、材料，教学工作就很难完整地进行。因此，除了做好学期计划以外，还应该做好教具和学具以及一些设备资源的准备。

学期计划的内容包括：教材分析、学情分析、教学目标分析、单元规划（单元目标、单元结构）、课时教学计划、教学资源等。其中，学情分析和教学目标分析以教学任务概述的方式呈现，可以设计成表格形式或直接用文字描述，而涉及教材、课题的教学安排事项可用"学期教学进度表"来呈现。此处表格仅供参考，形式无需统一，但性质、要求和作用都应该相似。

表8-1 学期教学进度表

（20　—20　年度第　期）

任教班级：　　　　　　　　任课老师：

单元课题	
单元结构	
教材分析	
学情分析	

周次	课题	课型	课时	课时目标	主要教学内容	教学资源	注意事项
1							
2							
3							
……							
18							

（二）单元计划的编写

单元计划往往由多节课堂组成，课时的安排则视教学内容的难易、学生的情况而确定。单元计划是以一组完整的或某一独立课题的教学内容为单位制定的教学方案。单元教学设计是以一章、一个课题或一个单元作为出发点，并根据其章节或课题中知识点的不同，重新整合形成新的知识体系，并利用多种教学手段及教学策略，制定教学计划。在对不同学生的不同阶段的教育过程中，使学生形成一个相较于之前更加完整的知识体系，以便于对知识的理解。单元化教学设计根据教学内容的难易，可以制定多个教学主题，并根据学生学习及发展规律,围绕一个课题,进行知识的分析与重组,形成一个逻辑关系明确、知识体系完善的连续性的单元化教学设计。

1. 校本课程的整体分析和计划

(1)分析教材的性质和要求。

①明确课题的目的、意义,是否有必要改成学生喜爱的课题?

②明确课程的基本内容,根据地方、学校和学生等条件设计课程的内容。包括哪些课程类型与特征? 与以往教材或同类课题相比有何突破?

③需要使用哪些组织形式(独立完成、两人合作、小组合作、全班的分工合作)和教学策略?

(2)分析教学条件和学生特点。

①学校现有的物质条件能否开展教学活动? 还缺少什么? 如何解决?

②哪些材料工具需要到市场购买? 如果买不到或资金不足的话,是否能找替代物,形成不同的视觉形式?

③课程针对的是几年级的学生? 有怎样的能力? 有没有研究型学习的经历?

④学生以前是否学过类似的技能? 学习本课程会有何困难? 如何解决困难?

2. 确定单元教学目标

根据上述分析,按三个维度的要求设计课程的教学目标。

(1)知识与技能。

格式:(学生能)了解××艺术语言和特点;用××材料、××方法(画、设计、制作等)作出××作业。

(2)过程与方法。

过程:×××—×××—×××—×××(阶段名或子课题名)。

方法:(学生)以××(学习、操作、创作、合作、研究等方法),完成××(学习任务)。

(3)情感态度与价值观。

(学生)体验××艺术活动的乐趣;体会表现对象之美;表现对象的感情;形成××学习、工作或生活等态度;了解艺术的实用价值或社会价值,及其所体现的××人文价值观念。

需严格按照三个维度的要求,仔细地斟酌、修改每一条教学目标,因为这将是整篇教案的核心。

3. 设计单元课程的教学思路

分析了课程、学生和教学条件等基本情况,设计了单元三维目标之后,就应该进一步思考并设计单元教学计划,从宏观、整体的角度把单元教学任务分配到各课时,确定具体教学进度,保证单元教学目标的实现。

(1)为实现单元教学目标,需要分成多少子课题,各需多少课时?

(2)每个子课题主要完成什么具体目标(三维目标)或学习结果?

(3)每一课时的侧重点是什么?主要有什么教学活动?

(4)各课分别采用什么教学模式、策略和方法?能否使教学既连贯又有变化?各课中可以运用哪些教学资源、教学技术和教学手段?

(5)是否需要特别的"游戏规则"或评价机制?各课各占多大权重?

(6)同样,在单元化研究型教案中不但要写出"我希望实现哪些目标?""我将如何组织教学?"以及自己的创意和突破,还要写出"我为何这样教学?",即写出所采用的各种前沿的理论依据。

表8-2 课程整体设计实例

单元主题	你好,九色鹿
课程来源	根据美术的五大核心素养:图像识读、美术表现、审美判断、创意实践、文化理解,结合《义务教育艺术课程标准(2022年版)》第二学段(3—5年级)的要求,学习任务1:感受中外美术的魅力,学习任务2:表达自己的想法,学习任务3:装点我们的生活,确定了本单元的主题——"你好,九色鹿"。我们主要从以下两个方向解读课程来源: 【资料来源】 1.动画片《九色鹿的故事》。 2.主题:九色鹿(鹿王本生)。 【文化来源】 1.敦煌艺术:敦煌壁画营造了一种强烈的神秘感,孩子们在整体观览石窟时,打开了新的视域空间。在欣赏敦煌视频时,孩子们产生对敦煌莫高窟的向往之情和对祖国优秀传统文化的探索欲望。 2.九色鹿:九色鹿是敦煌壁画关于佛教本生的故事,她代表了美丽、善良和正义,受到所有人的赞叹和钦慕。课程希望通过壁画九色鹿激活孩子们对当下生活的理解与感悟:像九色鹿一样美好、善良、优雅、勇敢,像九色鹿的塑造者一样专注、精准,像美术课上的自己一样自信、自由。 对应课标三个学习任务我们设计了三个课时: 第一个课时"看图说话,唤起视知觉"。 学生将能:带着自己对画面形象的感悟和理解进行讨论、描述和分享故事,将图像传递出的感受与美术语言进行关联。 第二个课时"图像分析,情之所起"。 学生将能:(1)在图像的阐释逻辑中体会九色鹿的艺术性并进行描述、分析、解释和判断。(2)在通感中感悟九色鹿精神的样子,观照生活中的自我认知。 第三个课时"鹿在心中,形在意间"。 学生将能:(1)阅读文献资料,发现鹿在中国古代是一种特别的视觉形象。(2)关联初认知,阅读、感受、发现形象和感受之间是有联系的。(3)根据自己对九色鹿的理解,创造新的九色鹿形象。(4)关联敦煌九色鹿,再次认识九色鹿,感知于造型、于内心、于未来。

续表

学情分析	小学中段的学生,美术欣赏的初始状态为"读画(作品)",因此看到画面的基本感受是最重要的。课堂上,教师要给足时间启发学生去充分感受和体验,唤起学生的视知觉经验,这是美术欣赏学习的关键。美术课上的图像及作品的视觉新鲜感往往会改变学生的常态视域,使学生出现喜欢沉浸或者是想去探究新视域的某种欲望。结合已有的生活经验对图形产生联想,引导学生透过作品表面,感受蕴含在其中的美术语言和形式要素,培养学生用艺术的眼光观看美术作品的能力,建立图形与感受之间的关联与转化关系,并一步步确认图形是可以表达感受的,为最后创作属于自己的九色鹿建立初步的对形的认知。
单元目标	1.学习如何通过作品九色鹿(壁画)传递特定的故事性、艺术性和创新性。 2.在描述性讨论中捕捉九色鹿传递的信息,理解其故事性及艺术性和创新性。 3.在情境中,理解九色鹿是怎样被突出表现其所要传递的精神的,并通过自己的艺术语言进行诠释。
单元评价	美术表现、创意实践——创造性评价。 1.你能用莫高窟"鹿王本生"(九色鹿)的绘画方式,描绘另外一个故事吗? 2.你能用完全不同的色彩搭配方式,想象并画出这个故事吗? 3.你能用自己喜欢的一组颜色,加黑白两色,在斟酌各种颜色用量的基础上,重新描绘这个故事吗? 4.你能用另外一种绘画的叙事方式,重新画出九色鹿的故事吗? 5.你能用空间构成的范式,将九色鹿的故事用新的视觉方式呈现出来吗? 学生能认识和体会图像识读的途径和方法,带着自己对画面形象的感悟和理解进行讨论、描述和分享故事,将图像传递的感受与美术语言进行关联。 生活中的鹿与绘画中的鹿,在线、色、形上的元素转换,此目的是凸显九色鹿的气质和所传递的精神;在通感中感悟九色鹿精神的样子,观照生活中的自我认知。 鹿在中国文化中具有特殊意义,根据自己对九色鹿的认识,感知造型、内心、未来;关联初认知,阅读、感受、发现形象和感受之间的联系。
单元课程(结构框架)	大观念: 改变学生的视知觉感受方式,在艺术的"看"中,理解欣赏艺术形象,更多的是要感悟精神。 你好,九色鹿 — 九色鹿独特的艺术形象是如何传递特定的故事性、艺术性和创新性的 — 如何在描述性讨论中捕捉图片传递的信息 — 在情节中,九色鹿是怎样被突出表现它所要传递的精神的 — 通过视觉思维转换,将九色鹿的形象用自己的艺术语言进行诠释

续表

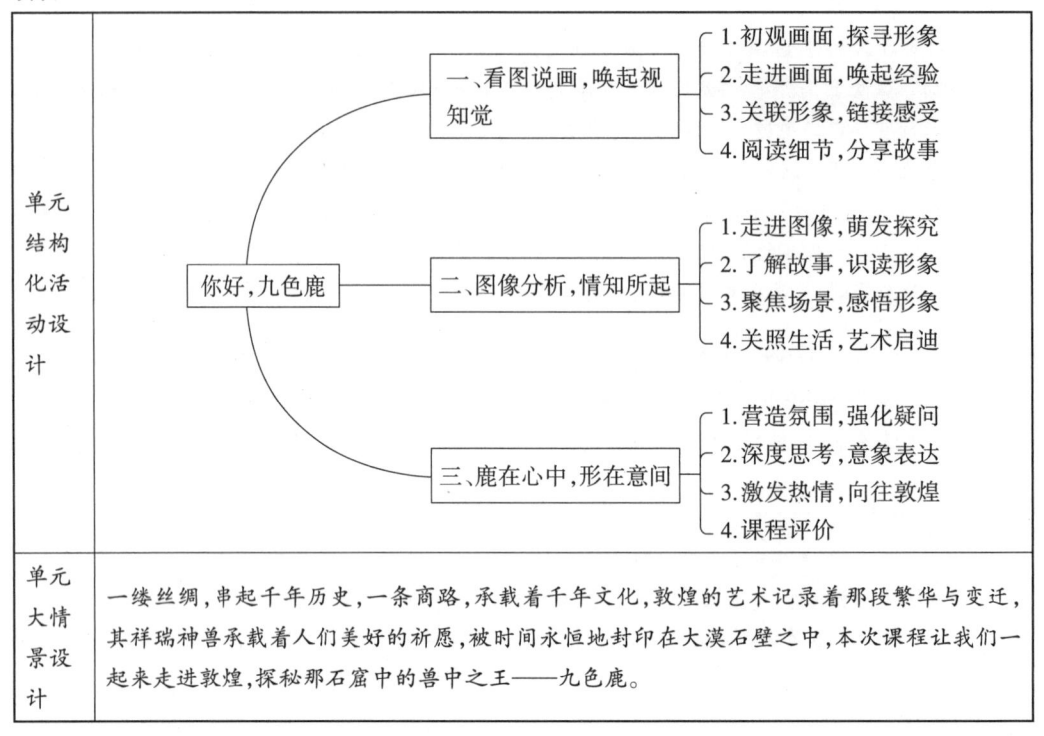

单元结构化活动设计	你好，九色鹿	一、看图说画，唤起视知觉	1.初观画面，探寻形象 2.走进画面，唤起经验 3.关联形象，链接感受 4.阅读细节，分享故事
		二、图像分析，情知所起	1.走进图像，萌发探究 2.了解故事，识读形象 3.聚焦场景，感悟形象 4.关照生活，艺术启迪
		三、鹿在心中，形在意间	1.营造氛围，强化疑问 2.深度思考，意象表达 3.激发热情，向往敦煌 4.课程评价
单元大情景设计	一缕丝绸，串起千年历史，一条商路，承载着千年文化，敦煌的艺术记录着那段繁华与变迁，其祥瑞神兽承载着人们美好的祈愿，被时间永恒地封印在大漠石壁之中，本次课程让我们一起来走进敦煌，探秘那石窟中的兽中之王——九色鹿。		

（内容选自李力加《美术课为什么要这样上——指向核心素养本位的美术单元教学设计与实践》第五章《你好，九色鹿》单元设计，有修改）

（三）课时计划的设计

1.课时计划的含义

课时是教学的基本时间单位，根据不同的学段，一课时通常为30—50分钟。课时计划也称为"教学方案"，简称"教案"。设计教学方案是教师职业生涯的常规工作。

2.课时计划的要求

课题：课题就是校本教材中的教学内容。

课题类型：课题的类型是指上课的具体形式和种类，按照不同的标准有各种分类法。不同类型的课有不同的性质，也需要相应的教学形式和方法。

教学目标：教学目标是通过一节课教学后，学生应当掌握的具体内容、所要达到的教学结果的明细规格。新课程要求从学生素质全面发展出发，从知识与技能、过程与方法、情感态度与价值观三个维度设计教学目标，同时我们应当从学生现有的实际水平出发，确定教学目标的具体规格。

设计思路：设计思路是教师分析了课程的性质与特征、学生特点、教学条件之后，介绍其教学目标的定位，所借鉴的教学理念或模式，所采用的教学策略、教学方法、教学评价等，以及理性地阐明自己的想法及其理论依据。

教学重点和教学难点：教学重点是指在教材的知识体系中要求学生必须掌握的知识或技能，通常就是知识与技能目标。教学难点是指教材中需要学生掌握而学生却难以理解或难以掌握的知识或技能，通常也包含于知识与技能目标之中，与教学重点有必然的联系。在实际教学中，教学重点与教学难点容易混淆，故有必要区分。教学重点是教材中提出的学习任务，需要教师准确地理解和把握教材；教学难点则是具体的教学任务与学生知识或能力水平之间的差距，常常因人而异，需要教师准确判断学生的能力水平。

教具学具：教具是指在教学过程中借以辅助教学活动的用具。学具是在教学中直接用于学生操作活动的用具。

教学设备：传统的教学设备是指雕塑、陶艺、版画、木工、布工等专用工具和设备。

基本材料和工具：基本材料包括绘画课的绘图纸、宣纸、颜料、墨汁，陶艺课的陶泥，立体构成的卡纸、木棍，做浮雕的石膏板，做综合材料艺术品的废旧物品等。工具包括绘画课的毛笔、油画棒、水彩笔等，陶艺课的木锤、雕塑刀、转盘等，做纸工的剪刀、刻刀等，做综合材料艺术品的老虎钳等。

辅助材料：如粘接用的乳白胶、固体胶、双面胶、透明胶带等，连接用的螺丝钉、螺栓、铁丝等，捆扎用的绳线、丝带、废电线等，用来盛胶水的小瓶盖，刻纸用的垫板等。

参考资料：如供学生参考的图片、模型、实物、示范作品和电子课件等，或供学生临摹的复印资料、画册等，特别包括教师自制教具。

学生准备：主要有各种图片和参考资料，做拼贴画的各色碎布、色纸，用于手工的小纸盒、废旧物等。有的学校不是统一保管颜料、毛笔、油画棒、调色盒等基本工具，那就需要学生自带。要求学生自带的学具，需提前通知。常用的文具如铅笔、橡皮、小刀等可忽略。

【课时计划范例】

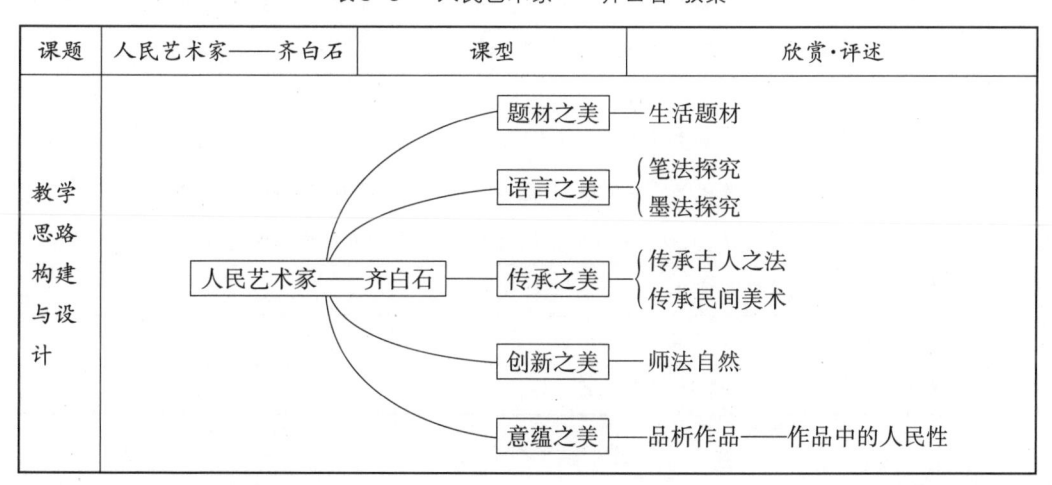

表8-3 "人民艺术家——齐白石"教案

课题	人民艺术家——齐白石	课型	欣赏·评述
教学思路构建与设计	人民艺术家——齐白石	题材之美——生活题材 语言之美｛笔法探究 墨法探究 传承之美｛传承古人之法 传承民间美术 创新之美——师法自然 意蕴之美——品析作品——作品中的人民性	

续表

教学亮点	问题嵌入式的情境教学,板书设计。	
教学主线	教学情境主线	走近大师:欣赏大师作品之美 品析大师: 【童年】 善于观察生活——创作内容:生活题材 【青年】 勤奋好学——创作技法:艺术语言,即笔、墨、色的运用 【中年】 五出五归——传承古法、师法自然 【老年】 衰年变法——作品中的意蕴 感悟大师:时代对艺术家的影响——作品的人民性
	知识结构主线	【如何鉴赏中国画】 【探究一】了解作品的题材之美—【探究二】认识作品的语言之美—【探究三】发现作品在时代背景下的传承与创新—【探究四】品析作品的意蕴之美—【探究五】感受时代对艺术家作品的影响—【拓展:人民】领悟齐白石作品中的"人民性"。
	文化育人主线	激发学生关注作品题材、分析作品形式、探究作品内涵的兴趣,让学生感受中国美术作品的魅力,理解"中国传统美术具有强大的生命力和凝聚力",增强文化自信。
教学目标	知识与技能	了解齐白石的生平与艺术成就,能够运用简单的美术语言表达对齐白石作品的理解与感受。
	过程与方法	通过自主探究、小组合作讨论、技法体验等方式学习齐白石的思维方式和表现技巧,能运用感悟、讨论和比较等方法,描述、分析齐白石作品的主要内容和特点。
	情感态度价值观	体会齐白石对艺术不懈追求,敢于突破、勇于创新的精神,感受中国美术作品的魅力,理解中国传统美术具有强大的生命力和凝聚力,增强文化自信。
教学重难点	重点	感悟齐白石成为人民艺术家的原因,了解齐白石"红花墨叶"独树一帜的画风和"兼工带写"细微刻画的表现方法。
	难点	用简单的美术语言或文字,表达对齐白石作品及其艺术成就的感受。
教法学法	教法	直观演示法,问题嵌入式的情境教学法,学本式互助合作探究法。
	学法	互助合作探究法(自主、合作、探究)。
教学用具	教具	PPT、齐白石作品。
	学具	学习单、鉴赏卡、齐白石的作品。

续表

教学流程			设计意图
教学流程设计	第一学程	为什么齐白石偏爱画凡俗生活？	了解齐白石童年经历，以及他对生活的观察与热爱，发现生活中的细节，捕捉自然界的美。
		为什么看到水墨虾就会联想到齐白石？	通过灵动的虾让学生感受水墨画的魅力，寥寥数笔却形神兼备，让学生在发出由衷的赞叹的同时，对齐白石产生浓烈的兴趣，从而探究画虾的笔法和墨法。
	第二学程	为什么他要离开家乡，游历名山大川？	了解齐白石"五出五归"开阔了眼界，提高了胸襟，领悟了创作中的师法自然，为后期的变法打下了基础。
	第三学程	为什么齐白石要"衰年变法"？	了解"衰年变法"是齐白石绘画生涯的转折点，也是他的艺术创新思维与中国画发展路径完美结合的外在表现形式。引导学生从生活为本到艺术探索再到精神追求的逻辑方式，来探索齐白石"衰年变法"的原因。
	第四学程	为什么齐白石晚期的作品富有意蕴之美？	感受齐白石通过精练的笔墨，将对生活的观察，对生命的热爱，以及对人生的体悟都表达了出来，营造一种"诗中有画，画中有诗"的意境美。
	第五学程	为什么齐白石会成为人民艺术家？	了解齐白石作品的人民性，他为人民抒写、为人民抒情、为人民抒怀的艺术表达，走进了人民的心底，无论在艺术中还是在生活中，齐白石的身上都集中表现出那个时代的民族情感和民族气质，他不愧为人民艺术家。

二、课程教案的撰写

（一）校本课程教案撰写前的准备工作

建立个人的"教案设计"文件夹，统一文件名格式"时间-姓名-课题-序号.doc"，如"2023.3.23-李欣-大师画，我也画1.doc""2023.2.12-邓雅文-彩墨游戏2.doc"等。序号表示教案的第1稿、第2稿等。便于教学资料的收集整理，并把它保存在不同单元主题的"教案设计"文件夹内。

(二)解读国家课程和校本课程标准

解读《义务教育艺术课程标准(2022年版)》和《校本课程教学单元计划评分标准》，用心思考，如何使你的课程教案符合《义务教育艺术课程标准(2022年版)》和《校本课程教学单元计划评分标准》中的各项要求。可以根据要求设计一个评分标准表格对照着进行课程教案的编写。

表8-4　校本课程教学计划评分标准

项目	说明与要求	权重
课题	题目明确，能符合学生的认知心理	5%
单元问题	设计一个与教学内容有联系的、能够引发学生深层思维的单元问题，以及解决重难点的"小问题"支架	20%
单元目标	本课程学生能达到的目标	20%
设计思路	分析课题的性质，拓展的教学内容和学生的现状，所使用的教师模式、策略和方法，以及整个教学设想的理论依据	20%
单元计划	体现全过程，设计每课时的子课题、目标或结果、主要内容与活动，3课时以上	25%
单元评价	写出每一课时的评价重点，分配好各课时的权重	5%
参考资料	对本教案有重要指导意义的书籍、文章及其他资料	5%

(三)撰写教学设计

完成了前期课程的整体分析和设计后，还需要写出"教学过程的文案"，也就是上课过程中需要讲的和要做的一些具体的内容，即写出侧重于"教与学"的"动态"的"教学过程"。课程教案通常根据详细程度的不同分为"详案"和"简案"。课程教案中教学过程的撰写尤为重要，体现着整堂课的主要内容。教学过程指师生在共同实现教学任务中的活动状态变化及其实践流程，教与学是相互依存的，是课堂教学的主体部分。在整个教学过程中，根据教学策略的不同，各环节的顺序会有先后变化，侧重点也会不一样。

1.组织教学

组织教学是指教师进入课堂、宣布上课、师生致礼、检查人数、安定秩序等，目的是使学生做好上课的心理准备。

2.前提测评、导入新课

前提测评是一种"诊断性评价"，就是通过提问或尝试性练习，诊断学生已有经验或对旧知识的掌握情况，为学习新课做好准备。对于全新的教学内容可直接导入新课，导入新课是指教师运用各种手段使处于松散状态的学生集中注意力、产生学习兴趣，将学生引向新的教学内容的过程。其形式、手段要新颖多变，语言要简单扼要而突出重点，产生先声夺人的良好开端。

3.认定目标

在适当的时机,将教学目标呈示于学生,让学生明确学习任务和目标,从而使学习更加主动、更具目的性。

4.观察

观察是一种受思维影响的有意、主动和系统的知觉活动。观察是有意识知觉的高级形式。观察主要是让学生用眼睛去感知客观对象,感知美术作品中的美术语言(造型元素和形式原理)。

5.分析引导

分析引导是教师向学生系统地分析新教材,引导学生学习美术知识或技能的活动。其中又可分为三类。

(1)理论分析。

教学要紧扣教材和教学目标,强调本课的基础知识和所需掌握的概念,教师的讲授和分析要言简意赅、生动形象;注意突出重点、讲清难点;要结合板书、板绘、示范以及多种教学媒体,使教学形式多样化;要结合学生的观察、阅读、问答和讨论,提高学生的主动性和参与度,循序渐进地引导学生的思维,提高理解力。

(2)联系实际。

美术教学要与现实生活相联系,点明学习目的、意义和实用价值,提高学生的学习动机。生活是艺术创作的源泉,让学生联系自己的生活来创作,才有情感和意义。

(3)启发引导。

美术作业多包含创造成分,需要解决"构思"(内容)和"制作"(形式)两大问题。教师首先要运用文字、图形、实物或声像资料等,联系学生的生活主题进行艺术的想象和思维,即解决"构思""画/做什么"的问题。要将学生的想法变成作品,还需要教师运用可视化的材料和手段,引导学生借鉴经典的作品形式,解决"怎么画/做"的问题,即启发学生用什么材料、什么工具、什么方法做成什么作品,并做成更好的作品。

6.提问讨论

提问讨论是教师课堂讲授的重要补充,是由教师或学生提出问题,师生共同参与、积极思考、展开讨论、相互启发、获得知识的教学方法。提问讨论既能促进师生双方的信息交流,也能活跃课堂气氛、增加情感交流。

7.方法步骤、具体演示

方法步骤是指在各种美术制作中,工具的性能和使用方法、材料的性质和特点、具体的加工方法和操作步骤。具体演示是指教师配合讲解呈现静态物象进行直观教学,或通过执行一套规范性的程序或动作,引起学生相应的模仿行为的教学方法。

8. 板书

板书就是将讲课的内容直观而有条理地呈现给学生,提高学习效率。包括传统黑板布局示意图和白板课件设计,二者的要求基本相同。

9. 布置作业、辅导练习

美术作业是美术教学目标的具体化,是美术教学的主要任务之一,是反映学生学习质量的客观标志。作业要求是联系教师的"教"与学生的"学"的中介,也是联系教学目标和教学评价的中介,处于教学系统的"枢纽"地位。

10. 教学评价

(1)辅导兼教学评价。

教师在巡视辅导时要全面检查学生的作业情况,遇到普遍性问题马上进行补充讲解,使学生能及时纠正;遇到个别问题则采取因材施教的方法指导。

(2)自我测评。

学生练习过程中,教师可以重申作业要求,并让学生以此检查自己的作业是否符合要求?还存在哪些问题?还需要做哪些改进?引导学生通过自评发现问题、解决问题。

(3)集体测评。

展示已完成的作业,让学生说说自己的想法,或者点评其中的优劣;也可以让全班学生按作业要求讨论、分析这些作业。

11. 课堂小结

课程结束时,教师应归纳本课时所学的内容,总结全班学生在练习中的成败得失,鼓励学生更好地完成作业。

12. 做好附录

制作教学课件。做好提供文字、图片、视频等资料的电子课件。

列出参考资料。写出对教案有帮助、有影响的书籍和文章。

提供学习单和评价表。提供本单元所使用过的学习单和评价表。

收集学生作业。收集优秀的或有问题的学生作业。这是证明自己教学成功与否的重要资料,也是启发学生的最佳教具。

收集课堂照片与实录。教学现场照片和课堂实录能最直观地反映教学的气氛。

写出教学反思。执教之后,要从理论的高度对教学结果及其得失进行分析,提出改进的措施。这是教师自我评价的重要方式。

【校本课程教案范例】

表8-5 "大师画,我也画——毕加索"教案

教案设计			
课题	大师画,我也画——毕加索	课型	造型·表现
教材(版本)3	校本课程	年级	四年级
授课总时数	1课时	课类 优质课	执教教师 李美霖	授课时间 2020年12月
学情分析	本学段的学生经过四年的美术学习,已经具备了一定的分析、探究能力,有初步的鉴别、欣赏素养,在学习中能够注意倾听他人的看法,会自己分工,在合作中能与他人和睦相处。学生对绘画作品有浅显认识,语言表达能力也在逐步提升,但是对大师的作品在认识与理解上仍有较大难度。学生对毕加索的作品在视觉感受上并不觉得美观,心存疑惑,反而能激发学生的学习积极性,形成探究学习的动力。力求通过本单元的教学,帮助学生理解艺术家对独特绘画风格的追求,从而使学生能够接受他们的作品,通过模仿学习大师的画法,追求自己的创作,逐步渗透求新求异的思维。			
教学亮点	问题嵌入式的情境教学,板书设计。			
课时结构	大师画,我也画——毕加索: 走进大师——了解大师成就"四高"画家 学习大师——探秘"大师画"的秘籍 　探秘一:毕加索画的人物脸为什么那么特别?——探究:多角度观察和重新组合 　探秘二:毕加索新的创作思想是什么?——了解:立体主义 　探秘三:毕加索是怎么表现人物情绪的?——探究:生动的表情 　探秘三:毕加索的作品为什么那么鲜活?——探究:绚丽的色彩和丰富的线条 成为大师——大师画,我也画 艺术加油站——艺术链接世界——多维观察是创新的基础,创新是一个人、一个民族、一个国家所必备的精神			
教学主线	教学情境主线	走进大师:【导入"四高"画家】 学习大师:【探秘"大师画"的秘籍】 【探秘一】毕加索画的人物脸为什么那么特别?—【探秘二】毕加索新的创作思想是什么?—【探秘三】毕加索是怎么表现人物情绪的?—【探秘四】毕加索的作品为什么那么鲜活? 成为大师:【大师画,我也画】—【艺术加油站】艺术链接世界		
^	知识结构主线	【探秘"大师画"的秘籍】 【探秘一】探究多角度观察和重新组合的表现方法—【探秘二】了解立体主义:立体的视角和平面的表达—【探秘三】情感的表达:生动的表情—【探秘四】绘画语言:绚丽的色彩和丰富的线条—【创作大师画】运用立体主义的表现方式创作作品—【艺术加油站】知识拓展:创新是一个人、一个民族、一个国家所必备的一种精神。		
^	文化育人主线	培养学生多维视角思考、解决问题的能力,激发学生敢于创新、执着追求的精神。		

续表

教学目标	知识与技能	欣赏毕加索艺术作品,了解立体主义画派的造型语言。
	过程与方法	学生通过自学、互学、展学以及实践,学会鉴赏大师作品,运用将不同角度的形象有机结合的方法进行创作。
	情感态度价值观	通过欣赏和创作活动,培养学生正确的审美观、勇于超越自我的创新精神以及对多元美术文化的理解和认同。
教学重难点	重点	学会鉴赏大师作品,掌握将多角度观察的形象重新组合在一张平面上的创作方法。
	难点	学习如何将不同角度的形象进行重新组合,并能运用丰富的色彩和多样的线条装饰方法创作作品。
教法学法	教法	直观演示法,问题嵌入式的情境教学法,学本式互助合作探究法。
	学法	互助合作探究法(自主、合作、探究)。
教具与学具	教具	范画、PVC板材、磁板、多媒体课件等。
	学具	油画棒、勾线笔、PVC板材、材料袋、导学单等。
教学环节	\multicolumn{2}{l	}{情境铺设:探秘"大师画" 1.【走进大师】新课导入:"四高"艺术家 场景:根据视频的提示猜一猜这位"四高"艺术家是谁? 【设计目的:导入艺术家毕加索,并让学生了解毕加索一生的成就】 2.【学习大师】讲授新知 (1)【探秘一】毕加索画的人物脸为什么那么特别? 场景:通过仔细观察画面内容,小组互学探究毕加索的观察方法。 【设计目的:通过观察毕加索画的朵拉·玛尔,引导学生观察画面内容,说出第一感受,唤醒学生的情感体验,初步感知多角度观察的创作方法】 (2)【探秘二】毕加索新的创作思想是什么? 场景1:毕加索的反传统思想让他开始探索新的绘画表现形式——立体主义。 场景2:游戏——两分钟挑战"大师画"。 【设计目的:从理论到实践,让学生亲身体验到创作的乐趣,激发学生的创作热情,为学生的创作打好基础】 (3)【探秘三】毕加索是怎么表现人物情绪的? 场景:为毕加索创作的其他状态下的朵拉·玛尔命名。 【设计目的:通过为作品取名引导学生观察人物的表情变化,感受绘画艺术中情感的表达】 (4)【探秘四】毕加索的作品为什么那么鲜活? 场景:伴随着音乐欣赏毕加索的作品,仔细观看,对比大师的作品,之前的小练笔缺少了些什么? 【设计目的:培养学生的观察能力与总结归纳能力,明确毕加索艺术作品的装饰方法】}

续表

教学环节	3.【成为大师】艺术实践 场景:大师画,我也画。 【设计目的:通过模仿学习大师的画法,从而追求自己的创作,逐步地渗透求新求异的思维】 4.展示评价 场景:装置艺术作品,集体展学。 【设计目的:让学生做评价的小主人,分享他们的创作思路和新奇想法,同时为别人提出更好的建议。学生们互相评价的过程也是他们共同学习提升的过程】 5.知识拓展 【艺术加油站:艺术链接世界】 场景:欣赏创新改变世界的视频。 【设计目的:多维观察是创新的基础,毕加索的创新精神不仅影响绘画领域还影响着世界。教师呼吁大家学习大师的创新精神,让艺术之花遍地开放】
板书设计 【知识结构】	大师画,我也画——毕加索 立体主义　　　　　　　　表情 多角度观察　"大师画"的秘籍　色彩 重新组合　　　　　　　　线条
教学探究	问题嵌入式的情境教学。

教学过程设计

教学程序	教学环节	教学内容	时间
一	课前热身	课前花絮热身,营造氛围。【视频】 "欣赏无限创造力的视频"	3分钟
二	组织教学	常规师生问好。	1分钟
三		引入,情境铺设。	

续表

教学程序	重点知识探究	情境问题设计	教学情境设计	教学活动设计	学习方式【三学】	教学目标达成	核心素养聚焦	时间
走进大师	了解毕加索的成就。	猜一猜这位"四高"画家是谁?	师:今天,老师邀请了一位神秘人物,大家根据下面这段视频里的提示,猜一猜他是谁? PPT播放:(微视频)"四高"画家【高产画家、高寿画家、高分画家、高价画家】 师:这位"四高"画家是谁呢? 生:毕加索。 师:毕加索是20世纪最具影响力、最有创造力的艺术大师之一。	仔细观看视频,根据提示猜出与之相对应的艺术家。	自学1	了解毕加索一生的成就。	图像识读、文化理解。	2分钟

四　课中深度探究,互学建构

教学程序	重点知识探究	情境问题设计	教学情境设计	教学活动设计	学习方式【三学】	教学目标达成	核心素养聚焦	时间
学习大师(探秘一)	多角度观察和重新组合的创作方法。	毕加索画的人物脸为什么那么特别?	【自学】:毕加索画的朵拉·玛尔与照片中的朵拉·玛尔有什么不同? 生:脸的颜色五颜六色。很扭曲,变形,很夸张,五官乱七八糟的,很奇怪! 师:看来大家见解有不同,画里的特别之处到底是什么?我们来仔细分析。 【小组合作探究】 师:(互学问题)1.画中五官和脸型分别是从哪些角度观察的? 2.朵拉·玛尔的脸上体现了多少个观察的角度? 生展示:略。	观察照片和画中人物不同之处在哪里? 1.画中五官和脸型分别是从哪些角度观察的?	自学2	变形的脸(夸张、变形、多角度的呈现)。	图像识读、审美判断。	8分钟

续表

学习大师（探秘一）	多角度观察和重新组合的创作方法。	毕加索画的人物脸为什么那么特别？	【板书：多角度观察和重新组合】 师：看，熟悉的朵拉·玛尔回来啦。(PPT还原) 师：这样的方法要是用在李老师脸上会有什么变化呢？ 师：一起来看看多角度的李老师。(PPT展示照片＋画) 师：组合大变脸，开始吧！	2.朵拉·玛尔的脸上体现了多少个观察的角度？	互学1	多角度观察和重新组合。	图像识读、审美判断、文化理解。 图像识读、审美判断。	8分钟
学习大师（探秘二）	立体主义：用立体的视角观察，用平面的方式来表达。	毕加索新的创作思想是什么？	师：传统绘画中，朵拉·玛尔是这样的。 师：画家只从一个视角去观察并表现人物形象，然而这种表现方法在照相机发明之后，就受到极大的挑战。 师：毕加索觉得绘画不再是对事物的复制和再现，他要追求一种新的表现方式。 师：经过探索，他在一个平面上对人物不同角度的面貌进行组合，来表达人物最完整的形象。 师：他的思想就是从立体的视角去观察，用平面的方式来表达。这就是他所开创的立体主义画派的主要特点。(贴：立体主义) 【学生活动】两分钟挑战"大师画"。(体验立体主义的创作方法)	探索毕加索的创作思想，以及用多角度观察和重新组合的方法表现画面的原因。	自学3 互学2	立体主义：立体的视角、平面的表达。 体验创作方法。	图像识读、审美判断、美术表现、文化理解。	3分钟

续表

学习大师（探秘三）	通过生动的表情来表现。	毕加索是怎么表现人物情绪的？	师：请看，这是什么样的朵拉·玛尔？仔细观察她的表情，请你为作品命名。（一张一张地呈现） 生：哭泣、思考…… 师：毕加索是这样想的。（PPT公布） 师："二战"中的朵拉·玛尔悲伤哭泣，恋爱中的朵拉·玛尔幸福温馨，争吵中的朵拉·玛尔凶恶悲愤，穿上新衣的朵拉·玛尔兴奋快乐。	为作品命名：这是_____样的朵拉·玛尔。	自学4	生动的表情。	图像识读、审美判断、文化理解。	5分钟
学习大师（探秘四）	绘画语言：绚丽的色彩和丰富的线条。	毕加索的作品为什么这么鲜活？	师：请你们仔细观察他的作品。 对比大师的作品，我们刚才的小练笔中缺少些什么呢？ 学生：色彩。 师：毕加索常用块面化的色彩来装饰他的作品，丰富的色彩让画家的内心感受得以尽情抒发。 提问：除了鲜艳的色彩，还缺少什么呢？ 学生K：线条。 总结：毕加索常用富于变化的线条装饰画面，让画面充满了秩序的美感。 师：所以，毕加索作品鲜活的原因是：色彩、线条。（解密）	欣赏毕加索的作品，与自己的小练笔对比。	自学5	绚丽的色彩和丰富的线条。	图像识读、审美判断、美术表现、文化理解。	5分钟

续表

成为大师（大师画，我也画）	用立体主义的表现形式创作作品。	像大师一样创作。	创作任务:运用材料,继续创作一幅女孩肖像画,并为作品命名。 创作要求:运用大师的秘籍创作作品。 温馨提示:两人合作完成一幅作品,完成后由组长组合摆放至展台。	创作任务:运用材料,继续创作一幅女孩肖像画,并为作品命名。	互学3	艺术实践。	图像识读、审美判断、美术表现、文化理解、创意实践。	15分钟
五	课尾跨界拓展,化育身心							
教学程序	重点知识探究	情境问题设计	教学情境设计	教学活动设计	学习方式【三学】	教学目标达成	核心素养聚焦	时间
艺术链接世界	多维观察是创新的基础。	多角度的观察开启了绘画艺术的新篇章,那么对世界进行多角度的观察会是怎么样呢?	师:有人说毕加索的天赋就像彗星,照亮了整个20世纪,其实他的艺术之光现在仍然照耀着我们。他的这种不断超越自我的创新精神,不仅影响了绘画领域,还影响着世界…… 视频播放:拓展,时代的创新精神。(创新改变世界的微视频) 师:创新是一个人、一个民族、一个国家所必备的一种精神。孩子们,瞄准你们的大师梦,永远以最激情的姿态去创新世界,创造未来!	播放视频。	自学6	创新是一个人、一个民族、一个国家所必备的一种精神。	图像识读、审美判断、文化理解。	2分钟

学习小结

经过一节课的教案设计形成一套完整的单元教案。这也是一种行动研究的过程,即"提出课题—设计—实施—发现问题(或生成新目标)—调整修改(再设计)—再实施"的过程。

通过本节的学习,我们初步了解了教案编写的概念与性质,掌握了单元计划和各课时教案的逻辑关系,学会了设计成套的单元化教案。在实施的过程中反复修改,能形成行动研究的能力。

🎨 练习实践

1. 在校本教材中选择一个课题,按单元化教案的基本格式和要求设计一个3节课以上的单元化研究型教案。

2. 根据本节的知识内容,设计一套完整的单元教案和相匹配的课件。

3. 小组交换教案并展开讨论,检查单元教学目标、单元教学思路的定位、单元问题、单元计划的设计,及其与各课时之间的逻辑关系。

第三节
中小学美术校本课程教学资料的制作

教学资料的制作是教师教学工作的一个重要组成部分。在大数据时代，信息技术快速推动着教育的变革，特别是网络技术的普及，极大地延伸了学校教育中教与学的时空。现在网络上各种形式的资料库层出不穷，虽然能为教师提供丰富的资源，激发教师的想象力和创造力，引领教师自觉地进行教学更新，但是，由于存在不同的校本教材体系和评价机制，加之每一位教师的教学都有一定的个性，使现有的一些资料库很难满足教学的需要。因此，教师建立个人教学资料库就尤为重要，不仅能丰富教学资源，还能充分发挥教师的能动性，促进教学的创新和教研工作的开展。

一、教学资料的收集

（一）教学资料收集的原则

1. 实用

教师所收集的资料要以能应用于课堂教学的教学素材为重点。由于教师的教学行为绝大部分是在教室内完成的，所以，教师如果将教学素材制作成多媒体课件就能帮助自己更好地优化课堂教学，突破教学中的重点及难点，帮助学生理解和掌握知识。

> **思考**
> 1. 请列举你所了解的教学资料有哪些，并概述其形式特点。
> 2. 教学资料在教学过程中起到什么作用？

2. 方便

一是不宜过长。考虑到每节课的时间有限，单个素材演示时间不宜过长，切忌在课堂上用大量时间来展示多媒体课件。因此，素材以选取图片和1—2分钟以内的动画或视频为宜。二是目的性强。素材的选取和制作要能帮助学生理解和掌握知识，切忌盲目。

3.有效

首先,要有涵盖各学科所有知识点的素材,并对这些素材进行有序管理,以便能便捷地查询和调用自己所需要的素材;其次,要随时添加素材,不断充实自己的资料库;最后,要与学校的其他同事通过资源传递、审核、添加素材,实现资源共享。

(二)教学资料收集的内容

1.教案

教案是教师为顺利而有效地开展教学活动,根据教学大纲和教科书的要求,在认真分析学生的实际情况之后,以课时或课题为单位,对教学内容、教学步骤、教学方法等进行具体设计和安排的一种实用性教学文本。教案通常包括教材分析、学情分析、教学目标、教学重点、教学难点、教学方法、教学准备、教学过程及作业设计等内容。

2.课件

课件与课程内容有着直接联系,由教师根据教学大纲的要求,经过教学目标确定、教学内容和任务分析、教学活动结构及界面设计等环节,制作的各种课程软件。课件主要用于辅助教师的课堂教学,其主要形式包括计算机软件、多媒体、文档及其他资源。

3.学件

学件即是用于学习的软件。

4.素材

素材是教师从现实生活中收集到的、未经整理加工的、感性的、分散的原始材料,也包括课本上的文本、图片等一切可以用来为教学服务的材料。

5.论文

论文指用来进行科学研究和描述科研成果的文章,它既是探讨问题进行科学研究的一种手段,又是描述科研成果进行学术交流的一种工具。

6.试题

试题是用于考试的题目。

7.课堂实录

课堂实录是对一节课的师生活动进行真实记录、实时记录所保留下的文本或者视频。课堂实录既有整堂课的,也有片段的。

二、教学课件的制作

(一)多媒体教学课件的内容呈现

对教学课件的制作而言,设计好教学内容是最重要的,课件内容是向学生传授知识、技能,提升学生能力,开启学生心智的关键所在。教学课件中的内容包括与教学相关的文本、图形图片、音视频、动画、表格、图表等。一方面,教学课件中的内容选择一定要严谨、正确,对一个好的教学课件来说,这是一个很重要的标准。现在教学课件中也常引用图形、图片、音频、视频等,它们往往能够向学生传递更丰富的信息,对学生更富有吸引力,有助于学生消化知识,为教学课件增色不少。同样,教师引用它们时一定要注意其准确性、恰当性等,不能只是为了好看、好听而引用它们。另一方面,教学课件的内容一定要简明扼要、重难点突出,避免多、乱、杂,特别是课件中的文字应尽量简要,并采用设置分组、突出重难点的方式。以PPT软件为例,我们可以在演示文稿的幻灯片上通过控件工具栏制作出文本框,然后适当设置其Multi Line属性(用于设置控件是否可以接受多行文本)、ScrollBars属性(用于设置滚动条,以便利用滚动条来显示多行文字内容)。教师要明确一点,教学课件是用来辅助教学的,这里所谓辅助教学就是说教学课件不是演讲稿,不必把上课要讲的所有内容都放在上面,课件内容应当是提纲式的,或是需要记录的内容,上课时多数内容还是需要由教师讲解。当然,教学课件中的内容可以灵活采用多种表达形式如比喻、拟人、反问等,可以合理使用表格、图表等呈现形式,主要目的是增强课件的表现力和说服力,更好地吸引学生的注意力。

(二)多媒体教学课件的制作与应用

1.准备阶段

制作多媒体教学课件前,首先,要确保硬件达到所需的最低配置要求;其次,安装软件工具;最后,制作者要熟悉制作课件的相关理论知识,掌握实用操作技能。

硬件准备:计算机、话筒、摄像头、扫描仪、照相机/摄像机、白板等专用设备,有网络连接。

软件工具:多媒体应用软件大多是应用程序生成器,可以帮助制作者提高开发工作效率。

表8-6 多媒体应用软件的制作编辑工具表

工具类别	文字处理	图像处理	音频	视频	动画
专业级别	Word、WPS、EditPlus	Photoshop、CorelDRAW	Cool Edit、GoldWava	格式工厂、Adobe Premiere、嗨格式录	Maya、Flash、3DS MAX
非专业级别	记事本、写字板	图画板、美图秀秀	Sound Forge、Windows录音机	屏大师、IEMaker、ScreenVCR	美图Gif、QuickFlash
输出格式	txt、docx等	JPG、PNG、TIFF等	WAV、MIDI、WMA、MP3等	RMVB、MP4、FLV、AVI、DAT、EXE、Flash、WMV等	

2. 设计阶段

设计阶段需注意以下制作原则。

(1)教育性原则。

具备完整教学环节,重点突出,难点详尽。

(2)科学性原则。

层次清晰,逻辑严谨,内容客观真实,素材规范。

(3)艺术性原则。

风格统一,适应学科内容,色彩明朗,符合学生喜好,元素精细,版面协调,布局合理。

(4)技术性原则。

界面清晰可辨,动画设置合理,播放流畅,操作方便,所占存储容量小,与其他软件兼容性强。

3. 制作阶段

设计需精心构思,制作中需细致处理。制作PPT一般包括以下四个环节。

(1)策划撰写脚本。

遵循人类学习规律,根据规定的演示时间和适宜的播放速度确定内容详略和篇幅张数。

(2)收集制作素材。

迪克等在《系统化教学设计》中特别强调媒体的选用一定要在整个教学系统的设计背景下进行。因此,素材须符合教学内容,并能刺激学习者,必要时制作原创素材。

(3)制作课件。

一套完整的多媒体教学课件一般包含以下八个部分:PPT封面(片头动画)、前言、目录、过渡页、图表页、图片页、文字页、封底(片尾动画)等。制作时先完成PPT母版(包括PPT封面、前言、目录、内容页、封底的模板),再按照教学环节采取不同的表现手法将学习内容和素材填充到相应内容页。

(4)保存、导出课件。

可将制作完成的PPT保存为pptx可编辑格式、ppsx自动放映格式,potx模板格式,或便于在网络传播、利于维护原创者知识产权的pdf格式、图片格式等。

4. 应用阶段

(1)播放。

正式播放之前,应检查整个画面是否流畅,链接是否嵌入,特效、动画是否正常,播放时的软件版本是否兼容,是否安装了特殊字体等细节。

(2)讲授与演说。

讲授与演说不仅需要口才与技巧,更需要与PPT的完美配合。正式演说前要反复演练,

PPT提供排练计时功能,计时分为每页停留时间、整个PPT播放时间,时间可以保存;另外,利用双屏显示功能可以设置PPT双屏显示,双屏显示需外接一个监视器(常用一台Laptop),演讲者也可以准备一支便于翻页和指向的多媒体遥控电子笔。

(三)多媒体教学课件的制作技巧

艺术和科技永远不分家,两者结合使计算机艺术设计成为传统设计的延伸和升华,巧妙的艺术处理能为PPT作品锦上添花。

多媒体的"多"体现于多种元素形式,选取元素时应考虑其作用、特点,充分构思,适当重组,为不同内容配备不同的媒体形式。

1.文本

屏幕上的文本信息可以反复阅读,要有助于理解,但不宜过多,除了标题、结论、口号性文字外,一般每页10行文字以内为宜。较大信息量容易引起视觉疲劳,使学习者产生厌倦情绪。正如"PowerPoint"这个单词向我们传达的意思一样,展示在PPT上的文字不是简单的重复和堆积,须凝练达到"重点突出"。实在不能舍弃的大篇幅文字,可以设置动画。文字具有字体、字号、字距、行距、跳跃率等特有属性和艺术字效果。字体默认使用宋体,与历史相关可以用魏碑体,为显庄重宜用黑体,目前流行的是微软雅黑;标题字号一般比正文大两号,32号字为宜,正文一般采用24号;1.5倍的行距使文字达到较好的辨识度,若个别字出现掉页可设置行距固定值;文字跳跃率作为判断界面视觉效果的一个有效衡量尺度,是指界面中标题与正文字体大小的比率;文字也可以成为具有艺术效果的图形,Office组件提供了艺术工具Microsoft Word Art以及艺术字效果的多种预设样式,Cool 3D、Photoshop等可以将文字打散、重组,设计立体或具有动画效果的特殊文字。

2.图片

图片提供直观的形象,易于理解,分为图形(Graphic)和图像(Image)。图形(矢量图)是从点、线、面到三维空间的黑白或彩色几何图,可看作由数学公式构成,不会失真;图像(位图)一般是指静态图像,由若干像素(Pixel)构成,易失真。多媒体课件中常用的是所占存储空间小的位图。

3.图表

制作图表的第一步也是最重要的一步,就是要根据数据类型选择与之相适应的图表类型。图表是数据分析人员的挚爱,冗长的文本在图表面前黯然失色。PPT自带强大的图表功能,提供柱状、折线、饼图等多种类型,SmartArt模块满足初学者的制作要求。

4.动画

平铺直叙的表达令人味同嚼蜡，静态画面的重复使人困顿，流畅合理的动画既能巧妙地利用动作衔接梳理内容的逻辑顺序，点明主次，又能够增强画面动感，加深画面表现力，消除久坐课堂的疲乏。但过多的动画则会分散学生注意力，适得其反。

5.音频

适度添加真实自然的声音能吸引学习者，保持学习者的注意力，补充屏幕上显示的视觉信息。多媒体教学课件中的声音包括解说、音乐、音效。解说的作用在于解释和补充信息；音乐常用于诗歌朗诵或音乐教学；音效的主要目的在于吸引学生注意力，常用来强调结论或教学重点难点。

6.视频

一般教学中的PPT视频多数是为了避免教室的硬件条件无法或不便提供快速联网等情况下，提前准备录制好的演示操作。为自己录制的视频配音要注意语调抑扬顿挫、节奏舒缓有度。

三、美术资料的整理

(一)分类整理

为了便于利用和管理美术资料，最好的办法就是在整理阶段分门别类地建立各级目录。这是利用电脑收集和整理资料的一个好习惯，教师可根据自己的教学需要来建立，这样做的最大好处就是便于资源的管理和利用。

(二)电子资料的保存

教师在自己的电脑上建立美术资料文件夹，接下来，最重要的工作就是不断地充实自己的资料了。这是一个日积月累的过程，但很简单，就是把自己得到或找到的资料保存到相应的文件夹里，集腋成裘。

1.文本素材要求

存储格式一般为Word、WPS等。也可把教学中要用到的一些文字背景资料输入电脑，保存成HTML格式。

2.图形、图像要求

彩色图像的色彩不少于256色，扫描分辨率不低于72dpi。图片应转换成JPG或PNG格式，使文件变小，以易于存储和传送。

3.音频素材要求

数字化音频的采集频率不得低于11kHz,存储格式为WAV、MP3、MIDI或流式音频格式,数字化音频以WAV格式为主,用于欣赏的音乐为MP3,MIDI设备录制的音乐使用MIDI格式,语音采用标准的普通话配音。

4.视频素材要求

主要格式有AVI格式、QuickTime格式、MPEG格式。在网上实时传输供实时教学使用的视频类素材使用流式媒体格式(RM、WM、ASF)。

5.动画素材要求

存储格式一般为GIF格式和Flash格式、AVI动画格式。

6.课件要求

课件是对一个或几个知识点实施相对完整教学的软件。单机上运行的课件,必须能够运行于Windows 9x以上的版本,课件运行没有故障。

7.案例

统一制作成电子案例,如HTML网页或者PDF版本。

8.文献资料要求

应符合文本素材最低的技术要求。

9.常见问题解答要求

问题解答中的有关媒体素材,符合媒体素材库的要求。问题要具有典型性、普遍性和实际参考价值,包括问题的正文、问题的解答、参考资料和关键词等内容。

(三)图片、视频及音频的采集与编辑

1.图片的采集与编辑

图片是多媒体课件的主要内容,教师可通过以下途径进行图片的采集与编辑。

(1)利用扫描仪获取图片资源。

通常来说,多媒体课件中的图片素材涉及面较广,教师可利用扫描仪对所需的教材图片进行扫描处理,再将图片整合到多媒体课件中。

(2)利用数码相机获取图片资源。

一般来说,如果教师所讲解的课程内容与日常生活存在紧密联系,便需要使用相应的生活图片,引导学生深化对知识内容的解读。同时,联系实际生活,创设情境,有助于学生理解

知识。例如,校园周围环境、学生家乡环境、班级学生活动情境等。教师可以使用数码相机拍摄生活照片,以此作为教学素材,并将素材内容整合到多媒体课件中,培养学生的学科兴趣。

(3)通过电脑截屏获取图片资源。

教师在为学生解析信息技术、传授基础理论知识时,所应用的教学课件往往包含大量的电脑截图。在获取截图时,教师可采取以下方法:第一,使用计算机自带的截图按键"Print Screen"+"Scroll Lock",截图完毕后,将其粘贴到画图板上,并保存;第二,教师可以登录QQ等第三方社交软件,按照"Ctrl+Alt+A"的方式截图,此种截图方式较为灵活,可以调整截图规格。

2.视频的采集与编辑

(1)运用专业软件截取VCD片段。

教师在截取VCD片段时,可以合理利用超级解霸软件。这种软件具有功能完备、操作灵便等优势特征,可以满足教学课件制作的基本需求。教师在截图后,可以直接按照MPEG格式完成存储,并插入多媒体课件使用。

(2)使用摄像机录制视频。

相较而言,使用摄像机录制学生活动片段,往往更具亲和力与说服力。教师在制作多媒体课件时,可以采用录制视频的方式呈现多媒体课件的内容。这种依靠实例开展教学的模式,可以加深学生对课程的印象,进而提高教学效率,增强教学效果。

3.音频的采集与编辑

(1)使用计算机录音系统。

给课文配音、制作配音小故事是课件制作的重点内容之一。教师可以利用计算机自带的录音机软件完成录制。另外,计算机系统还支持两段以上的音频文件的对接,可以为配音设置背景音乐,降低杂音分贝,保证录制效果。

(2)使用专业处理软件。

在课件制作过程中,还可以直接使用Sound Forge或Cool Edit等专业软件进行音频的采集与编辑,然后将编辑好的音频插入课件中,操作便捷。

学习小结

通过本节的学习,我们初步了解了教学资料的概念与性质,认识了教学资料库的建设,掌握了教学资料库运用的方法。教师制作个人的教学资料库,不仅能丰富教学资源,还能充分发挥教师的能动性,促进教学的创新和教研工作的开展。

练习实践

1. 谈一谈你收集教学资料的方法。

2. 结合已掌握的知识,设计一份自己的教学资料库目录。

3. 挑选你最熟悉的一种学习软件,谈谈它给你的教学实践带来的好处和不足。

第四节
中小学美术校本课程教材的编写

校本教材的编写是学校课程建设的重要内容,对于专业特色、学科特色乃至学校特色的创建具有基础性的意义。校本教材具有很强的时效性和变化性,这就使得校本教材的编写不可能一蹴而就、一劳永逸,它是一个长期性的过程,与时俱进应该成为校本教材的基本特点。在校本教材编写时还应注意以下三个要点:一要结合本校实际以特色展示为窗口,以实践活动为载体,以学生为本,以创新发展为目的;二要在理论中探讨,在特色中展示,在实践中构建,在生成中提升;三要整合人文资源,正确处理校本课程、综合实践活动和学科教材之间的关系,反思、调整、改善相互关系,从而更好地发挥各自的作用。同时,在教材编写构建时要注意吸收一些有丰富教学经验和心得的专家学者参与进来,以提高教材的实用性、吸引力和质量,并且在内容编排上要从有利于学生发展和成长的角度来甄选教材内容,一切从激发学生的美术兴趣出发,一切从有利于素质教育的理念出发,一切从提升学生的美术人文素养出发,充分发挥自己的主体性和创造性,以社会主义核心价值体系为导向,以弘扬优秀的中华文化为宗旨,来开发校本美术课程、编写校本美术教材。

一、校本教材编写的原则

教材是课程内容的重要载体。校本教材的编写,要充分体现艺术课程标准的基本理念和各项要求,使之成为教师创造性地开展教学和学生进行主动学习最基本的教学资源。

《普通高中美术课程标准(2017年版2020年修订)》提出了美术教材编写的原则:

(1)教材编写要体现国家意志,体现社会主义核心价值观,以艺术学科核心素养为指导;

(2)教材编写要弘扬中华优秀传统文化、革命文化和社会主义先进文化,吸收各国文化艺术成果,体现民族文化自觉和国际视野;

> **思考**
> 1.校本教材的编写如何突出地方特色?
> 2.校本教材的编写内容如何选择?

（3）教材编写要充分运用"互联网+"和科学技术发展的成果开拓艺术学习的空间，增强艺术感染力；

（4）教材编写要联系学生的实际生活，注重情境性和实践活动，要有特色，鼓励独创性、多样性，引导学生终生热爱艺术。

这一原则对于中小学美术教材编写同样适用，在进行校本教材编写时，也应该按照以上的原则进行，强调时代精神，坚持育人导向。要加强爱国主义、集体主义、社会主义教育，培养德智体美劳全面发展的社会主义建设者和接班人。要有机融入社会主义先进文化、革命文化、中华优秀传统文化，以及国家安全教育、法治教育、中华民族共同体意识教育和环境教育等内容，并努力使之整体化、系列化、长效化。同时，不应该一味地强调知识与技能的系统性，而应该致力于为学生设计具有美术学习特点的学习过程和方法，让学生在艺术学习中学会艺术的学习。要遵循学生身心发展的规律，防止成人化倾向。另外，美术校本教材的结构、版式应有现代意识，有设计感，突出美术学科特点，在视觉上要能够吸引学生。纸张、色彩、版式在条件允许的范围内，应尽量体现审美化倾向。

二、校本教材编写的方法

（一）精选内容素材

依据艺术课程标准中的"内容要求"选择内容素材。教学内容要源于学生生活，真实、亲切，内容素材要体现中华民族共同体意识和国际视野，注意借鉴和吸取人类优秀艺术成果凸显艺术教材的文化性质。突出思想性、经典性、时代性、民族性和实践性，有效满足学习任务要求，落实核心素养培育。注重发掘学生身边的生活和艺术现象，使学生在学习过程中有代入感和参与感，激发学生的学习兴趣和探究欲望。内容素材的形式要多样，包括文字、图片、音乐、视频、案例、故事等，为学习情境的创设提供丰富的素材，使学生在知识建构的过程中和对知识意义的体悟中逐步发展核心素养。

（二）优化组织结构

以灵活多样的方式构建艺术教材的框架和内容，突出主题化、生活化、情境化、项目式、任务驱动等新的学习理念和方式。提倡以单元的形式组织学习内容。单元的大小应根据不同的任务、学生的年龄特征确定，从整体到细节，处理好学科逻辑与生活逻辑的关系，并形成有特色的组织结构。要精心组织和设计学习任务，体现学科综合的理念，使学生在任务驱动下，有效提高综合探索和学习迁移的能力，帮助学生在情境中以问题为导向展开学习，实现从学科本位、知识本位到素养本位的转型。

(三)彰显艺术特色

艺术教材内容的编排和呈现形式应适合核心素养的培育,突出活动性和实践性。要合理配置各种图文要素,精心设计版式。整体装帧与排版,要体现色彩、构图、影像等的视觉美感,充分考虑艺术学科特色,在各类艺术图片、乐谱、戏剧表演、影像视频、文字表达等方面均应体现较强的艺术趣味和健康的审美要求。图片要具有经典性和多样性,画质清晰,图注准确,图文配合得当。开本规格应统一,纸质、纸张颜色、字体和字号的选择应有益于学生身心健康。应精心设置有利于引导学生自主、合作、探究学习的助读系统(如前言、导读、学习单、作业、学习活动、小结、思考题或评价表等)和技术性的助读系统(如术语、名词解释、步骤图、比较图、关系图、历史年表、地理区位图、标识、符号,以及知识拓展和资源库等)。栏目尽量用生动的词语表达,以凸显艺术学科的特点。艺术教材的封面要美观、大方、新颖、别致,体现艺术性,符合学生年龄特点,具有显著的可识别性。

(四)丰富教材形态

在编写传统纸质艺术教材的同时,要与时俱进,适应数字时代的要求,构建具有视、音、图、文等要素的数字教材,体现直观性、交互性、趣味性。通过构建纸、电联动的新型艺术教材,多角度、多维度地呈现艺术教材的内容,提高学生的学习积极性和学习效率。在媒介融合的基础上,运用远程通信技术加强师生和外界的人际交流与互动,借助学习共同体的智慧与力量,帮助学生合作完成学习任务。要充分利用现代信息技术,建设丰富的、不断更新的课程资源库,利用"互联网+"的思维和数字化思维探索艺术教材的新形态。

(五)操作可行易行

校本教材务必有很强的可操作性,可行易行。设置校本课程、选择教材内容,务必确保其学习评价的可操作性,编写教材,要十分注重实施方式行之有效。这样的教材才能使教师易教、学生好学,把教师的积极性和学生的兴趣融合成教学的动力。

三、校本教材编写的过程

美术校本教材主体内容由图片和文字呈现,具体来看,编写过程包括以下步骤:

(1)教材题目设计。教材题目不仅要体现一本书的内容,还要能反映教材的特色。如"百变泥陶""簸箕呓语""疯狂的石头"等。

(2)内容选择。依据艺术课程标准的课程内容要求进行选择,教材应精选与艺术学科核心素养"审美感知、艺术表现、创意实践、文化理解"密切关联的内容,容量和难度要适中。同时要体现不同艺术门类之间相通的艺术原理和形式法则,体现艺术学科与其他学科的关联。

(3)内容框架设计。框架的设计首先要体现由简到难的顺序,其次要符合思维培养的要求。

表8-7 "百变泥陶"课程体系

阶段	9	10	11	12	13	14	15	16
核心素养	审美感知 艺术表现 创意实践 文化理解	审美感知 艺术表现 创意实践 文化理解	审美感知 艺术表现 创意实践 文化理解	审美感知 艺术表现 创意实践 文化理解	审美感知 艺术表现 创意实践 文化理解	审美感知 艺术表现 创意实践 文化理解	审美感知 艺术表现 创意实践 文化理解	审美感知 艺术表现 创意实践 文化理解
泥陶知识	泥条盘筑、造型	泥条盘筑、组合	泥条盘筑、编织	泥条盘筑、重叠	泥板粘贴、丙烯	泥板拓印、上釉	综合泥塑、泥浆画	泥片综合、上釉
课题	别致的花瓶	美丽的城堡	有趣的大嘴怪	探秘星月夜	走近徽州房屋	美丽的春天	可爱的卡通人物	再见毕加索
单元主题	古灵精怪活用泥条				奇思妙想创意泥塑			
百变泥陶	课程类型:"造型·表现""综合·探索"。 课程目标: 1.通过泥塑四类艺术实践活动探索并掌握泥塑基本技法和造型方法。 2.通过做中学、创中学,用不同的泥塑表现形式展开主题创作,多维度培养学生核心素养。 3.在泥塑学习中领会中华民族艺术精髓,增强民族自信心与自豪感,了解世界文化的多元性,开阔艺术视野。							

(4)课时知识结构设计。知识性的章节即以知识讲解为主的章节,旨在达到培养艺术思维的目标,使学生逐步掌握相关知识。如:看一看、搭一搭、画一画、编一编、说一说,任务小贴士、知识百宝箱、创艺导航图、巧手演练场、佳作我来评、艺术加油站等。

(5)课题。具有标志性且生动活泼,具有吸引力。

(6)作品范例。古今中外有代表性的经典艺术作品,艺术家的典型而精美的作品,有示范性;学生作品贴近实际生活并具有较高水平,为学生所喜爱(最好有本校师生的作品入编)。

(7)教学辅助图。步骤清晰,显示主要环节,具有示范性和可操作性。

(8)学习活动图。体现对学生的启发并具有感染力(可选择学生熟悉的背景图形)。

(9)内容文字。准确、简明、生动,针对不同年段的学生,可以适当地注音。文字内容能引发学生阅读兴趣,有利于教师发挥。

(10)作业方式。不拘于形式,具有开放性,难度分层设计,具有选择性,大多数学生能够较好地完成。

(11)评价要求。师生互评,抓住重难点,讲求实际,注重过程,兼顾结果。

(12)知识拓展。发散思维,拓宽眼界,丰富生活体验。

美术校本课程由于课时及条件的限制,教材的编制既可以按照单册编写,也可以按照学段编写,还可以分专题编写。同时,教学设计既可以按照单课时编写,又可以采用单元式编写。此外,美术教师还应该积极学习现代教学技术,设计制作电子版、网络版微课形式的美术校本教材,以利于学术交流与学生远程学习。

【校本教材参考案例】

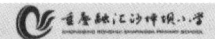

《百变泥陶》单元课程设置

单元	核心素养	技法	课时	课题	学习目标	图片
第三单元 古灵精怪 活用泥条	审美感知 艺术表现 创意实践 文化理解	泥条盘筑、造型（搓、盘、揉、粘、贴）	9	别致的花瓶	1.了解花瓶的种类及形态特征,知道其基本结构。2.学习泥条盘筑的基本技能技巧,能泥塑出别致的花瓶。3.体验泥塑学习的乐趣,用艺术美装点生活,培养勇于创新的精神。	
		泥条盘筑、组合（搓、盘、揉、粘、贴、切、挖）	10	美丽的城堡	1.了解不同风格城堡的造型特征及功能。2.学会用泥条盘筑的方法组合泥塑一座漂亮的城堡。3.在学习中感受中外建筑艺术的魅力。	
		泥条盘筑、编织（搓、盘、揉、粘、贴、切、挖、压）	11	有趣的大嘴怪	1.在交流中感知大嘴怪的造型特征。2.能用夸张、变形、概括等手法综合泥条盘筑编织技法制作有趣的大嘴怪泥塑作品。3.在艺术实践中培养大胆想象、敢于创新的精神。	
		泥条盘筑、重叠（搓、盘、揉、粘、卷、捏）	12	探秘星月夜	1.欣赏大师作品《星月夜》,了解大师的创作手法,感受其线条美。2.根据作品线条特征,运用泥条盘筑等技法泥塑星月夜立体作品。3.在艺术实践中充分表达自己的想法,运用制作出的作品装点我们的生活。	

1 别致的花瓶

任务小贴士

1.认识造型各异的花瓶,了解不同花瓶的特征。
2.画出花瓶草图,并用泥条盘筑的方法制作一个别致的花瓶。
3.向他人介绍你的花瓶和制作过程。

知识百宝箱

早在石器时代和陶器时代,出土的器具中就发现了类似"花瓶"的物品的雏形,多是用来盛水和物的实用器具。花瓶可以由多种材料制成,例如陶瓷、玻璃、青铜等,甚至木材也被用来制作花瓶。花瓶作为摆件具有装饰的作用,寓意平安吉祥等,也常用于盛放、培育花枝,美化环境。看,我们收集了不同形态的陶瓷花瓶,一起来欣赏吧!

思考:1.这些花瓶有什么共同的特征?
2.这些花瓶的造型分别有什么特点?
3.你想做一个什么样的花瓶?用哪些方法能让它与众不同?试着画个草图。

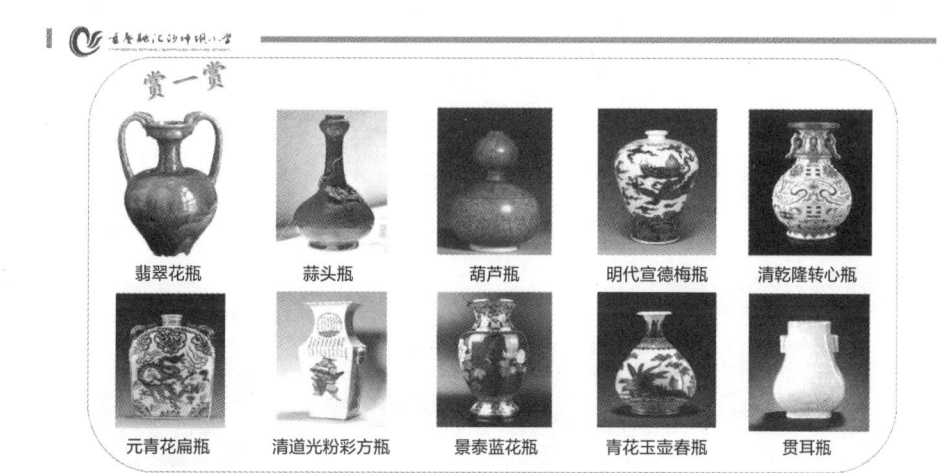

赏一赏

翡翠花瓶	蒜头瓶	葫芦瓶	明代宣德梅瓶	清乾隆转心瓶
元青花扁瓶	清道光粉彩方瓶	景泰蓝花瓶	青花玉壶春瓶	贯耳瓶

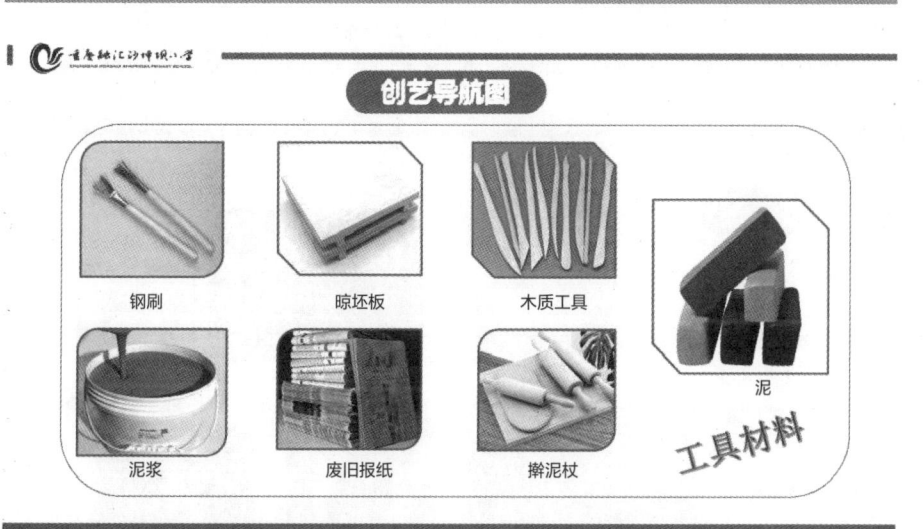

创艺导航图

工具材料

- 钢刷
- 晾坯板
- 木质工具
- 泥
- 泥浆
- 废旧报纸
- 擀泥杖

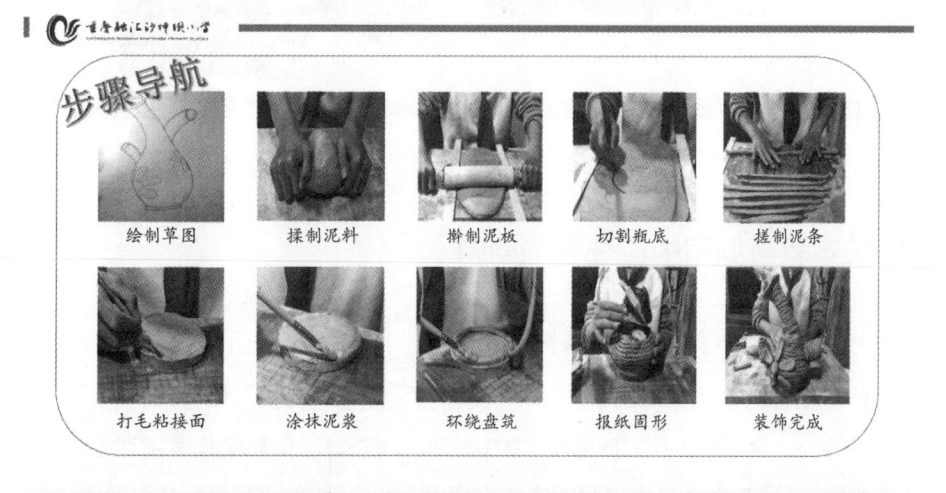

步骤导航

- 绘制草图
- 揉制泥料
- 擀制泥板
- 切割瓶底
- 搓制泥条
- 打毛粘接面
- 涂抹泥浆
- 环绕盘筑
- 报纸固形
- 装饰完成

189

巧手演练场

用泥条盘筑的方法组合制作一个新颖别致的花瓶。

温馨提示：1.大胆想象，运用夸张、变形等艺术语言塑造花瓶形态。
2.运用线条、形状、肌理等造型元素装饰花瓶。
3.运用搓、揉、切、粘等泥塑技法精心制作花瓶。

佳作我来评

互评：你认为哪个花瓶最新颖别致？为什么？

猫头鹰花瓶　　漩涡纹花瓶　　可爱多用花瓶　　篮状花瓶

自评：我学会了泥条盘筑花瓶。☆☆☆
我能运用夸张、变形、粘贴装饰等方法泥塑新颖别致的花瓶。☆☆☆

艺术加油站

随着人们审美意识的增强，涌现出丰富多样的花瓶风格，真是创意无限！除了泥条盘筑，我们还可以用哪些泥塑的方法制作花瓶呢？

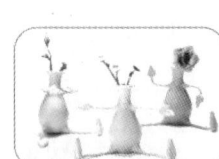

(融汇沙坪坝小学《百变泥陶》校本教材节选，编写美术教师：刘丛梅、傅小芯)

四、校本教材编写中应注意的问题

(一)美术校本教材与国家教材的互补性

美术校本教材应该注重对国家教材中所缺乏的学生兴趣类、学校特色类、乡土类学习题材做完善和补充。同时，也不能只用校本教材而放弃国家教材，如果把美术课上成了单一的剪纸或者绘画课，那就失去美术课程的丰富内涵了。

(二)内容与形式的完美统一

第一,注意教材的体例、版式均应以能够清晰地表达内容为起码要求,不要过于花哨,一味追求电脑制作效果,影响对教材内容的了解。

第二,注意图文格式的统一和相互配合。教材的字体应该统一,标题与内容文字的位置安放也要尽可能前后一致,这样可以一目了然,有利于学生学习。

第三,美术教材一定要有高雅的审美情趣。培养学生审美的眼光,美术教材要起着潜移默化的作用,因此,美术校本教材的装帧设计要特别讲究。

学习小结

通过本节的学习,我们初步了解了校本教材编写的原则,学习了校本教材编写的方法与路径,能够更深刻地理解校本教材的意义与作用。校本教材的编写是一个实践、反思、修改、提高、完善的过程,也是生成成果的过程,更是教师综合能力提升的过程,是由经验型教师向研究型教师转变的关键。

练习实践

1. 谈一谈你对地方特色的教学内容挖掘的看法。
2. 结合已掌握的知识,设计一册校本教材。
3. 说一说校本教材的设计与编写还需要注意哪些问题?

第九章

中小学美术校本课程教学组织实施与案例分析

学习目标

- 了解中小学美术校本课程的教学组织与实施的基本概念、特点及分类,以及中小学美术校本课程典型性教学实践案例的基本特点。
- 理解中小学美术校本课程教学组织与实施的基本原理、中小学典型性美术校本课程教学案例实施的思路。
- 掌握中小学美术校本课程教学组织与实施的基本方法、中小学典型性美术校本课程教学案例实施中所采用的有效策略和方法。
- 通过参与案例分析,学习如何借鉴优秀校本课程教学实践案例中的策略与方法,并能够将本章所学内容应用于实际教学之中,有效提升中小学美术校本课程的实践能力。

🔗 知识导图

中小学美术校本课程教学组织实施与案例分析
- 第一节 中小学美术校本课程的教学组织
  - 教学组织形式
  - 教学组织策略
- 第二节 中小学美术校本课程的实施
  - 课堂教学类型
  - 课外活动教学类型
  - 参观考察教学类型
- 第三节 中小学美术校本课程教学实践案例分析
  - "欣赏·评述"艺术实践领域课程实践案例
  - "设计·应用"艺术实践领域课程实践案例
  - "造型·表现"艺术实践领域课程实践案例
  - "综合·探索"艺术实践领域课程实践案例

第一节
中小学美术校本课程的教学组织

在教学实施过程中合理地进行美术校本课程教学组织，可以保证课程的有效实施。教学组织是一切教学活动的基础，对提高教师的教学能力、学生的学习效果，以及完善校本课程的开发都具有重要的作用。在美术校本课程教学实施中需要对教学的组织形式和组织策略进行系统分析策划。

> **思考**
> 1. 请列举你所了解的教学组织形式的方式和策略，并概述其特点。
> 2. 请阐述你所理解的中小学美术校本课程的教学组织形式。

一、教学组织形式

教学组织形式是指由教师和学生在一定的时间和空间环境之中进行的教学活动，是为了实现一定的教学目标，围绕一定的教育内容或学习经验，在一定的时空环境中借助一些媒介，师生相互作用的方式、结构与程序。

（一）基本形式

教学组织的基本形式按群体结构划分为：班级教学组织形式、分组教学组织形式、个别教学组织形式。

1. 班级教学组织形式

班级教学组织形式是将一定数量的学生按照年龄与知识程度编成固定的班级，根据周课表和作息时间表，安排教师有计划地向全班学生集体上课，这也是目前我国中小学采用的主要形式。班级教学组织形式在学校课程教学中是应用最为广泛的课程教学组织形式，在美术校本课程教学中也经常使用，主要适合于实施通识知识、基础知识和必修知识的课程教学。如：课堂集中讲授、实践、讨论的课程，校外集中考察的课程等。在班级教学组织形式中，教师具有统一的信息导向，对学生进行统一的掌控，使班级学生能够形成知识、资源的共享，能够形成班级范围内的学生互动环境。如：教师对班级学生进行统一的集体授课，学生共享美术知识、美术资料，共同参与集体讨论、艺术实践等活动。

2.分组教学组织形式

分组教学组织形式也被称为分层教学组织形式,指按照能力或学习成绩,把学生分为水平不同的小组实施教学,分组教学组织形式也属于集体教学中的一种教学形式。分组教学组织形式非常适合美术校本课程的教学,因为美术课程需要进行大量的实践教学,包括课堂知识点讨论、课堂美术技法实践、课外艺术实践等,都需要通过分组教学组织形式实施。

3.个别教学组织形式

个别教学组织形式是一种传统的施教组织形式,类似于师傅带徒弟形式的教学,现代课程教学也会有针对性地采用教师分别对学生进行教学的组织形式。在美术校本课程教学中,尤其是技法教学在个别教学组织形式中应用非常广泛。

在美术校本课程教学中,这三种形式都比较常用,尤其是分组教学组织形式和个别教学组织形式,相对于其他学科应用得更加频繁。

(二)影响中小学美术校本课程教学组织形式的主要因素

一是美术学科特点。美术课程是对视觉形式语言认知规律的学习和掌握,在没有进行系统训练的前提下,学生个体视觉认知会呈现较大差异,在教学中会因为这种差异形成对知识认知和理解的差异,这就需要教师根据这种差异进行有针对性的教学。通常根据学生相似类型采用分组教学组织形式或者根据学生个体的认知能力采用个别教学组织形式。

二是学生特点。美术是视觉艺术,由于每一个学生对视觉认知存在不同程度的差异,因而对美术形式语言的理解也存在较大的差异。这种差异不仅体现在生理结构方面,也体现在心理层面和社会认知方面。由于这种差异的存在,美术校本课程教学中就需要注重每一位学生的个体差异,因材施教。

(三)按照教学形式划分的课程教学组织形式

课程教学组织形式按照教学形式划分可以分为开放教学、协作教学、现场教学、复式教学四种形式。

1.开放教学

开放教学也被称为"开放课堂",是打破学校内学生群体界限,以不分班级的形式实施教学。开放教学是中小学美术校本课程教学中常使用的一种组织形式,适合在课外或校外进行实践类、考察类、实做类、合作类、研讨类等类型的教学。如:去博物馆参观、考察、鉴赏,在古镇进行美术技法写生,在工作室内进行手工制作,在开放环境进行主题讨论等。

2.协作教学

协作教学也被称为"小队教学"或"协同教学",由若干教师组成教学小队,共同研拟教学计划,并根据各人所长分工合作,将学生安排于最适当的教学环境中,共同完成一项(或一班)教学任务的组织形式。依据教学活动性质分别采用合班教学、分班教学、小组研习、分组指导等方式。

3.现场教学

现场教学是指组织学生到教学现场(主要指课外教学现场)或社会生活现场,实施现场教学,传授相关知识和技能或接受思想品德教育的教学形式。现场教学的教学时间、教学形式相对于课堂教学更加灵活,依照教学目标、任务、教材性质、学生实际情况和现场具体条件等而定。

4.复式教学

复式教学是打破原有的学生组织结构,进行交叉或者混合教学的形式。在中小学教学中,常把两个或两个以上年级的学生编成一班,由同一位教师用不同的教材,在同一节课里对不同年级的学生进行教学。

以上四种教学组织形式是中小学美术校本课程教学实施中常用的组织形式。需要根据课程教学要求和学生培养目标,以及教学环境条件等方面的因素,在教学设计中进行综合考虑。

(四)教学组织形式的选择

现今的教学组织形式大多受到空间、形式、应用方式等方面的限制。在设计美术校本课程的时候,对于教学组织形式的选择应从多方面考量,比如以下三个方面。

1.多元化

中小学美术校本课程教学组织形式的选择和确定,没有统一的标准,也没有优劣之分,需要根据课程的实际需要选择适合的组织形式。

美术校本课程教学中需要注重组织形式多元化。多元化是美术校本课程教学的一个突出特点。由于美术学科的特性,美术教学的许多知识点是教师通过视觉形式语言展示传达给学生,用文字语言进行讲授和梳理,学生将文字语言表达的信息内涵,转换成视觉语言进行认识、分析、理解。传达过程中,需要进行不同语言的转换。学生受各方面因素影响,信息的传达会出现不同程度的偏移,这种偏移会导致对知识点理解的差异。为了让学生更好地理解和感悟知识内涵以及把握知识要点,美术校本课程需要通过多种形式,从不同角度设计教学组织形式、对学生进行启发和引导,最大限度让学生能够正确领悟课程知识,达到教学目标。

如将班级教学与小组教学相结合实施教学,从合班授课调整为分组教学。也可以在一个单元课程中,根据课程教学需要,应用不同的组织形式,如第一节课进行班级教学,讲授基础知识和基本概念,第二节课采用不同教学形式将分层教学与个体教学相结合,加强学生的针对性指导。美术校本课程各有不同,需要选择适合的教学组织形式来实施教学。

2. 个别化

个别化教学就是在教学中有针对性地根据学生差异化和个性特点实施教学的方式。美国于1993年出版的《个别化教学》一书中对个别化教学作了详细的定义,即指在教师的指导下,使每门学科的学习过程,按照学生各自的速度来组织。教学是不分年级的,以使每个孩子在学习每门学科时,根据其能力许可的程度前进。个别化教学的重点在于学生的"差异化和个性",由于美术学科的教学特点,在美术校本课程教学中学生对这种教学的需求尤为突出,需要在设计课程教学组织形式时特别关注。

在个别化教学组织形式中,要努力实现在集体教学的前提下对学生个体差异和个性特质的尊重与发挥,从而促进每一位学生的健康成长。因而在教学上是否以学生的个性差异为依据,是否适合不同学生的特性和擅长项等都值得关注。在设计美术校本课程教学组织形式时,要依据学校自身特色,制定适合自己学校学生发展的个别化教学组织形式。从而使得学生在掌握课本中规定的基础知识、技能的同时,还能够最大程度理解课程知识,体现个性特点。

目前,许多学校都在尝试或者实施个别化教学研究,有些学校已在个别化教学模式的探索上取得了一定成绩。如湖南省某特殊教育学校开展"让个别化生根发芽"的教研活动,即为接受特殊教育的每一个孩子都制定更适合他们的教育方案,让每个特殊孩子的缺陷能得到弥补,也可以开发学生的多元潜能;四川省某初中学校实行分类走班课程,在美术课程进行校本化实施的过程中,根据学生的兴趣爱好、学校的设备设施条件、教师的特长、当地的特色等将美术分为了五个课程供学生选择。

个别化教学不仅要关注学生的差异,也要注重学生学习方式,以及社会、家庭等方面的因素。

3. 多维度

教学组织形式需要多维度展开,主要呈现以下几种。

(1) 时间先后顺序。

课程的安排可以按照课程内容的难易程度来考量,让学生更易循序渐进地了解和掌握美术校本课程中的知识。

(2) 熟悉程度。

以学生对于课程内容的熟悉程度来考虑选择适合的教学组织形式,满足学生不同的学习需求。在教学组织形式中要处理好整体与个别之间的关系,有选择、有针对性地进行班级教学、分组教学或个别教学。

(3)环境空间。

多维度的教学组织形式需要考虑不同环境空间的因素。在设计教学组织形式时,选择适合的相关场所实施教学,能够提升学生的融入度,使学生更易于学习。

(4)辩证思维。

多维度的教学组织形式可以使得整个美术校本课程更加立体化,满足学生在课程中的个性化要求,真正激发出学生的主观能动性,提高课程整体的教学效率。多元化、个性化、多维度的教学组织形式各有特长,在美术校本课程中没有万能的教学组织形式,每一种教学组织形式都有着其特定的目标指向和适用范围。美术校本课程要想有效果,不应只局限于某一种教学组织形式,而应根据整个课程中不同的课程内容、教学任务、师生具体情况等来综合考虑,将适合的几种教学组织形式选取出来,优化组合,以取得最佳的教学效果。

二、教学组织策略

(一)尊重教师主导地位,重视学生主体地位

在美术校本课程教学组织策略中,需要尊重教师的主导作用,按照信息传播学理论,教师完成信息传播过程,成为传播目标的策划者和主导者。基于拉斯韦尔的"五W"理论和现代"OBE"目标导向理论进行分析,教师的教学活动是根据"需求"所决定的,这种需求包括"社会性需求""主体性需求"和"个体需求(学生需求是个体需求的重要组成)"。但"需求"是社会发展中产生的一种物化的"期望"或"愿望",如何达成这样一种"期望"或"愿望",需要有一种"力量"来发起、组织、实施和达成,这种"力量"群体就是教师。因此,在整个教学活动中,教师是教学发起、组织、实施和达成的主导者。无论教学的对象是学生还是其他人,无论是教学条件或是教学目标怎样变化,教师都是整个教学活动的实际掌控者和主导者。这里需要分清楚的是,教师是主导者,不是主体。如同一个学校要成立一个篮球队,它的主体目标是要获得全县的学校篮球冠军,于是就组织了一群学生进行篮球训练。此次活动的目标是"冠军",而谁去取得"冠军"?是学生。学生是此次活动的主体,但谁是掌控者和主导者?当然是教练,整个活动由教练组织实施。由此,我们可以断定,教师是教学组织策略设计、实施的主导者和掌控者。需要注意的是,不要误解和混淆"教师主导"与当下流行的"以学生为本"理念的辩证关系。二者是不同视角下的概念,"教师主导"并不一定会影响"以学生为本"理念的实施。而且,合理的、科学的"教师主导"会在一定程度上强化"以学生为本"理念的达成。

在教学活动策划过程中,首先,要确定我们是要教育什么人?教学活动是为什么人实施的?一旦这个"人"被确定,就产生了教育的主体。明确了"教育主体",就可以确定需要将这个"教育主体"塑造和培养成什么样的人,也就是确定教学的目标。教育主体(学生)是整个

教学活动中被"主导者"确定的受教育对象或培养对象。如同工厂生产产品,产品是诸多零部件组装构成的,零部件是由不同的合格材料组装而成,合格材料是由原材料加工而成。用这个工厂构架进行类比:工厂如同我们这个社会,产品如同社会中的不同构件,每一个合格的零部件如同社会的基本单位,合格材料如同社会的基本单元"合格的人",原材料如同还没有经过培养的"人"。其中,原材料加工,类似于学校人才培养;原材料,类似于学校将要培养的对象;原材料加工的目标,类似于学校教学人才培养的目标;原材料加工的过程,类似于学校教学过程。由此可见,学校教育是人才培养和塑造的环境,课程教学是人才培养的过程,如何把一个"原材料"加工成一个"合格材料",材料本身是一个重要的因素。对于中小学生培养来说,学生不同于工业材料,具有多样性和不可替代性。学校的任务就是把各类"原材料(学生)",尽可能培养成"合格材料(合格的接班人)"。这就需要把学生作为"加工"的主体,以学生为本,根据学生的不同特点、不同特征进行"因材施教"。学生教育或培养的优劣,决定了整个教学活动的成败。

需要辩证地分析教师与学生的关联性,厘清教师与学生之间的关系。教师是教学的主导者、组织者、管理者和实施者,学生则是教学实施的主体。在课程中教师需要主动引导学生探索知识,和学生一起共同营造和谐融洽的课堂气氛,用真情实感激发学生学习的热情。

(二)多种教学组织形式综合应用

学校应鼓励美术校本课程教师灵活运用多种教学组织形式进行教学,根据学校的实际情况借助多种信息化教学技术,改变教学的时空样态和存在方式,鼓励多种教学组织形式并行。

美术校本课程教学具有生动灵活的特点,需要鼓励教师在课程实施中改变传统课堂教学组织形式,将传统课堂教学与现场教学、校外活动教学等教学组织形式相结合,形成特色化、创新性的教学资源。

(三)充分挖掘美术校本优势,凸显本校特色

教师在美术校本课程的教学组织形式的设计中,需要充分利用地理位置和文化脉络等优势体现学校特色。在设计课堂教学组织形式时需要融入本土特色,如带领学生学习当地特色化手工产品的制作,带领学生参观自然景观、相关的美术展览等。教学组织形式如同教学方法、教学方式,完全可以根据具体的教学情境,灵活多样地选择或创造新的教学组织形式。美术校本课程要将学校所处的地理位置及风俗文化联系在一起,加入适合自身学校的教学组织形式,在普遍性的基础上衍生出具有本校独特风格的校本课程。

教学组织形式的设计应用要求教师具有充足的专业知识与技能,教师应该加强各类教学交流、研讨活动的参与度,不断提升自身的理论与实践能力。

学习小结

通过本节的学习,我们初步了解了中小学美术校本课程的教学组织形式、影响因素等方面知识,以及教学组织策略的应用方式,期望大家能够将本节的知识内容运用到中小学美术校本课程的设计中去。

练习实践

1. 结合已掌握的知识,对你了解的中小学美术校本课程的组织形式和策略进行归类。
2. 分析在教学活动中组织形式和策略的关联性。
3. 选取一个中小学美术校本课程,分析其教学组织形式和教学策略。

第二节
中小学美术校本课程的实施

美术校本课程教学要落到实处,就需要根据课程教学目标、教学内容和教学对象,以及各学校自身的教学理念、教学条件、环境特点等相关因素进行综合评价,形成可实施的美术校本课程方案。美术校本课程的实施可分为三种基本类型:课堂教学类型、课外活动教学类型、参观考察教学类型。

一、课堂教学类型

(一)课前准备

1.分析课程目标与结构

《义务教育艺术课程标准(2022年版)》在设计思路中提出了艺术课程的"核心素养内涵",明确了艺术课程"总目标"和"学段目标"。这是义务教育阶段艺术课程包括中小学美术校本课程目标制定的纲领和原则。

> **思考**
> 1.请思考中小学美术校本课程如何具体实施,并阐述其特点。
> 2.中小学美术校本课程实施的要点是什么?

在此基础之下,我们在分析美术校本课程的课程目标与结构时,要考虑多方面的因素,比如分析学生需求,此项是制定课程目标与结构的重要依据。要了解学生的学习背景、学习能力、学习兴趣等方面的信息,可以采用问卷调查、个别访谈等方法,了解学生的学习情况和需求。或者参考教育部制定的教学指导方针里面的教学目标、教学内容等方面的内容,也可以参考其他学校或教师的教学标准,了解不同的教学标准之间的差异和优缺点,从而制定更适合自己的教学目标与结构。也要根据学校自身的教学资源、教学环境、教学经验等多方面来分析,也可以跟学生一起共同制定课程目标与结构,这样可以更深入地了解学生的学习需求和意见。

比如某农村小学在多方面分析了本校的学生学习需求、教学环境、资源等方面因素后,在制定美术校本课程总目标和结构时,以"核心素养内涵"为原则,提出了"以提高学生的艺术素质、营造良好的校园艺术文化氛围为原则,以艺术教育作为学校的办学特色,全面提升学校办学层次。以美术校本开发为抓手,为大面积、大幅度提高农村小学美术质量做有益探索,总结一套比较适合当地农村社会经济发展和基础教育改革的农村学校美术教育校本课程体系。通过具有民族、地方特色的校本活动,激发学生的民族自豪感和创新精神,发展美术综合实践活动,形成良好的美术素养,陶冶高尚的审美情操和健康的人格。在美术校本活动中,让学生的美术素养和人文素养得到整合发展"。从中可以看出整个目标设定,首先是遵循了《义务教育艺术课程标准(2022年版)》对"核心素养内涵"的要求,同时根据学校办学理念和特色有针对性地提出了农村小学进行"民族、地方特色的校本活动"的校本特色。

因此,在分析中小学美术校本课程确定课程目标和内容的过程中,需要把握以下五点:

一是严格执行《义务教育艺术课程标准(2022年版)》;

二是遵循学校的办学理念;

三是挖掘"校本"美术特色;

四是落实"以学生为本";

五是适应学校的办学条件。

2.熟悉课程教案

在课程开始之前,教师首先应该熟悉教学内容以及课程教案,对于课程教案中涉及的概念、方式等要准确掌握,更多地去了解课程相关的知识,不犯学科性的错误,突出重难点。对于课程教案熟悉方面很重要的一点在于课前对真实课堂的虚拟排练,俗话说"教无定法,贵在得法",课前应深入剖析与研究课堂中可能出现的情况并寻找应对方案,切忌在课堂上完全照抄、照搬教案,否则会影响学生的自主学习水平与能力发展以及进步。

3.制作教具

教具主要是指在教学中借以辅助教学活动的用具,教师根据美术校本课程的教学内容,自制教具是为课堂和教学服务的,要充分考虑课堂教学的需求,在制作的时候宜精不宜多,考虑课堂的需要,制作精巧,不宜太小或者太花哨。过于花哨,在制作时非常浪费时间,并且在课堂上容易分散学生的注意力,有时候还会出现中看不中用的情况。在制作教具时可以利用现成的实物,也可以利用废旧物品,不可以粗制滥造,以免给人造成不负责任的感觉。

4.了解课程重难点

美术校本课程中要想让教师教得轻松、学生学得愉快,在课堂教学中如何准确把握和突破重难点成为关键。作为一名教师,每个课程的重难点需要自己提前琢磨把握,要在教学的过程中注意想象力培养,鼓励独特见解,有意识地增加创造性内容,根据教材的重难点抓住关键内容,从知识点中梳理重难点,根据学生实际的认知和技能水平,考虑学生之间的差异,在课堂上引导学生去理解,激发学生兴趣,根据每节课的重难点的不同,明确完整的知识框架和教学目标,把相应的教学内容放到知识的结构链中去理解。课前的精心准备、准确定位,能为教学时突出重点和突破难点提供有利条件。

5.打磨课程

打磨课程能有效地促进教师课堂教学设计能力、课堂教学水平的提高和教师专业素养的快速提升。打磨课程可以采用集体磨课形式,参与磨课的教师对该课程进行认真积极的思考,然后向执教教师提出自己的教学修改意见,在交流讨论中大家的见解相互摩擦碰撞,帮助上课的教师拓展思路;或者在正式课程开始之前,通过两位教师分别扮演"教师和学生",真实演练上课的情况,以及时发现问题,并且作出调整,这样在反复磨课、修改和实践中,吸收其他教师的教学经验,内化成自己的教学行为。

(二)课程实施

1.课程导入

(1)提问导入法。

在讲课开始前,教师精心设计一段导入语,可以先提出一些与本课程知识内容相关并且贴近学生生活的问题,吸引学生的兴趣,激发学生的求知欲望。

(2)互动参与导入法。

教师通过设置游戏等方式,引导学生互动参与,通过互动参与的方式,让学生体验到教学主题所涉及的知识与技能。这种导入方式,让学生以一种体验的方式更加直观地走进课堂,学生能更深入地理解、掌握和应用所学知识。比如在贵州省贵阳市某小学的美术校本课程"剪纸艺术"第一课程单元"对折剪纸"一课中,教师出示剪纸示范作品《孙悟空》,以问题导入新课,用学生喜欢的动画片剪纸人物引导学生观察剪纸孙悟空,激发学生学习兴趣,并且在导入中渗透剪纸的对称特点。

(3)情景再现导入法。

这是一种让学生身临其境,感受真实情景的教学方式,教师通过收集课堂所需的相关素材,比如照片、图片、视频等,从视觉和情感上引起学生的共鸣,进而激发他们的学习热情。

(4)复习导入法。

所谓复习导入法就是通过复习与本课有联系的旧知识,再由旧知识逐步引出当堂课的新知识的方法,这种方法让学生对知识点的学习起到连接贯通的作用,也可以提高学生的学习效率。

(5)故事导入法。

在课堂开始前以精彩纷呈的神话故事、亲身经历的故事、可考究的历史故事等作为课堂导入素材,活跃课堂气氛,激发学生学习兴趣,加深学生对课堂内容的理解。生动的故事能快速让学生进入注意力集中的状态,也能激发他们的好奇心,让他们在更轻松的课堂氛围中学习。

(6)图表导入法。

通过图片、表格等方式讲解和展现,也可以通过图片提出相关的问题,进而导入本节课的知识点,让学生更加直观地学习新知识。比如在甘肃省兰州市城关区某小学传统文化校本课程"寻藻敦煌"中,教师提前收集藻井图案并在课堂开始时邀请学生共同欣赏,引导学生分析不同时期藻井图案的形象特征。这是在美术校本课程中比较常用的一种导入法,即采用图片呈现并展开。

(7)直接导入法。

针对美术校本课程的教材特点,在上课开始后,教师直接介绍本节课的教学目标和要求、各个部分的教学内容等,让学生直接地了解本节课的学习内容或需要解决的问题,引起学生的关注。

(8)示范体验导入法。

授课教师在课堂开始之前,先做一个示范,可以邀请一名学生一起完成一个示范作品,通过作品的直观展示,引出课堂需要讲解的知识点,让学生对新知识点更加容易理解。

(9)矛盾冲突导入法。

矛盾冲突导入法是教师在上课时呈现出两种截然不同的观点,利用矛盾冲突,引发学生的注意力,让学生产生激烈的思想冲突,萌发探索新事物的强烈愿望的一种导入方法。其关注引导学生用自己的生活经验,对事物的认识发表自己的看法。

(10)比较导入法。

根据新旧知识的联系点、相同点等,采取类比的方法导入新课。或者正反相比较,多维度相比较,通过比较找出它们的相同点、不同点以及造成这种不同点的原因,激发学生学习和探索新知识的兴趣。

2.讲授新课

(1)明确新课要点。

新课讲授前,教师应该明确本节课的目标以及要点,比如本次课的基本内容是什么,采用什么方法教给学生,对于所学内容学生应该掌握到哪种程度,学生的哪些能力在本节课中需要得到提升等,教师要做到心中有数,并且对本课涉及的知识、内容等方面有较全面的把握。

(2)新课内容讲授。

在美术校本课程的新课内容讲授过程中要有重点,且需要尽快切入本课重难点,详讲重难点,引导学生理解并探究本课的重难点,将知识点讲解清晰,且讲解过程条理清晰、循序渐进。理论性的内容要联系实践内容,学生在这过程中内化知识、掌握知识。比如"剪纸艺术"第一课程单元"对折剪纸"一课中,由剪纸作品的问题导入课程,学生答出"对称",教师自然过渡到关于剪纸的基本原理和技巧,切入到本课的重点,即了解并利用剪纸的原理进行创作。此处凸显出本课在设计时缩短新课导入时长,将更多的课堂时间留给本课的重难点且过渡自然恰当。

(3)新课内容拓展。

在美术校本课程中,可以渗透很多其他学科的知识,我们要发挥好教师的引导作用,把握好"导"的时间、内容、方法等。在新课内容拓展中可以是不同学科之间的拓展,也可以是不同内容之间的拓展。比如在重庆市某小学校本课程"光影山城"一课中,将造型艺术中基本元素点、线、面的概念融入黏土表现,多方面立体式的教学内容使课程内容更加全面。

3.课堂实践

(1)教学示范。

美术校本课程中示范教学能让学生更加直观地了解美术技能和方法,但在示范的过程中应该掌握好一个度,要留给学生个性发展的空间。教师的示范要具有启发性,在对学生进行技法示范和引导的同时,鼓励学生个性化发展,留给学生自主思考的时间。

(2)课内实作。

美术校本课程大多需要学生自主动手进行实际操作,在这过程中要发挥学生的参与性,引导学生提高对美的认知和欣赏能力,提升学生的艺术素养。如在课堂中从基础的构图、技法等着手,使学生在不断地练习与创作中对于实际操作更加熟练和运用自如。

(3)讨论指导。

美术校本课程的讨论指导首先要精心设计学生要讨论的问题,可以在小组之间适当引入竞争机制和激励机制,激发学生的学习热情。学生小组讨论离不开教师的启发和诱导,学生在讨论时,教师可俯下身子以平等的身份参与讨论,了解掌握学生的观点或想法,在学生思考问题不够全面或有困惑时,提醒他们侧重点等。如在重庆市彭水县桑柘中学藤编特色校本课程中的"走进藤草编织"一课中,学生在了解藤草编织的材料、方法后,以小组的形式学习并练习编织的基本方法,教师在教室内根据每组面临的困惑,进行不同的示范和指导,及时指点学生又没有过度示范,更多的是起到一个引导作用。

4.总结评价

(1)教师主导总结评价。

教师在主导评价时可以根据事先制定的评价量表,引导学生对照表格进行自我评价,或者自由给予自己客观评价。教师在这个过程中要避免漫无边际,也要避免只有过程没有效果,对于好的评价内容要表扬、肯定,从而起到示范作用。比如在"寻藻敦煌"中,教师组织学生以美术评述的方式进行总结,鼓励学生自由真实地填写评述表格,表达自己的课后感受并展示,对学生进行"欣赏·评述"艺术实践领域的培养。

(2)学生互动总结评价。

美术校本课程的活动性很强,学生在活动中进行交流并且互相评价,不仅受评者可以得益,评价他人美术作品的学生也可以从中学习别人的长处,还能培养审美能力和评价能力。

(3)综合总结评价。

在引导学生自主评价、互相评价之后,教师在课堂上面对全体学生,针对普遍存在的问题进行整体评价,以达到整体提高的效果。对整体进行一个综合总结评价,针对各个层次的学生,制定不同层次的不同评价标准,使各个层次的学生都能大面积的受到表扬和鼓励,从而调动学生的积极性。此外,要求学生都向高一层次前进,鼓励他们不断进取。

二、课外活动教学类型

(一)主题性课外活动

1.鉴赏类主题性课外活动

美术校本课程组织以美术鉴赏类为中心的主体性课外活动,以深度学习美术理论为基础,满足学生的认知发展规律。这一类型的课外活动的地点可以定在博物馆、美术馆等,或者是正在举办各类展览的地方,使学生的鉴赏能力从课内延伸到课外,提高他们的美术专业素养与终身学习兴趣。

2.实践类主题性课外活动

根据学校美术校本课程的具体情况,有目的地展开实践类的主题性课外活动。比如美术校本课程是围绕扎染展开的,那么在设计课外活动时,可以去往扎染工作室,学生实地参观并亲手参与扎染的折叠、卷扎、浸泡、漂洗等过程。

(二)综合性课外活动

1.主题类综合性课外活动

围绕某一个主题组织综合性课外活动。比如某小学"探秘三星堆"一课围绕古代青铜器这一主题展开,因为在课程中弘扬中华优秀传统文化,所以在整个美术校本课程的活动中包含有了解青铜器的纹样、铸造工艺,并且选择喜爱的青铜器进行仿制练习等内容。

2.养成类综合性课外活动

按照一定的目的长期培养和训练的综合性课外活动,最终都是为了培养学生养成良好习惯,全面提高学生的素质。比如在"探秘三星堆"中,引导学生思考历史文化与美术史之间的关系,培养学生形成善于思考的逻辑思维。

三、参观考察教学类型

(一)参观类教学

1.展示环境参观教学

教师引导学生在设计展示的环境中去参观,可以引导学生有组织、有步骤地参观,也可以边提出问题边引导学生自主观察思考,并指导学生进行参观材料的整理,做好参观笔记。

2.自然环境参观教学

教师安排自然环境参观教学的过程和步骤,学生参观自然环境,体会大自然与课程之间的关联性。比如在某中学的"植物拓染"课程中,教师安排学生在大自然中去调研寻找适合拿来做拓染的植物,带回教室后设计如何排列植物,然后用锤子或石头持续不断地敲打植物,将植物拓印在衣服上。

(二)考察类教学

1.主题性考察教学

针对某个主题使用调查、体验、感受、探究等方式,学生通过实地考察,去观察、体会、感受考察对象。学生在考察的过程中是考察者也是学习的主人,主动参与、积极进取地获取考察对象的第一手资料,从而对考察对象有更全面、真实的理解和更深入、准确的把握。在西安市某小学美术校本课程"文物纹样之美"中,教师带领学生参观考察当地博物馆,了解博物馆中展出的文物,学生在课程的学习中,自己考察并收集关于课程中提及的文物"纹样"主题的相关资料,激发学生对文物的兴趣和喜爱。

2.非主题性考察教学

虽然这种方式里面没有一个明确的主题,但是教师还是需要具有较为扎实而系统的美术专业知识,明确考察教学的目标、内容等,有效组织并指导学生开展考察活动。学生在这个过程中独立而广泛地收集、整理来自生活实际的信息,从而获得关于过程与现象完整的、立体的认识。

【美术校本课程案例展示】

表9-1　小学美术校本课程"探秘三星堆"实施过程

课程名称	教学对象	艺术实践领域	课时
探秘三星堆	小学三年级	欣赏·评述	1课时
教学目标			

教学目标	1.通过本课程培养学生图像分析与欣赏评述能力。 2.通过观察与思考,提高学生的思维力和表达能力,使学生能够独立欣赏和分析三星堆文物的艺术特征。 3.通过欣赏三星堆文物,引导学生感受青铜器的古朴之美和艺术价值,培养他们对传统文化的兴趣和情感认同。
教学重点	了解三星堆青铜艺术的造型特征。
教学难点	对三星堆青铜艺术进行简要评述。

教学过程	教师活动	学生活动	设计意图
一、课堂导入	1.提出"沉睡数千年,一醒惊天下",提问学生是否知道老师所讲的是什么? 播放三星堆纪录片,提问学生是否了解三星堆?是否在生活中见到过和视频中文物相似的元素? 2.没错,这就是位于咱们广汉三星堆博物馆中的文物,今天,老师和同学们一起来深入了解一下我们身边的文物。	学生回答问题。	谜语、视频激发学生学习兴趣。
二、讲授新课	1.同学们有没有和家长一起去过三星堆博物馆呢?有没有哪一件文物让你印象深刻? 2.教师出示青铜面具图例:同学们看一下,这两件文物都有些什么特征呢?第二幅图中的纵目大耳让同学们想到了什么? 青铜面具是三星堆博物馆最具代表性的文物之一,它的造型独特,具有抽象、夸张和写实相结合的特点,给人留下深刻的印象。尤其是第二张图中的纵目面具,面具双眼眼球呈柱状外凸,向前伸出约10厘米,双耳向两侧充分展开,其五官特征分明,神态威严,显示出一种强烈的力量感。	1.去过,有青铜面具、青铜神树…… 2.我看到过这个面具,是绿色的,还有金色,眼睛耳朵都很大,像千里眼和顺风耳一样……	1.回忆生活所见,加深对三星堆文物的印象。 2.引导学生观察并进行联想,培养学生想象力。

续表

二、讲授新课	3.教师出示青铜神树图例:同学们看一下,这件文物像什么?它在造型上有什么特点? 青铜神树由底座、树和龙三部分组成,树分3层,每层3枝,共9枝,每枝上有一仰一垂的两果枝,果枝上立神鸟,全树共27枚果实,9只鸟。其是迄今为止我们所见的全部青铜文物中形体最大的一件。 教师出示青铜大立人像图例进行赏析。 4.教师提问:青铜大立人像给你留下了怎样的印象?你觉得青铜大立人像的形态和服饰有哪些特别的地方? 在三星堆众多的青铜雕像群中,青铜大立人像是一件非常精美的艺术品,具有很高的历史和文化价值。从艺术角度来看,它展示了古代工匠们的卓越技艺和创造力。此外,青铜大立人像还承载着丰富的历史信息和文化内涵。 总的来说,青铜大立人像是中国古代艺术的瑰宝,它以独特的艺术魅力和深厚的历史内涵吸引了无数人的关注和欣赏。就全世界范围来看,三星堆青铜大立人像也是同时期体量最大的青铜人物雕像。	3.像一棵大树,共分为3层,上面还站着许多鸟儿。 4.青铜大立人像很高大,看起来很威严。它的眼睛很大,好像在注视着我;它的双手很大,好像在拿着什么东西。它的衣服上有很多花纹,很漂亮。 共同欣赏,教师讲解。	3.深入观察,提高学生观察能力。 4.教师讲解,引导学生了解和欣赏中国丰富的古代文化遗产,培养学生的文化意识和审美能力,掌握相关的欣赏方法和技巧,培养学生的文化自信心和民族自豪感,引导学生尊重和保护文化遗产,为传承和发展中华文化作出贡献。
三、讨论探究	为什么三星堆文物的造型如此独特?	学生分组进行讨论。	引导学生通过提出问题、寻找答案的方式,主动探究三星堆文化的奥秘。
四、实践评述	学生分组对课堂中所示的文物用自己的语言进行简要的评述。	学生观察图片,依次在小组内进行评述。	培养学生的鉴赏能力以及表达能力,可以用简单的美术用语对作品进行评述。
五、课程拓展	展示三星堆元素文创产品:雪糕、杯子、挂件、盲盒等。	学生欣赏。	拓宽学生眼界。

学习小结

美术校本课程教学组织是指学生在美术教师指导下,根据一定目标从事教与学的活动。良好的美术校本课程组织可以提升学生对于美术学科的学习动机,更好地照顾学生与学校不同的差异与需要。本节主要从课堂教学类型、课外活动教学类型、参观考察教学类型三大板块展开知识讲述,通过本节的学习,可以掌握美术校本课程具体实施过程中需要考虑的多个方面,并从课前准备、课程导入方法选择等细节方面出发,制定出更好更适合本校的美术校本课程。

练习实践

1. 通过本节的学习,尝试分析已知的中小学美术校本课程案例的实施过程。
2. 设计一个中小学美术校本课程实施方案。

第三节
中小学美术校本课程教学实践案例分析

一、"欣赏·评述"艺术实践领域课程实践案例

"欣赏·评述"作为《义务教育艺术课程标准（2022年版）》中美术学科的四类艺术实践领域之一，旨在引导"学生学会解读美术作品，理解美术及其发展概况"，注重学生的参与和体验，发展学生审美感知和文化理解素养，引导学生深入探索艺术作品的内涵，培养学生的审美素养和人文精神。随着教育理念的不断更新和技术的不断发展，美术欣赏课程作为视觉感知、人文素养提升的重要板块日渐被重视，在关注学生的个性化需求和发展特点的同时，如何促进学生在"欣赏·评述"艺术实践领域个性化发展成为值得广大美术教育工作者关注的话题。"欣赏·评述"艺术实践领域美术校本课程在常规教学内容的基础之上涵盖了传统艺术、民间艺术、现代艺术等多个方面，通常注重与现实生活的联系，引导学生关注身边的艺术现象和文化现象，在欣赏评述学习中更加贴近实际、贴近生活的同时增强学生的社会责任感和使命感。通过对不同艺术作品的欣赏和分析，学生能够接触到多元化的艺术风格和创作手法，从而拓宽视野，增强对艺术的理解和感知。

本节所选美术校本课程案例从校情特点和学生成长需求出发，依托身边的优秀传统文化，挖掘其深刻文化内涵以寻求新的美育形式。以敦煌藻井图案为欣赏学习对象，以图像识读、审美判断、文化理解、输出评述为主要教学目标，期望能够在加强学生文化认知与艺术体验的同时，培养学生的独立思考、批判性思维及独立评价能力，实现素质教育的目标。

课程案例：小学美术校本课程"逐梦敦煌"

1. 课程概述

甘肃省兰州市城关区某小学传统文化系列校本课程"逐梦敦煌"体现了城市小学利用优秀传统文化开发特色美术校本课程的经验和做法，其根据当地的特色发展学校特色教学，利用地域校本化学习资源，形成自己独特的美术教学活动和课程。该课程以"逐梦敦煌"为主

题,按照年级和内容的不同下设"绮丽壁画""神韵彩塑""寻藻敦煌""经卷遗韵"四类课程,涵盖了美术学科"欣赏·评述""造型·表现""设计·应用""综合·探索"四大艺术实践领域,四项课程各具特色,课程之间既相对独立又与其他课程共同构建完整的课程体系。"寻藻敦煌"课程属于"欣赏·评述"学习领域,通过数字信息技术将图片、音乐有效融入课堂教学,运用多媒体对敦煌藻井图案进行展示,以音乐引导学生进入特定情境进行欣赏评述学习,使学生了解敦煌藻井图案形态、色彩等特征,并引导学生探析图像并输出评述内容,在接受传统文化与艺术熏陶的同时培养学生核心素养,落实立德树人根本任务。

2."逐梦敦煌"课程结构

表9-2 美术校本课程"逐梦敦煌"课程结构

课程单元	课程内容	课时	授课对象	艺术实践领域
1	绮丽壁画	2	全年级	综合·探索
2	神韵彩塑	3	二至四年级	造型·表现
3	寻藻敦煌	2	四至六年级	欣赏·评述
4	经卷遗韵	4	五至六年级	设计·应用

3.课程设计思路

"逐梦敦煌"系列校本课程根据小学生学习特点,围绕敦煌艺术设计不同艺术实践领域的课程,旨在让学生在课堂上通过不同的体裁、方式感受敦煌艺术的魅力,传承敦煌文化。

"寻藻敦煌"为"欣赏·评述"艺术实践领域课程,课程内容对藻井图案进行鉴赏示范学习,使学生从敦煌文化不可估量的艺术价值中理解感悟敦煌艺术,对藻井图案进行多方位的感知,指导学生理解与掌握美术评述的方式与文字表达形式,进而培养其人文精神,促进其理解能力与表达能力的提升,以达到"欣赏·评述"艺术实践领域教学要求。

本课程案例教学活动安排以情境创设导入—发现规律—讨论探究—自主评述等环节依次进行。

(1)从音乐感受、图片欣赏入手,激发学生学习、探究的兴趣,引导学生初步了解教学内容——藻井图案。

(2)出示图片引导学生发现图案纹样、色彩、形制规律,并以比较分析的方法对不同时期的图案特征进行讲解以加深学生印象。

(3)组织学生对藻井图案进行多方位的感知并进行小组讨论,引导学生从课程中总结的形状、纹样、色彩的角度进行欣赏与评述,使学生掌握美术评述的方式与文字表达形式。

(4)鼓励学生自由真实地对所学内容进行评述并填写评述表格。

学生通过教师的引导以及自主观察对敦煌藻井有了一定的认识的同时，也加深了对中国传统文化的认识与理解。

4.教学实施的主要方法

(1)情境教学法：通过敦煌乐曲创设特定的艺术情境，让学生在情境中感受艺术作品的内涵和意境。这种方法能够帮助学生更好地理解艺术作品所表达的情感和主题。

(2)直观教学法：通过使用多媒体设备展示图片、视频等，让学生直接观察、感受敦煌藻井的魅力。此方法能够激发学生的学习兴趣，使他们更加直观地了解艺术作品的细节和魅力。

(3)比较分析法：通过对比不同时期的藻井图案的纹样、色彩、构图等，让学生发现其中的差异和联系，从而更深入地理解藻井图案的风格和特点，让学生感受到藻井艺术的多样性和丰富性。

(4)讨论探究法：组织学生以小组为单位，对讲授的知识进行讨论，增强学生之间的交流与沟通，培养学生分享与合作意识。

5.教学实施过程

表9-3 "寻藻敦煌"教学实施过程

课程	寻藻敦煌
艺术实践领域	欣赏·评述
课时	1课时
年级	五年级
教学目标	1.了解藻井的由来及图案规律，学会欣赏传统图案的美并能够独立进行评述。 2.通过教师的讲解和演示，让学生了解不同样式的藻井图案构成。 3.体会藻井图案之美，在美术学习过程中形成细致观察的学习态度，了解敦煌文化的艺术价值及人文价值。培养学生的审美能力，激发学生对传统文化学习的兴趣，提升学生文化素养，增强学生民族自豪感。
教学重点	从不同角度欣赏藻井图案。
教学难点	藻井图案色彩特征。

续表

情境导入	【教师】播放乐曲《大漠敦煌》。 请同学们闭上眼睛聆听这首来自大漠的乐曲,想象自己置身于茫茫大漠之中,一梦入敦煌,一眼忘千年。 在我国的西部大漠,有一颗璀璨夺目的瑰宝,它就是敦煌,通过展示敦煌藻井实景照片,引出课程主题。  图9-1 藻井图案 【教师】同学们在照片中看到了什么?同学们知道这是什么吗? 【学生】回答问题。 教师小结:以上就是敦煌莫高窟洞窟中的藻井,它有着非常优美的纹样。今天,我们一起来了解一下这些历经千年后仍旧散发着独特魅力的藻井图案。
讲授新课	【教师】出示藻井矢量图片。 图9-2 不同形状、不同纹样的藻井图案 【教师】同学们所看到的藻井图案都是什么形状的?有着怎样的纹样? 引导学生进行整体观察:藻井图案内外形结构特点,并发现纹样规律。 【学生】有圆形、方形、外方内圆形;有花纹、动物纹。 教师小结:敦煌藻井图案有方形、圆形,都以对称的形式出现,由单独的各种纹样,如莲花、动物、宝相花等重复出现形成我们所看到的丰富多彩的藻井图案。 【教师】同学们能从以上藻井图案中找到哪些颜色呢? 【学生】红色、绿色、蓝色、棕色…… 教师以唐代不同时期藻井图案颜色为例讲述藻井图案颜色及特征。

续表

	唐代藻井图案色彩使用分析表	
讲授新课	时间	主要颜色	特征
	初唐	曙红、朱砂、大红、石青、石绿、土黄	色彩鲜明,庄重、典雅、沉稳
	盛唐	曙红、朱砂、大红、石青、石绿	庄重、华丽、富贵
	中唐	石青、土红	用色丰富,色彩华丽工整
	晚唐	石青、石绿、浅土黄、土红、赭石	绿色成为主色调,多用土色作为底色

【学生】讨论探究:小组讨论应该从哪些方面欣赏敦煌藻井图案?
【教师】【学生】教师与学生一起总结从形状、纹样、色彩的角度欣赏敦煌藻井图案。
【教师】出示不同年代的藻井图案,引导学生以前面总结的形状、纹样、色彩的角度比较赏析不同年代的藻井图案并进行评述。
盛唐117窟藻井:盛唐方井井心变小,以莲花、团花为主体纹样,色调以曙红、朱砂、石绿为主,整体色调庄严华丽。

图9-3　盛唐117窟藻井

晚唐369窟藻井:方形大小变得适中,井外边饰宽窄相当,边饰纹样以百花蔓草、半团花为主,颜色以石绿、赭石为主,整体色彩简洁明快。

图9-4　晚唐369窟藻井

【设计意图】通过欣赏让学生对藻井图案进行多方位的感知,指导学生掌握美术评述的方式与文字表达形式,鼓励学生自由真实地填写评述表格表达自己的课后感受并展示。

续表

	评述表格范例				
讲授新课	年级	班级	姓名	课程	欣赏评述内容
	五年级	1班	×××	寻藻敦煌	我喜欢晚唐时期的藻井图案,它的色彩比较淡,感觉很雅致。 晚唐藻井图案有花纹纹饰,还有动物纹。 它的方形对称结构,显得很稳定。
	教师总结:本节课程从多个角度切入对敦煌藻井图案进行欣赏,学生通过教师的引导以及自主观察对敦煌藻井有了一定的认识,同时也加深了对中国传统文化的认识与理解。				
课后作业	利用所学的欣赏方法对其他敦煌藻井图案进行欣赏并撰写一篇评述报告。				
板书内容	寻藻敦煌——敦煌藻井图案欣赏				

6.教学实施评价

课前准备:本课程的教学是在"绮丽壁画"课程基础之上设置的,在此之前学生对于敦煌艺术已经有了初步的了解,教师在总结之前课程教学效果的基础上做了充分的准备,为学生提供了丰富的敦煌藻井图案资料和背景知识。具体来看,教师通过收集高清矢量图片、制作PPT、准备相关的艺术史资料、创设情境为学生创造了一个良好的学习环境。同时,教师还设计了具有启发性的预习问题,引导学生主动思考和探索,为课堂上的深入学习打下了基础。

教学过程:在教学过程中,教师采用了多种教学方法,如讲解、演示、讨论和互动等,使课堂充满了活力和趣味性。教师详细讲解了敦煌藻井图案的历史背景、艺术风格和审美价值,以不同的教学方式突出重点、突破难点。在展示大量的实例图片,让学生直观地感受到藻井图案的魅力的同时注重学法指导,引导学生学会欣赏与评述,达到教学目标。在讨论和互动环节,教师鼓励学生发表自己的观点和看法,引导他们深入思考和探讨,培养学生的批判性思维和表达能力。

本节课程总体流程较完整,多种教学方法的实施使得课堂氛围良好。课程导入部分能够激发学生的学习兴趣,教学内容涵盖了了解藻井图案的形制、色彩等特征并以表格方式对较为难理解的课程内容进行清晰划分。经过教学,学生对敦煌藻井图案有了更深入的认识和了解,掌握了基本的美术评述方式与艺术语言表达技能,并在评述中交流情感,了解了敦煌文化的艺术价值与人文价值,培养了学生对我国传统文化艺术的热爱与认同感,达到了相应的教学目标。

7.亮点

本案例教学中,为了让学生对藻井图案有多方位的感知,教师在教学过程中设计运用了欣赏评述表格,便于学生对所学内容进行评述与表达,鼓励学生自由真实地进行评述并填写评述表。评述表为教师提供了直接的反馈,有助于帮助教师了解教学效果,识别教学中存在的问题和不足,进而对教学方法和内容进行相应的调整和改进,从而提高教学效果。

8.不足之处

藻井图案作为敦煌艺术的重要组成部分,其内涵丰富、历史悠久,与历史、文学、哲学等多个学科密切相关。在本课程的实践过程中,由于时间问题,学生对藻井图案的深入解析和欣赏不够充分,对藻井图案的理解仅停留在形制、色彩等方面,缺乏一定的深度和广度,距全面理解其文化内涵和艺术价值还有一定的距离。针对这一不足,在课程设计中可以适当增加对敦煌藻井图案的详细解读,包括其历史背景、文化内涵、艺术特点等,让学生更深入地了解这些图案的魅力和价值。同时,也可以提供一些线上资源或工具,让学生在课后继续学习和实践。

二、"设计·应用"艺术实践领域课程实践案例

在当今的教育环境中,中小学美术校本课程不再仅仅局限于传统的绘画技巧和理论知识的传授。随着教育理念的更新和教育技术的发展,"设计·应用"艺术实践领域逐渐成为中小学美术校本课程的重要组成部分,其强调学生的主动参与和实际应用,旨在培养学生的创新思维、动手能力和解决问题的能力。"设计·应用"艺术实践领域校本课程内容实践的形式灵活多样,多以课堂实践、工作坊实践、项目实践等形式进行,通过实践操作,使学生能够掌握设计的基本原理和方法,了解设计流程和规范,提高解决实际问题的能力。本节选取具有浓厚本土艺术气息的传统民间艺术——庆阳香包,深入探讨小学美术校本课程中"设计·应用"艺术实践领域的实施策略与方法,为小学美术教师针对校本课程"设计·应用"艺术实践领域的实践提供有益的教学建议与参考,以适应不断变化的教育需求和职业发展要求。

课程案例:小学美术校本课程"裹香而来的远古图腾——庆阳香包"

1.课程概述

庆阳香包是甘肃省庆阳市的传统美术类非遗项目,具有悠久的历史和独特的艺术魅力。作为地方特色文化,其传承和发展对于地方文化的繁荣具有重要意义。对庆阳香包的创新设计既丰富了学校教学,又为这一传统艺术注入了新的血液。

甘肃省庆阳市西峰区某小学基于核心素养,充分利用当地社区和学校的课程资源,开发多样性的可供学生选择的课程,将香包这一本土传统艺术融入校本课程,课程设置由浅入深,课程之间环环相扣,根据学生的年龄和认知水平,针对不同年级分不同阶段开设了庆阳香包鉴赏、表现、设计制作等方面的校本课程内容,以理论基础、设计制作等教学方式引导学生探究香包的制作材料和工艺,了解传统手工艺的发展和传承,使当地学生在熟悉的环境氛

围之中培养艺术核心素养,提高学生的艺术素养和实践能力,促进学生的全面发展。

"香包传新意"是"裹香而来的远古图腾——庆阳香包"课程单元之一,属于"设计·应用"艺术实践领域课程,结合了庆阳地区的传统文化艺术与现代设计理念,将实践与创新相结合,在了解庆阳香包的由来、造型特征及实践操作的基础上对香包进行创意再设计,旨在培养学生的美术设计、创意实践能力,传承发扬庆阳香包的独特魅力。

2.课程结构

表9-4　美术校本课程"裹香而来的远古图腾——庆阳香包"课程结构

课程单元	课程名称	主要教学内容	课时安排	所属阶段
身边的香包	香包从哪来？ 香包有哪些？	讲解香包的来源和发展历程、种类、色彩、造型等	2	初级
跟着奶奶做香包	做一个蒜形香包 做一个心形香包 做一个葫芦香包 做一个福娃香包	学习不同类型香包的制作方式:绌绌类、线缠类、平面刺绣类等香包制作的方法	4	中级
香包传新意	庆阳香包创新设计实践	对香包进行创新再设计,锻炼学生设计思维与实践能力	2	高级

3.课程设计思路

本课程案例在对代表性庆阳香包的设计特点、图案纹样、夸张表现等手法进行了解的基础上,结合所学内容对庆阳香包进行创意再设计。以开放式教学的形式让学生自行设计并制作一款创新庆阳香包作品,教师通过展示图例与步骤示范,组织学生在小组内讨论确定设计主题、设计元素、设计主体、色彩搭配,形成图稿并制作,旨在了解传统文化的基础上,将其与现代设计理念相结合,创作出具有时代特色的作品。

4.教学实施的主要方法

直观教学法:展示庆阳香包的实物或高清图片,让学生直接观察其造型、色彩、纹理等特征。教师可以详细解析香包的设计元素和制作技巧,帮助学生形成直观的感受和理解。

创意启发法:鼓励学生发挥创意,设计具有个性化和创意性的庆阳香包。教师可以提供一些创意灵感,如不同的造型、色彩搭配、装饰元素等,激发学生的创意思维。

小组合作法:将学生分成小组,小组成员可以相互讨论、分工合作,共同完成香包的设计和制作。这种方法有助于培养学生的团队合作精神和沟通能力。

5.教学实施过程

表9-5 "香包传新意"教学实施过程

课题	香包传新意	课型	设计·应用
年级	五年级	课时	2课时
教学目标	1.引导学生了解庆阳香包的纹样寓意、图形特点、色彩特征,尝试用了解的香包设计特点进行自主设计。 2.采用多种教学方法引导学生主动参与、动手实践。通过观察、分析、创作等环节,培养学生的审美能力、创新思维和实践能力。 3.感受庆阳香包的文化底蕴和艺术魅力,增强对传统文化的认同感和自豪感。培养学生对生活的热爱和美的追求,提升学生精神境界和人文素养。		
教学重点	了解庆阳香包的图案、色彩、造型等特点,并能够灵活运用这些元素设计创作香包。		
教学难点	设计理念的体现。		
教学准备	教师准备:香包图例、香包样品、设计视频等。 学生准备:彩色布料、针线、填充物等制作材料。		
教学过程	教师活动	学生活动	设计意图
导入新课	衔接上节课程内容。 教师展示庆阳香包样品,提问:"同学们在认识了庆阳香包之后,想不想拥有一个自己设计的香包呢?"通过问题激发学生的兴趣,引出本课主题。	学生回答问题。	加深前课印象,激发学生学习兴趣。
讲授新课			
设计讲解	教师展示庆阳香包样品,点出本节课程主题"一起设计庆阳香包"。 1.同学们观察一下,老师展示的香包"年年有余"有什么特征?和我们生活中的鱼有什么不同?结合上节课程,同学们能否看出香包的设计都运用了哪些手法? 对,我们可以看到香包呈对称形状,鱼鳞用花朵和蝴蝶来表现,眼睛以夸张变形的手法表现,较为突出,整个鱼身动感十足,仿佛在水中游行一般;颜色搭配丰富,遵循中国传统"五行配色",以红色为主,配以黄、白、黑、青色,色彩饱和度较高,充满美好的寓意,突出了喜庆祥和的氛围。	学生回答问题:鱼的身体没有鱼鳞,眼睛很大……	了解庆阳香包的设计特点、图案纹样划分与结合方式、香包常用色彩搭配,引导学生观察造型图案,提升设计造型能力。

续表

设计讲解	2.依次展示不同类型香包。 同学们观察人物香包中除了人物形象还有什么元素？它们是如何结合在一起的？ 是的，同学们观察得真细致。人物香包中有人物形象和蝙蝠形象，蝙蝠形象是以人物佩戴的帽子呈现，人物的衣服中还有花纹、福字纹样。 植物为主的香包中色彩搭配有怎样的特点？ 以互补色为主，色彩对比强烈。 上图是以什么为主体设计的香包？有哪些纹样？纹样以什么形态展示出来？ 以"福"字为主体进行设计，福字中有花朵纹样，以文字大致形体展示，寓意花开富贵。 总结庆阳香包的设计特点：色彩艳丽，造型夸张质朴，幻化姿态，多变视点，创作随意，具有抽象性和概括性的特点。	学生回答问题：还有植物和动物，是福娃戴的帽子和穿的衣服。 学生回答问题：红色和绿色搭配。 学生回答问题：是一个福字，上面有花朵纹样……	
设计实践	教师展示庆阳香包图案设计图例并以视频形式展示庆阳香包设计步骤，不设定范围，让学生结合上一环节香包设计特点进行自主设计，以设计主题—设计草图—制作成品的步骤进行，教师巡回指导。	学生根据视频所示，在小组内讨论确定设计主题、设计元素、设计主体、色彩搭配，形成图稿并制作。	学习如何设计庆阳香包。
作品展示	展示主题创意、色彩搭配、整体效果较好的作品并进行讲评。		

6.教学评述

在本课程的实践中，教师以多样的图例与实物展示庆阳香包的图案纹样、造型特征、色彩搭配以及其纹样所蕴含的寓意，充分调动了学生的积极性与参与度。通过理论讲解、实践操作和案例分析等多种教学方法，使学生能够全面了解庆阳香包的艺术特点和制作技巧。

本课程指向创新设计和个性化，学生在学习过程中需要不断发挥创意思维，设计出独具特色的香包作品。通过实践操作，学生的动手能力、观察能力和解决问题的能力得到锻炼，创意思维与实践能力有所提升，对地方文化的认同感和自豪感逐渐增强，形成了对传统文化的尊重和传承意识。

7.亮点

本课程亮点主要体现在设计自由、鼓励创新，不设定设计范围，让学生打破传统束缚，自由发挥创意，设计出别具一格的香包作品。教师提供丰富的设计素材和灵感来源，同时引导学生从现代审美和实用功能出发,进行大胆的创新尝试。这种自由的设计氛围将激发学生的创造力和想象力,使他们的作品更具个性和特色。

8. 不足之处

本课程理论内容较多,制作环节教师展示与示范较少,导致学生对香包制作技艺的理解不够,应适当拓展制作实践环节,使学生在了解香包制作技艺的基础之上再进行进一步的设计实践,以更好地锻炼学生的实践能力。

三、"造型·表现"艺术实践领域课程实践案例

"造型·表现"艺术实践领域是小学美术课程中的重要组成部分之一,是学生观察、想象与表达现实生活或内心世界的重要依据,也是学生运用各种媒介或造型方法表现和再现客观世界的重要途径。"造型·表现"艺术实践领域强调学生的主动性和创造性,鼓励学生通过美术创作来表达自己的想法和感受,通过各种美术媒材、技巧和制作过程的探索及实验,发展学生艺术感知能力和造型表现能力,其方式更加强调自由表现,大胆创造,外化自己的情感和认识。随着教育改革的不断深入,小学美术校本课程在"造型·表现"艺术实践领域的实践日益凸显出重要性。这些课程不仅丰富了学生的学习体验,还为学生提供了更加个性化和创造性的艺术学习路径。本节将通过具体的小学美术校本课程"造型·表现"艺术实践领域实践案例,深入探讨美术校本课程在"造型·表现"艺术实践领域的实施策略、教学方法、学生表现以及课程效果等方面的情况,以期能抛砖引玉,为小学美术教师在本领域的教学上提供一些参考。

课程案例:小学美术校本课程"美丽山城,我的家"

1. 课程概述

重庆,作为一个兼具自然风光的现代化城市,为当地美术校本课程的开发提供了丰富的素材和灵感来源。重庆市渝北区某小学以重庆城市形象为主题,专注于探索包括其独特的山城地貌、长江和嘉陵江的交汇景观、传统的巴渝建筑以及丰富多彩的民俗文化的重庆地域特色系列美术校本课程"美丽山城,我的家"。"光影山城"是"美丽山城,我的家"系列课程之一,以重庆现代城市景观为题材,通过美术创作的方式,展现出重庆作为现代化大都市的独特魅力,旨在培养学生的观察力、创造力和艺术修养,同时也让他们更加深入地了解和热爱自己的家乡。通过这些课程的学习,学生将能够更好地用美术语言表现重庆的美丽与魅力。

"光影山城"为"造型·表现"艺术实践领域课程,教师通过理论讲解、示范演示和实际操作相结合的方式来进行点、线、面的基本概念以及黏土材料的运用,学生在实践中尝试运用

这些知识,通过拼贴、绘画等方式创作出具有个人特色的作品,在探索中感受美术的魅力和乐趣。

2."美丽山城,我的家"课程结构

表9-6 "美丽山城,我的家"课程结构

课程类型	课程名称	课时	艺术实践领域
重庆地域特色美术课程	山环水绕	2	设计·应用
重庆历史文化美术课程	红色重庆	3	欣赏·评述
重庆自然风光美术课程	再现桃花源	2	综合·探索
重庆现代城市美术课程	光影山城	2	造型·表现

3.课程设计思路

本课程以山城夜景为表现对象,引导学生对光影、造型等概念有一定了解的同时,对黏土材料的性质特点及塑造技法有一定程度的掌握。

导入环节——课程以重庆夜景视频导入,以熟悉的环境拉近与学生的距离,激发学生的学习兴趣。

知识讲授——以夜景建筑的光源引出点、线、面的概念,再以重庆地标性建筑洪崖洞、千厮门大桥、来福士等图片为例介绍不同光源下建筑所呈现出来的形态与色彩,与学生互动引导其观察分析色彩与形状,并介绍本课程所需要的媒介材料——黏土,让学生思考如何用黏土表现光影下的山城建筑。

教师示范——播放教师示范视频,演示步骤后请同学们用黏土表现夜景下的重庆建筑。

作业展示与评价——学生展示并介绍自己的作品,教师对其进行评价。

4.教学实施的主要方法

观察与模仿法:通过引导学生观察生活中的场景,让他们学会捕捉物体的形态、色彩和质感,并尝试模仿其造型表现。

创意思维法:激发学生的创造力和想象力,鼓励他们尝试不同的造型表现方式,如变形设计、自由绘画等,从而创造出具有个性和创意的作品。

材料探索法:引导学生探索不同的材料和工具,了解它们的特性和用法,从而培养他们的材料运用能力和实验精神。

步骤示范法:通过教师的步骤示范和讲解,让学生了解如何逐步完成一个造型表现作品,从而培养他们的造型能力和操作能力。

5.教学实施过程

表9-7 "光影山城"教学实施过程

课题	光影山城	教材	三年级上册
课时	1课时	课型	造型·表现
教学目标	1.通过观察,用色彩概括的方法将点、线、面融入黏土来表现山城夜景,初步掌握观察和概括的能力。 2.通过实践,用点、线、面以点彩方式概括城市光影景象,培养学生的造型表现能力。 3.通过本课程的学习,增加对家乡的热爱之情。		
教学重点	观察城市霓虹光影变化,概括其形状,用不同色彩的点、线、面来表现光影中的城市。		
教学难点	通过概括形状、色彩,将点、线、面融入黏土完成一幅"光影山城"黏土作品。		
教学用具	教师准备:教学课件、教学图片等。 学生准备:卡纸、各色黏土、彩色铅笔。		
教学过程	教师活动	学生活动	教学意图
导入	播放重庆夜景视频并提问:同学们,能不能看出视频中是什么地方的夜晚? 我们所看到的城市霓虹灯都是怎样的形状呢? 同学们真棒,一下就看出来了这是我们生活的地方——重庆,夜晚的重庆充满着光影的魅力,我们看到的建筑都是由不同形状的光线组成的:有点、线、面,还有动态的。 今天,老师就教同学们学会用这些光影来展现我们美丽的家乡——重庆。 展示课题"光影山城"。	观看教学视频,回答问题。	通过学生熟悉的环境引起学生的学习兴趣。
讲授新课	教师展示重庆地标建筑夜景图片:同学们可以看出这些夜晚建筑的光线是由哪些形状构成的吗? 洪崖洞——点、线、面为主; 千厮门大桥——以线为主; 重庆大剧院——以面为主; 来福士——线面结合。 同学们概括得非常好,那同学们想不想知道如何用黏土代替画笔将图中美丽的夜景描绘下来? 播放教师示范视频,演示步骤。 1.同学们选择自己喜欢的建筑。 2.观察图片概括色彩与形状。 3.用黏土以点、线、面的形式捏出夜色下山城建筑的形状。 4.用彩色铅笔添加细节,丰富画面。	学生观看图片,回答问题:有长的线和短的线,还有一块块的形状…… 观看演示视频,明确步骤。	通过视频与图片,引导学生观察分析色彩与形状,学习如何用材料表现光影山城。

续表

作业要求	请同学们用揉、捏、搓、拉、压等方法将不同颜色的黏土塑造出不同的形状,然后对其进行组合,在卡纸上粘贴出自己想要表现的夜景下的重庆建筑,最后用彩色铅笔添加画面中的细节,使画面更加丰富。	学生按照要求完成作业。	
作品展示与评价	学生展示并介绍自己的作品,教师评价。		

6.教学评价

本课程将重庆独特的建筑风貌和夜景景观融入小学美术课堂,为美术教学提供了丰富的素材。教师以当地学生熟知的城市地标建筑为例,将造型艺术中基本元素点、线、面的概念融入黏土表现,通过点的聚集和分布,可以塑造出建筑的轮廓和细节;线的流动和变化,能够展现出建筑的动感和韵律;面的拓展和组合,能够构建出建筑的整体形态和空间感。这些基本元素的巧妙运用,能够使黏土作品更加生动地呈现出当地建筑的特色。"光影山城"主题的表现中,光影的处理尤为关键,教学中教师通过引导学生观察和分析夜景中的光影变化,让他们理解光影对建筑形态和色彩的影响。在黏土制作过程中,学生利用不同的材料和技巧来模拟光影效果,如使用深色黏土表现阴影部分,使用亮色黏土表现高光部分等。这样的实践过程加深了学生对光影的认识,锻炼了他们的动手能力和创造力,培养了他们的创新思维和造型表现能力,还能让他们更加深入地了解和热爱自己的家乡文化,实现了知识、方法与情感的教学目标,这样的教学方式值得进一步推广和应用。

7.亮点

本课程探索将美术基础元素点、线、面与黏土材料巧妙融合,为学生提供了一个全新且富有创意的艺术创作体验。这种融合不仅能够丰富教学内容,还能够让学生在实践中深刻体会到点、线、面在三维空间中的表现力和美感。通过黏土材料的可塑性和可变性特点,学生可以将点、线、面概念从平面的画布扩展到立体的形态,构建作品的空间结构和视觉效果,从而创造出更加丰富和有趣的作品,培养学生对光影和空间的感知能力,激发他们的创造力和想象力。

8.不足之处

本课程在实践过程中,尽管有其独特的创意和融合点,但也存在一些不足之处。其中一个明显的问题是教师在实践环节未能亲自示范。

教师的亲自示范在美术教学中具有非常重要的作用。通过示范,教师可以直观地展示技法和步骤,帮助学生更好地理解和掌握技能技巧。如果教师未能亲自示范,学生可能会感到困惑和不知所措,尤其是对初学者来说,缺乏直观的指导会增加学习的难度。

此外,教师的示范还能激发学生的学习兴趣和动力。一个熟练而富有创意的示范往往能够吸引学生的注意力,激发他们的创作欲望。而教师如果未能亲自示范,学生可能会感到缺乏动力和兴趣,从而影响他们的学习效果和创作热情。教师可以考虑在课程中增加亲自示范的环节,通过亲自示范,展示自己的技法和创作思路,帮助学生更好地理解和掌握技能技巧。同时,教师还可以通过示范与学生进行互动,及时解答学生的疑问和困惑,提高教学效果。

四、"综合·探索"艺术实践领域课程实践案例

"综合·探索"艺术实践领域通过综合性的美术活动,引导学生主动探索、研究、创造以及综合解决问题。这一学习领域的特点在于其跨学科性、实践性和个性化发展,因而除关注美术学科本身的知识和技能外,还应将美术与其他学科如历史、文化、科学等相结合,形成跨学科的学习体验。这种综合性的学习方式有助于学生拓宽视野,增强对其他学科的理解和掌握。学生也能够更加深入地理解美术知识,掌握美术技能,同时培养自己的创新思维和实践能力。"综合·探索"艺术实践领域也强调学生的个性化发展,每个学生都有自己独特的艺术风格和创作思路,通过美术校本课程的学习,学生能够更好地发掘自己的潜能,实现个性化发展。同时,对该领域教学方法的研究,也更有利于培养学生综合性学习、实践和解决问题的能力。

本节选取"综合·探索"艺术实践领域美术校本课程"多彩甘肃"进行梳理与分析,学习当地将非物质文化遗产融入中学美术校本课程的实践做法,了解其课程设计与教学实施,旨在为该领域教学方法进行的实践研究提供理论支撑与基础,并在实际的教学过程中促进学生全面发展。

课程案例:中学美术校本课程"多彩甘肃"

1.课程概述

位于我国西北地区的甘肃省,拥有丰富的历史文化遗产和独特的自然景观,在深受中华文明影响的同时也具有独特的地方特色。甘肃省定西市某中学整合了甘肃独具特色的文化资源,开发了涵盖洮砚艺术、甘州刺绣、保安腰刀、临夏砖雕等八个课程主题的"多彩甘肃"系列美术校本课程,帮助学生从多个角度了解甘肃的风土人情和文化特色,以对甘肃形成更全面的认识。

"洮砚艺术"为校本课程"多彩甘肃"之一,属于"综合·探索"艺术实践领域,学生通过深入了解洮砚的历史背景、制作工艺、艺术价值等,能对传统工艺有更加全面的认识。课程以讲授演示、实践操作的教学方式,让学生了解洮砚的文化、制作步骤、颜色、形制和纹饰,感受

洮砚的独特魅力并尝试实践雕刻,培养他们的审美情趣和动手能力,为传承和弘扬传统工艺作出积极贡献。

2.课程结构

第一课:洮砚艺术。

第二课:甘州刺绣。

第三课:保安腰刀。

第四课:树皮笔画。

第五课:雕刻葫芦。

第六课:天水雕漆。

第七课:临夏砖雕。

第八课:庆阳皮影。

3.课程设计思路

课程导入:以艺术再现文学名著《红楼梦》故事情节的"红楼梦砚"照片导入课程,对学生提出观察要求——从刻画内容和颜色两个方面进行观察,结束后请同学说一说观察结果。

新课讲授:教师简要介绍洮砚的起源、发展、制作工艺和传承情况,让学生了解洮砚的历史文化背景和重要地位;对洮砚石材的颜色进行了解,通过对比不同颜色的洮砚,让学生感受颜色的美感和魅力,培养学生的色彩感知能力;介绍洮砚的雕刻技法,通过展示不同雕刻技法的洮砚作品,让学生了解雕刻技法的特点和艺术效果,初步培养学生的雕刻鉴赏能力;解读洮砚的纹饰寓意,通过解析不同纹饰的寓意和文化内涵,让学生了解洮砚的文化价值和艺术意义,培养学生的文化修养和审美能力。

体验实践:在课前准备好的石头上面绘制自己想要表现的纹样,在教师的指导下按照视频所示步骤进行简单的雕刻。

4.教学实施的主要方法

互动式和探索式教学法:利用互动式和探索式教学方法,引导学生主动参与到洮砚艺术的探索中。例如,教师设置了一些开放性的问题,如"洮砚的颜色为什么会呈现出这样的特点?""这种雕刻技法在洮砚中是如何体现的?"等,引导学生通过查阅资料、观察实物、讨论交流等方式,自主寻找答案,深化对洮砚艺术的理解。

跨学科整合教学法:洮砚艺术不仅仅是一门艺术学科,还涉及历史、文化、地理等多个领域。因此,在教学过程中,应该注重跨学科的整合,将洮砚艺术与其他学科进行有机融合。例如,可以结合历史学科,介绍洮砚的历史发展背景;结合地理学科,探讨洮砚产地的地理环境和资源状况;结合文化学科,解读洮砚的纹饰寓意和文化内涵等。

批判性和创新性教学法：在教学过程中，应该注重培养学生的批判性思维和创新性思维。例如，可以组织学生对不同风格的洮砚作品进行赏析和评价，引导学生从多个角度思考和分析洮砚艺术的特点和价值。

实践体验法：组织学生参与洮砚雕刻实践活动，鼓励学生进行洮砚艺术创作，通过亲身体验和感知，发挥自己的想象力和创造力，创作出具有个人特色的洮砚作品。

5. 教学实施过程

表9-8 "洮砚艺术"教学实施过程

课题	洮砚艺术		年级	八年级
课型	综合·探索		课时	2课时
教学目标	1.通过学习了解洮砚文化，从雕刻技法、颜色、纹饰及纹饰寓意等方面了解洮砚的基础知识，同时能绘制简单的洮砚纹样并雕刻。 2.以观察、了解、实践等学习活动，提高学生的审美能力和实践能力。 3.提高学生对非物质文化遗产的兴趣，促进学生对优秀传统文化的热爱。			
教学重点	对洮砚颜色、雕刻技法、纹饰及纹饰寓意等知识的了解；洮砚纹样的绘制、雕刻体验。			
教学难点	洮砚雕刻的实践操作。			
教学准备	教学课件、洮砚样品、规则石头块、纹饰图片、雕刻工具。			
教学过程	教师活动		学生活动	设计意图
导入新课	教师出示艺术再现文学名著《红楼梦》故事情节的"红楼梦砚"照片。 提出观察要求：从刻画内容和颜色两个方面进行观察，结束后请同学说一说观察结果。 教师：两位同学说得很好，看来大家已经对这方洮砚有了一定的了解，接下来请同学们和老师一起进一步探究洮砚。		学生1：认识，这是洮砚。 学生2：砚台是绿色的，有黛玉葬花，还有刘姥姥进大观园…… 学生3：雕刻了人物、植物、建筑等。	以洮砚名品"红楼梦砚"点出本节课主题。
新课讲授	颜色美：教师出示更多洮砚照片。 教师：同学们知道洮砚的颜色为什么会呈现出这样的特点吗？ 教师总结：对，这位同学观察得非常细致，我们的洮砚不仅样式好看，洮砚石材的颜色也非常独特，由于在不同区域的水中沉寂了成百上千年，形成了鸭头绿、瓜皮黄、羊肝红等不同的石材。		学生：因为洮砚经常浸泡在水中，不止有绿色，还有红色、黄色、红绿色。	通过学生熟悉的题材《红楼梦》，对洮砚有初步的了解，让学生对洮砚产生浓厚的兴趣。

续表

| 新课讲授 |  图9-5 鸭头绿 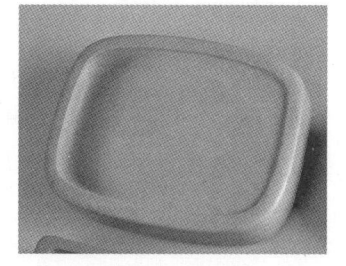

图9-6 瓜皮黄 

图9-7 羊肝红

雕刻美:洮砚在上千年的发展历程中形成了独特的雕刻技法。 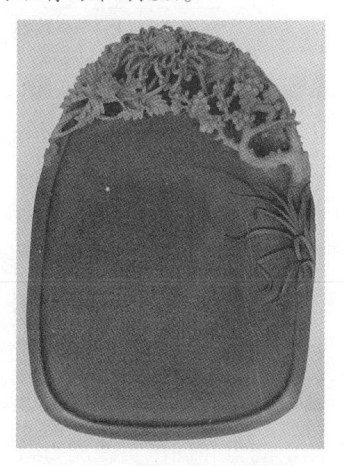

图9-8 透雕 | 学生欣赏洮砚作品。 | 运用图片资料让学生了解洮砚的颜色分类。 |

续表

新课讲授	图9-9 浮雕 教师讲解：图片所示的洮砚雕刻技法依次为：透雕、浮雕。 教师提问：以上几种雕刻技法在洮砚中是如何体现的？ 纹饰美：洮砚的纹饰美观，不仅具有装饰的作用，更为重要的是洮砚纹饰大都承载着美好的寓意，不仅反映了传统文化，还寄寓了人民大众的审美情怀。 出示纹饰题材：龙凤呈祥、九龙捧日、八仙庆寿、岁寒三友、嫦娥奔月、哪吒闹海等，学生自主观察发现纹饰特点并简单描述。	学生回答问题。	通过讲授使学生了解洮砚雕刻技法、纹饰类型及其寓意。
体验实践	教师：同学们，在了解了洮砚的艺术特征之后，根据自己内心的想法来雕刻一个属于自己的洮砚吧！ 介绍雕刻洮砚的工具与使用方法（播放砚台雕刻步骤视频）。	在课前准备好的石头上面绘制自己想要表现的纹样，在教师的指导下按照视频所示步骤进行简单的雕刻。	将美术欣赏教学与动手实践结合起来。
教师指导	提醒学生使用工具时注意安全，教师帮助学生选择图案和构图并指导雕刻，对学生不足之处加以辅导并纠正。		

6.教学评述

本课程理论内容相对丰富，对于洮砚艺术的历史背景、文化内涵、制作工艺等方面进行了介绍，为学生提供了全面而深入的理论知识。案例中设计了具体的雕刻实践环节，让学生在理论学习的基础上进行实践操作，有效提升了学生的动手能力和实践技能。案例中采用了多种教学方法，使得教学更加生动有趣，激发了学生的学习兴趣。通过教学案例的学习，学生对洮砚艺术有了更加深入的了解，能够准确识别洮砚的特点和价值，体现了良好的知识掌握情况。通过雕刻实践环节的操作，学生的动手能力和创作实践能力得到了有效提升，部分学生的作品展现出了较高的艺术水平和创意。

7. 亮点

本案例将美术欣赏教学与动手实践结合起来,能更有效地提高学生美术鉴赏能力和创作能力,践行了"综合·探索"艺术实践领域融美术各学习领域为一体、美术与其他学科相综合的原则。

8. 不足之处

在后续教学中还需加强实践操作指导,如在雕刻实践环节,教师可以进一步加强对学生的操作指导,确保学生能够熟练掌握雕刻技法和工具使用方法;可以在教学中引入更多不同风格和时期的洮砚作品,以拓宽学生的视野和增强学生对洮砚艺术多样性的认识;可以组织更多的作品展示和交流活动,让学生有机会展示自己的作品并互相学习,激发学生的创作热情。

学习小结

本节通过对不同领域美术校本课程教学实践案例的系统分析,进一步了解了中小学美术校本课程典型性教学实践案例的基本特点,对中小学典型性美术校本课程教学案例实施的思路有了一定的理解,掌握了中小学典型性美术校本课程教学案例实施中所采用的有效策略和方法,学习了如何借鉴优秀美术校本课程教学实践案例中的策略与方法,能有效提升中小学美术校本课程的实践能力。

练习实践

1. 如何将所学案例中的教学策略和方法应用到自己的美术教学中?制定一个实践计划,并预测实践的效果。

2. 尝试分别设计一节"欣赏·评述""设计·应用""造型·表现""综合·探索"类美术校本课程。

第十章

中小学美术校本课程的管理与评价

学习目标

- 了解中小学美术校本课程管理与评价的概念、特点。
- 理解"管理"与"评价"对于中小学美术校本课程的意义及重要性。
- 掌握中小学美术校本课程管理与评价的基本方法。
- 能够将本章的知识运用到实际的中小学美术校本课程的管理与评价中去。

知识导图

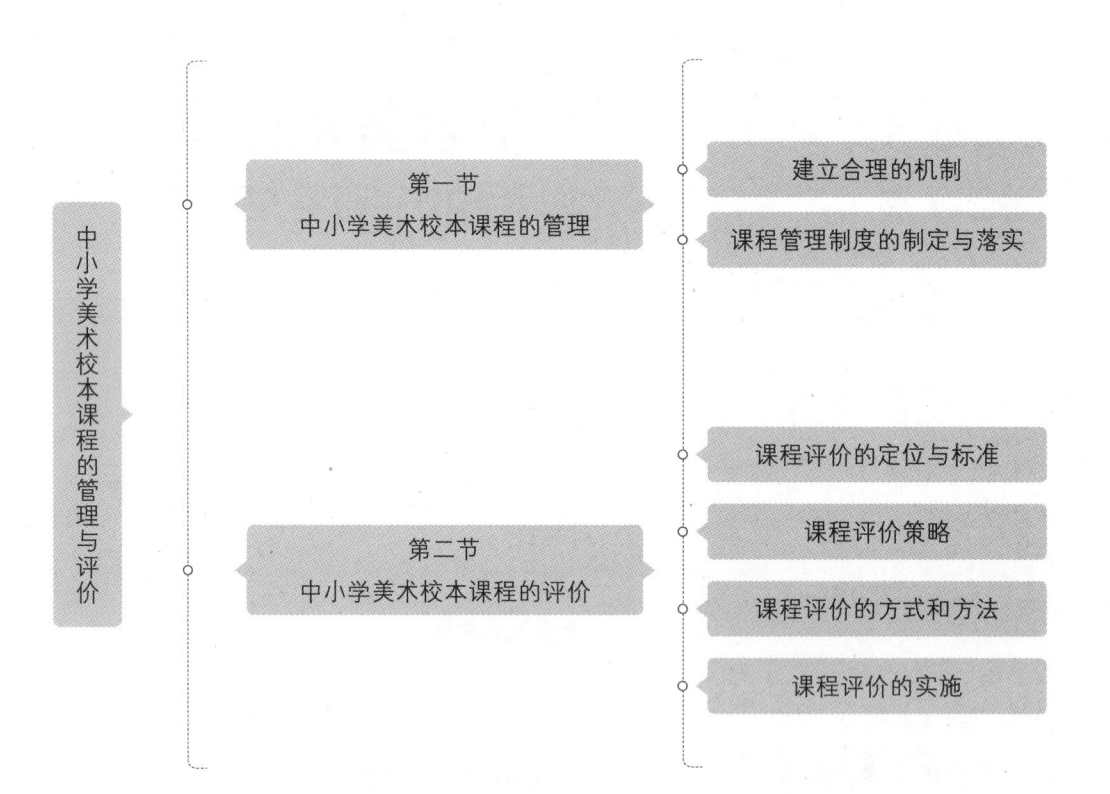

```
                          ┌── 第一节              ┌── 建立合理的机制
                          │   中小学美术校本课程的管理  │
                          │                      └── 课程管理制度的制定与落实
中小学美术校本课程的管理与评价 ┤
                          │                      ┌── 课程评价的定位与标准
                          │   第二节              │
                          └── 中小学美术校本课程的评价 ┼── 课程评价策略
                                                 │
                                                 ├── 课程评价的方式和方法
                                                 │
                                                 └── 课程评价的实施
```

第一节
中小学美术校本课程的管理

《基础教育课程改革纲要(试行)》中明确提出"改变课程管理过于集中的状况,实行国家、地方、学校三级课程管理,增强课程对地方、学校及学生的适应性"。重点强调了课程的三级管理,其中将学校课程管理提到了重要的位置。美术校本课程管理是学校课程管理的重要组成部分,也是学校课程管理中容易忽视的部分,需要重视、加强。

管理对于美术校本课程极其重要,是推进美术校本课程建设的有效保障,如果美术校本课程建设缺乏管理,会导致中小学美术校本课程难以持久的建设与发展。学校是美术校本课程的开发者,也是美术校本课程的管理者和建设者,美术校本课程开发和实施是由学校整体管理建设,教师具体落实实施。美术校本课程的管理是一个系统工程,离不开制度的制定和实施,美术校本课程的运行、改进都需要通过建立较为完善的管理系统来达成目标。

> **思考**
> 1.校本课程管理主体的职能包括哪五方面?分析明确管理主体的意义。
> 2.系统分析美术校本课程管理机制的基本内涵。

一、建立合理的机制

校本课程的管理需要明确两点:一是美术校本课程管理的主体;二是需要建立符合学校特点、适应学校发展的美术校本课程管理机制。

从校本课程的性质和开发的方法过程来分析,学校是美术校本课程管理的主体,承担法律意义上的主体责任。校本课程管理主体的职能包括:一是确定校本课程开发的指导思想;二是明确校本课程开发的目标;三是制定校本课程开发的方案;四是管理校本课程的运行;五是指导校本课程的改进和提升。校本课程管理主体科学、系统地落实上述五方面职能,达到管理的目标,需要建立完善的管理机制。

校本课程的管理主体是学校,但校本课程开发和实施的具体落实则在于各具体职能部门和教师高效的相互配合、互动合作。管理机制就是将学校、各方面职能部门和教师等有机结合起来,这是实现"相互配合、互动合作"最有效的方法和途径。建立一个完整、合理、高效的管理机制是实现美术校本课程开发和实施的基本保障。

(一)美术校本课程管理机制的基本内涵

1. 职能与目标

建立管理机制,需要制定明确职能与目标,才能有效运行管理机制。

管理机制的职能主要是明确和规范参与美术校本课程管理的所有机构和负责人的职能,需要出台相关的制度性文件和实施办法,明确"需要怎么做",规范"应该怎么做"。如重庆市开州区汉丰第八小学为实施"青瓦手绘"美术校本课程的开发和实施,建立了较为规范的管理机制,制定了《汉丰第八小学〈青瓦手绘〉美术校本课程实施管理办法及实施细则》。其中,明确了校长责任制,制定了各分管部门的相关职责,从机制上保障了课程的开发。

管理机制的目标是指确定管理机制运行的方向,其主要功能是能够有效地组织和实施美术校本课程,形成有效的管理机制。管理机制目标的制定,一方面需要结合课程开发目标,另一方面需要根据各职能部门的具体实际情况来进行。

2. 基本构成方式

管理机制的基本构成方式主要包含三个主要部分:一是决策部分;二是实施部分;三是相关部分。对中小学美术校本课程开发和实施来说,决策部分主要是指学校层面对课程开发和实施进行综合管理。其功能是制定运行目标、实施办法、进行决策。在中小学美术校本课程开发和实施中,决策部分主要包括校长或主管教学的校领导,教务、德育部门的领导,美术教研室领导等。实施部分是负责管理机制实施,按照决策机构的指令,对校本课程开发和实施各环节进行把控,保障有效、规范地运行。实施部分主要包括学校教务部门、美术学科教师和参与校本课程开发和实施的相关人员。相关部分是指参与校本课程实施的学生、学生家长和相关社会因素等。相关部分通过参与校本课程的实施,对校本课程整体或具体运行的状态进行反馈,改进和提升校本课程的质量。

3. 组织结构

中小学美术校本课程管理机制的组织结构的基本结构通常为:一级组织由校领导组成;二级组织由各职能部门和美术教研室负责人组成;三级组织由参与校本课程开发和实施的教师和相关人员组成;四级组织由学生、学生家长和参与校本课程开发和实施的相关社会人员代表组成。

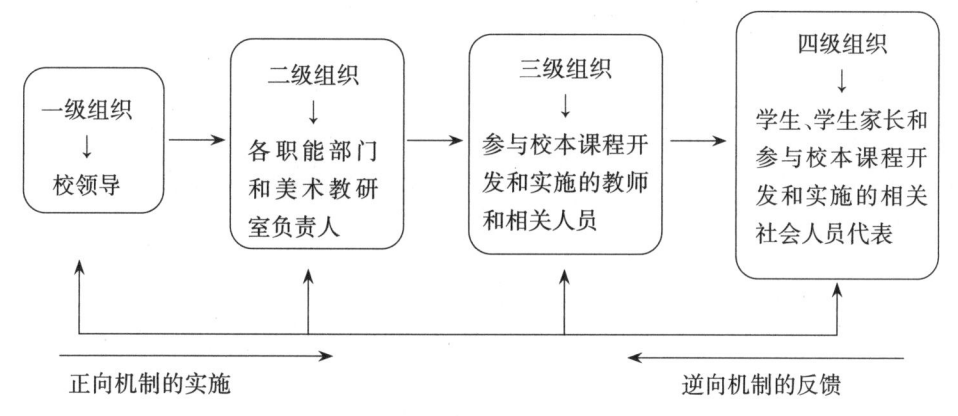

```
一级组织    二级组织      三级组织          四级组织
  ↓          ↓            ↓                ↓
校领导  →  各职能部门  →  参与校本课程开发  →  学生、学生家长和
          和美术教研      和实施的教师          参与校本课程开
          室负责人        和相关人员            发和实施的相关
                                                社会人员代表
```

→ 正向机制的实施　　　　　　　　　　← 逆向机制的反馈

图10-1　中小学美术校本课程管理机制的组织结构

(二)中小学美术校本课程管理的三大机制

1. 组织机制

制定一级组织的职能范围和行动准则,二级组织各职能部门的规章制度、实施方案,参与校本课程开发和实施相关人员的工作任务和行为规范等。

3. 运行机制

规范中小学美术校本课程中各环节的运行方式、方法、工作程序及奖惩办法。

3. 约束机制

制定中小学美术校本课程中各环节的监督制度和监督管理办法。

在建立相关的管理机构的时候,应对该主体中的教职工的职责分工明确化,比如美术校本课程管理的领导小组中,校长或主管教学的副校长担任组长,教务主任、德育主任和美术教研室主任等担任副组长,形成有效的管理领导机构。组长把握校本课程开发的导向,副组长把握校本课程开发的具体落实,包括整体课程规划、课程指导、课程资源开发、课程文化引导等方面。

如重庆市南岸区天台岗小学在"墨润童心、人人出彩"校本课程开发中,专门成立由分管副校长牵头、教导处统筹、美术教师具体执行的课程开发领导小组,形成了校本课程管理机制,进一步明确职责分工和计划进程,统筹推进校本课程开发。在天台岗小学这个校本课程管理机制中,明确了校本课程管理机制中的"校领导""各职能部门和美术教研室负责人""教师和相关人员"三级组织,形成了校本课程实施的基本管理机制,保障了校本课程的开发和实施工作。

二、课程管理制度的制定与落实

课程管理制度是保障课程达成预定目标,保证课程正常实施,按要求完成课程计划的管理性制度。课程管理制度是实施中小学美术校本课程管理的基本保障,也是保障中小学美术校本课程开发和实施的重要手段和方法。校本课程管理制度需要体现目标性、适应性、合理性和达成性的基本原则。

(一)制定课程管理制度的基本原则

1. 目标性

制定课程管理制度,需要明确"制度"需要与课程紧密联系,需要符合课程属性和课程目标的要求,以保障课程开发和实施,有效达成课程目标。中小学美术校本课程管理制度的制定,一方面要符合课程管理制度目标性的基本原则,另一方面需要结合校本课程和美术课程的特点,使课程管理制度目标性更加明确,符合美术校本课程的特点。

2. 适应性

制定中小学美术校本课程管理制度,首先,要对标《义务教育艺术课程标准(2022年版)》,其次,需要符合学校办学理念、特色,最后,需要适应学校办学条件、环境条件和师资条件等因素,制定能够适应"校本"环境条件的中小学美术校本课程管理制度。如某农村小学师资条件紧张,环境和硬件条件也相对较差,在制定课程管理制度时就不能照搬发达地区城市学校的课程管理制度。

3. 合理性

在制定课程管理制度时,需要考虑制度的合理性,包括制度设计的合理性、制度内容的合理性、制度是否具有可实施性等。如在制度的设计中各环节是否有效衔接,从制度目标制定到制度目标的达成,是否形成合理的主线,从制度方案制定、实施到反馈整改,是否形成有效的闭环链接。在制定课程管理制度时需要认真把握每一个环节是否有督导有监控,每一个环节是否有责任人,制度的形成、实施、达成是否有效、合理等。

4. 达成性

制定课程管理制度的目的是保障课程目标的达成。因而"达成"是课程管理制度制定的终极目标,中小学美术校本课程制定课程管理制度也需要围绕这个指导思想来实施。需要明确中小学美术校本课程与普通课程的突出特点在于"校本"和"美术",因此,在制定课程管理制度时需要考虑如何突出体现"校本"特色,如何适合"美术"课程的性质,只有这样才能有效达成美术校本课程的目标。

(二)课程管理制度的建设

课程管理制度的建设主要包括五个方面:一是组织机构的建立;二是制度的制定;三是课程开发和运行实施办法的确定;四是评价体系的建立;五是督导和改进制度的完善。如重庆市南岸区怡丰实验小学立项"染缬艺术"校本课程,成立了由主管教学的副校长为组长,教导主任、德育主任、美术教研组组长担任副组长的"染缬艺术"校本课程开发领导小组,建立了完整的组织机构;制定了《"染缬艺术"校本课程开发和实施管理实施办法》《"染缬艺术"校本课程开发和实施工作细则》等相关文件,清晰了工作目标,确定了组织分工,明确了各方面的工作范围和职责,细化了各职能部门的工作,制定了规范的管理制度和实施办法;领导小组协同专家学者、教师制定了《"染缬艺术"校本课程教材编写实施方案》《"染缬艺术"校本课程教学与评价实施细则》,明确了课程运行的细则。在完善相关制度性文件的基础上,学校成立了以教务办、美术教研组为主体的"'染缬艺术'校本课程教学督导小组",完善了课程的督导和改进机制。

(三)课程管理制度的落实

制度建立起来后更重要的是落实。每一个学校需要根据各自不同的具体情况,来落实中小学美术校本课程开发与实施工作,没有统一的模式。以下是教育工作者对课程管理制度落实的基本规律进行的总结归纳,供大家参考。

1.课程宏观管理

课程宏观管理是指对课程的开发与实施进行整体把控,对确定目标、开发策略、组织机构、工作职责、实施办法等方面进行宏观指导,保障课程的开发和实施能够良好地运行。在落实上,要按照相关文件执行,把控课程开发和实施整体方向正确,方法得当,实施有效。

2.分段管理

课程管理制度需要对课程教学的每一过程进行有效管理,制定分段目标课程管理制度,以保障课程目标的达成。遵循OBE目标导向教育理论,课程的过程是课程目标达成的必要途径,每一个过程都需要紧扣目标,对每一个过程的监控是保障目标达成的必要手段。课程管理制度需要对分段目标进行系统的规范,分段目标主要包括课前工作、运行监控、持续改进三个方面。

(1)课前工作。课前工作是课程形成的基本过程,也是实施课程教学的必要工作,需要对该过程进行规范。该阶段主要包括课程规划和课前准备两个方面。

课程规划主要指课程方案和课程设计,一方面从制度上规范课程方案和课程设计,明确课程的指导思想、要点,提出对课程实施方式方法的要求,提供课程资料撰写的标准格式和模板等。课程方案和课程设计主要包括教案、教学大纲、教学进度表、课件资料等要件。细化课程规划,能够让教师工作有规范,实施有依据。另一方面在工作程序上要落实抓成效,如对课程规划的资料需要进行课前定期提交,课后及时存档,学期定期抽查反馈,学年定期整改,做到有依据、有反馈、有整改。

在制定课程管理制度中需要明晰课前准备的工作事项和工作要点,特别是美术学科教学,课前准备事项较多,需要根据不同的课程准备不同的教具和学生练习使用的工具材料。课程管理制度细则中应明确要求教师填写课程准备报告,有益于课程的查证和整改。

(2)运行监控。运行监控是指对课程教学运行阶段的管理。课程教学的运行监控主要包括对课程运行状态监控和对课程运行效果监控两方面。

对课程运行状态监控主要包括合理性和创新性两个指标,合理性主要考察课程教学的运行是否合理,如教学过程衔接是否得当,教学方法使用是否合理等。创新性主要是考查课程教学中是否使用了创新性的理念、教学方法、教学过程等。

对课程运行效果监控主要包括教学效果和目标达成两个指标。教学效果主要体现在课堂氛围的营造、教师与学生合作的效果等方面。目标达成是课程运行监控中的关键指标,能够直接体现课程教学的实际效果,反映出课程教学能否达成课程的预期目标。

运行监控通常采用的方法包括定期检查和不定期抽查两种。定期检查一般是由教务办和美术教研室组织,落实相关专家、教师对每一学期的课程进行听课测评。不定期抽查通常是采用学生寻访和不定期听课的方式完成。在听课和寻访之前,抽查测评需要按照课程的实际情况,制定合理的听课和寻访评价方法和指标,形成课程的合理性评价体系,以确定听课和寻访是切实有效的。

美术校本课程教学从形态到方法千差万别,在具体实施中需要根据不同的课程制定不同的运行监控方案。

(3)持续改进。持续改进是指通过运行监控,发现课程运行中存在的不足和需要改进的问题,需要进一步持续改进,以确保课程的不断完善。持续改进主要包括改进实施和改进成效两个方面。

在改进实施过程中需要重点把握三方面工作:一是需要制定清晰的改进方案;二是需要落实专人负责;三是需要根据实际情况制定明确的改进时间节点和期限。改进成效需要重点把握,清晰地呈现改进的效果,如通过教学研讨确定改进的可行性,通过实际授课体现改进的效果。改进成效还体现在通过对持续改进的记录和总结,保留改进的印记,有益于课程的不断完善和持续发展。

3.课程管理制度设计方法

课程管理制度的设计需要遵循"主线"和"底线"的原则。"主线"是指课程管理制度的设计需要依照中小学美术校本课程开发和实施的主线。如依照校本课程的开发思路、课程目标、课程实施、课程评价等方面形成的主线来制定相应的课程管理制度。"底线"是指校本课程开发和实施需要达到的基本要求和最低要求。如在制定课程教学要求时,明确课程教学至少要达到学生能够了解课程的基本知识点,理解课程的基本知识理论,掌握课程的基本技法等;在规范课程教学时,要求教师在进入课堂时准备必要的课程教学资料,包括课程教案、课程教具等,此外做到形象得体、衣着整洁等。

(四)教师能力的提升

中小学美术校本课程的管理不仅限于课程管理机制形成和制度制定,还需要根据中小学美术校本课程教学的需要有针对性地提升教师的综合能力。教师能力提升包括目标、途径和方法三个方面。

1. 教师能力提升目标

教师能力提升目标是指通过教师培养,使教师的教学能力达到校本课程教学所需要的目标,包括两个方面:一是阶段性目标;二是长期目标。教师能力提升目标的制定需要考虑三方面的因素:一是短期目标需要符合长期目标要求,并形成有机衔接;二是长期目标和短期目标需要符合教师培养的主线制定;三是教师能力提升的目标需要紧紧地围绕校本课程教学制定。

2. 教师能力提升途径

教师能力提升途径主要是指校本课程教学设计和制定的针对性的、可行的、科学的教师培养方案。提升途径主要包括三种常见的形式:一是集中培训;二是考察交流;三是教学互动。

集中培训的方式多种多样,有当地教育部门组织的骨干教师培训、校本课程培养等,有学校组织的校本课程专题培训,以及高校、名师组织的相关活动。

考察交流主要是参与当地教育部门组织的、学校组织的考察交流活动,也有对校本课程开发和实施具有针对性的、点对点的校际的考察交流。如重庆市某小学需要开发"梁平木版年画"校本课程,前往梁平寻访梁平木版年画传承人。

教学互动是指根据校本课程开发和实施的需要,教师有选择地参与当地教育部门组织的示范课教学、学校间的教学研讨等活动。如重庆市璧山区某小学聘请高校专家来校参与听课、教研活动,与教师进行交流研讨等,对该校校本课程教学进行"问诊把脉"。

3. 教师能力提升方法

教师能力提升方法形式多样,一方面需要根据校本课程的需要选择适合的提升方法,另一方面需要考虑教师自身的特点和需求。教师能力提升方法主要包括自我研修、参与培训、交流互动等。

(五)制定课程管理制度的"六要素"

1.人的因素

"人"是影响中小学美术校本课程开发和实施的核心要素。从校本课程项目的确定到校本课程的开发,从校本课程的实施到校本课程的评价等,无不是体现人的因素。在校本课程管理制度的制定时,需要充分体现"以人为本"理念。校本课程开发和实施过程中的"人",主要指学校层面的领导,管理层面的教务、德育、教研室主任等,实施层面的教育专家、专业教师、其他教师、辅导员和学生等参与管理及教学实施中的人。在课程管理制定中需要针对不同层面人的特点、能力、价值进行综合考量,一方面能够体现每一个人的价值,另一方面需要对每一个人的行为形成合理的制约。

2.制度规范

"制度"是一种行为的要求、限定、法规,也是一种标准,对中小学美术校本课程管理制度来说,主要包括对课程的要求,如课程规范、课程实施的制度。课程规范,包括管理人员、教师行为规范等。课程实施的制度,包括课程实施的方法、过程的标准等。制度规范是课程管理的基本保障,只有在规范的管理制度下课程教学才能够合理、规范、有效地实施。

3.条件因素

"条件"是指影响事物生成、发展的因素。中小学美术校本课程不仅需要在国家政策的指导下实施,还会受到多方面条件的影响。这些条件一方面影响着校本课程的开发和实施,另一方面也是制定课程管理制度需要重点考虑的要素之一。对校本课程开发和实施来说,主要包括政策条件、环境条件、人员条件三方面。在课程管理制度中,政策条件是首先需要考虑的要素,政策的支持是校本课程开发和实施的前提。在制定校本课程管理制度时需要考虑环境条件因素,这也是充分体现"校本"特色的方面。课程环境条件主要包括教学设施、实践基地、教学经费等课程中的重要保障和主要条件。因此,"条件"是制定课程管理制度时需要考虑的要素之一。人员条件主要指学校的管理团队、教学团队和学生等方面的要素。其中,这里表述的学生不仅需要考虑参与教学的学生,还需要考虑学生的家庭和社会因素。

4.资源因素

这里的"资源"是指有可能会对课程教学产生影响的资源环境。在制定校本课程管理制度时需要充分考虑到每一个学校特殊的资源因素,这些因素主要包括教学资源、自然资源、文化资源、社情资源、学情资源、信息资源等。教学资源主要是指与教学相关的资源条件,如教室条件、美术制作室条件、工具材料条件等。自然资源、文化资源对美术校本课程形成特色会产生重要的作用。社情资源、学情资源、信息资源等也是完善课程教学的重要条件。

5. 文化环境

"环境"是影响人类生存、生活的物质和精神方面的因素。这里的"文化环境"主要指会对中小学美术校本课程开发和实施产生影响的文化方面的环境。如学校文化、校园文化及对学校产生影响的周边社会文化等，在制定校本课程管理制度时需要充分考虑这些文化环境因素。

6. 把控测评

把控测评是实现校本课程管理的重要一环。课程运行是否合理，课程目标是否达成，是需要通过测评监控来采集数据进行综合评价。把控测评是制定校本课程管理制度中不可或缺的关键环节，包括四个方面的内涵：一是把控；二是测评；三是反馈；四是整改。

把控是对校本课程管理制度实施目标的表述。把控什么？指的是把控校本课程的质量，这是制定校本课程管理制度的核心要素，需要特别注意。

测评是体现课程教学质量的方法和手段，包含两个层面的内涵：一是"测"，采用什么方式方法进行合理的、科学的检测，并通过"测"得到一个合理的、真实的、能够体现课程教学状态的数据和资料；二是"评"，对"测"形成的数据和资料进行科学的、合理的、有效的评价，呈现该课程教学真实的状态。从课程管理的角度看，测评是相互依存、不可分割的。

反馈是在形成评价结果的基础上实施的重要环节，只有通过反馈才能够使测评的结果传达给实施课程教学的教师，从而使教师知晓其教学中存在的优缺点。该环节是校本课程管理制度制定中容易忽略的一个环节，需要明确反馈的方式和方法。

整改是制定校本课程管理制度的重要目标之一，在实施中需要通过制定相应的实施办法或实施细则，规范整改的目标、期限、结果。

学习小结

通过本节的学习，了解在中小学美术校本课程的管理中如何建立合理的机制，以及如何进行具体课程管理制度的制定与落实。一方面较为明确地学习了中小学美术校本课程管理机制的基本内涵和三大机制；另一方面也掌握了制定和落实课程管理制度的基本原则和方法，使学生能够在中小学美术校本课程的实际开发和实施中得到应用。

练习实践

1. 尝试分析课程管理的三大机制在中小学美术校本课程管理中的实际应用。
2. 创设情境，尝试制定一个中小学美术校本课程管理制度。

第二节
中小学美术校本课程的评价

《义务教育艺术课程标准(2022年版)》明确指出:"评价是检验、提升教学质量的重要方式和手段。要充分发挥评价的诊断、激励和改善功能,促进学生发展。"中小学美术校本课程评价是运用一定的评价手段对校本课程各环节进行科学的、合理的测评,最终呈现课程的真实状态。美术校本课程是以学校为主体进行的自主开发,一方面需要遵循课程评价的基本规律,另一方面也要根据校本课程教学的特点制定适合的评价实施办法。

校本课程评价从不同角度会形成不同的评价目标和方法。完整、全面、真实地呈现一个校本课程的状态,需要从不同视角进行评价,才能形成客观的、公正的评价数据和资料。因而需要根据学校的实际情况制定适合的课程评价实施办法。

本节将从课程评价的定位与标准、课程评价策略、课程评价的方式和方法、课程评价的实施四个方面展开阐述。

一、课程评价的定位与标准

从行为学的角度来看,中小学美术校本课程教学作为一种人类活动行为,是一种为适应社会需求,为适应内外环境变化(刺激)所作出的反应,是学校这个特定的人类交往环境,通过开发和实施校本课程这样的特定行为方式,对学生的成长和发展进行引导和控制,来实现以传授校本课程知识为主要方法,以塑造灵魂为首要工作的目标。简单地讲,行为达成就是一个事物从A点运动到B点。而检验A点是否真实地到达B点,这是评价所需要做的工作。采用何种方式才能够检验出事物是否真实地从A点到达了B点,这需要确定检验的目的是什么?检验什么?之后才能是怎么检验和检验的结果。对美术校本课程而言,"检验的目的是什么"就是课程评价的定位和目标;"检验什么"就是课程评价的标准;"怎么检验"是课程评价的方法;"检验的结果"是课程评价的结果。

(一)校本课程评价的定位

对课程评价而言,定位和目标是两个相互依存的方面,其中定位是对"是什么"的一种认知过程,目标是对定位进行条理化、明晰化的实现。也就是说,我们需要对课程评价这个行为"是什么"进行判断,需要对"是什么"的多种可能性进行分析,并最终判断出结果。这个判断行为过程和结果,就是定位。

定位分析是一个行为是否能够达成的核心指导和关键环节。如"我去三食堂吃饭"这个行为中,"我"是主体,"去"是方法,"三食堂"是目的地,"吃饭"是初始动机,也是目标。在这个完整的行为过程中,重点不在于"去"这个方法和"三食堂"这个目的地,而在于"吃饭"这个目标。"吃饭"是为了满足"我"这个主体而形成的需求,这个需求促成了整个行为的初始动机,并在这个初始动机"吃饭"引导下,形成了后续的行为。"吃饭"这个初始动机的形成,是一个"我"这个主体需求下的思维选择过程,也是一个定位的过程,当初始动机通过思维过程完成了选择,就形成了"吃饭"的预期目标。"我"想吃烤肉还是想吃小面?这是定位的过程,当你确定了想吃烤肉,这个目标也就确定了。在此基础上你需要考虑的只剩下哪里的烤肉好吃(目的地),坐车还是走路去(方法),这就要结合能够实现目标的诸多因素进行方法的选择。

美术校本课程评价的定位是一个复杂的思维过程,需要考虑多重因素,如:遵循《义务教育艺术课程标准(2022年版)》的要求,遵从课程评价的基本规范,突出学校的办学理念,体现课程的"校本"特性,反映美术学科教学的特点,考虑学生、环境等方面因素。总结归纳,重点需要考虑三方面,一是基本规律,二是学校特色,三是课程特点。如:一个重庆观音桥周边的公办小学校美术校本课程评价的定位需要考虑哪些因素?从基本规律方面,当然是符合国家、重庆市、江北区规范的基本法律法规、制度要求和课程标准等;从学校特色方面,需要考虑课程评价是否符合观音桥这个小学校的办学理念、办学条件、办学环境等因素;从课程特点方面,需要考虑这个美术校本课程的课程目标、课程性质、课程教学实施的方法与过程等因素。

(二)校本课程评价的目标

简单地说,课程评价目标是课程评价定位的现实化呈现,并转变成最终明确的、可实施的课程评价所要达到的预期目的和课程评价实施方向。课程评价目标可以分为核心目标和分解目标。如重庆市石柱县某小学的美术校本课程评价的核心目标是"对学生进行学校特色审美认知能力的培养",分解目标为四个方面,一是提升学生学校特色审美鉴赏能力;二是丰富学生学校特色美术知识;三是提升学生学校特色美术技能;四是提升学生综合素养。其中核心目标是课程评价全过程和各环节都需要达到的目标;分解目标是通过课程评价不同环节达成的目标。

表10-1　重庆市石柱县某小学美术校本课程实施教师目标达成评价表

评价内容	核心目标达成情况	分解目标达成情况
总体评价	能够达成	达成目标一、二、三
教学资料	能够达成	达成目标一、二、三
教学过程	能够达成	达成目标一、二、三
教学评价	能够达成	达成目标一、二、三

(三)校本课程评价的标准

课程评价标准是指在课程评价实施中需要参照的尺度和规格。其中,客观性、公正性、科学性是形成客观评价的重要依据,是对课程教学实施程度和样态评判的主要因素。

标准的客观性:课程评价标准的客观性是指课程评价标准的制定要符合客观实际,要反映各方面的真实性。

标准的公正性:课程评价标准的公正性是指课程评价标准的制定要体现公平公正的原则。公正性是相对的,是需要根据课程评价的关联因素来确定是否符合客观实际公正性。公正性是通过比较形成的,与课程教学基本要求进行对比形成纵向比较,与同类学科课程教学进行横向比较,与相同教学条件、环境进行综合比较,形成有依据的课程评价标准的公正性。

标准的科学性:课程评价标准的科学性是指课程评价标准的制定需要符合教育教学的基本规律,符合学科教学的特点,符合课程评价的基本特性。

二、课程评价策略

美术校本课程的评价不只是针对教学的评价或是传统意义上的课程评价,应该是两者的统一。美术校本课程的评价需要注意评价的衡量方式要保持一致,最后得到的评价结果才具有可靠性,有助于消除评价存在的偏差。

美术校本课程评价应符合校本课程发展需要,根据校本课程教学实施的具体情况进行。在制定美术校本课程评价方案时,需要充分重视作为课程评价主要参与者教师的作用。教师在不断地实践、反省、修正、完善的过程中,能够敏锐地察觉到课程评价中存在的各种问题和实际情况,能够更好地与参与课程评价的指导专家、评价专家、学生、家长进行沟通交流,形成完善的、可实施的课程评价。

学校是课程评价的重要组成部分。学校可以将美术校本课程评价与学校常规发展计划相结合,有助于形成符合学校发展的美术校本课程评价体系。

美术校本课程评价不能只从听课一种形式进行,可以从多个维度展开评价,包括参与校本课程开发和实施的教师、学生、管理人员等。比如由学生进行自我评价、同学互评、教师互评等。

课程评价包含教师自我反思性评价、教学检查评价、学生反馈评价等。

课程评价包含任课教师、学生、家长，甚至是社会层面等主体，但是教师作为整个美术校本课程评价中的参与者和实施者，一方面通过课程评价改进自身的教学，另一方面通过交流达到共同进步的作用，因而教师需要参与课程评价的全过程。

美术校本课程评价不仅需要关注课程教学的基本规律、基本状态、基本方法等方面的因素，还需要根据美术学科特点关注美术课程教学的教学特性。如美术视觉教学、图像教学、技法教学、实作教学等方面的特点，注重美术技法的掌握和美术作品的呈现。

美术校本课程评价需要围绕具有美术特性的课程目标、课程内容、课程实施过程等方面考量。主要体现在以下几个方面：

(1)美术校本课程评价是否与课程教学目标有效衔接；
(2)美术校本课程评价能否体现"以学生为本"的理念；
(3)美术校本课程评价是否能够突出"校本"特色；
(4)美术校本课程评价是否突出美术特性；
(5)美术校本课程评价能否引导教师将教学理论和教学实践有机结合。

三、课程评价的方式和方法

方式和方法是对事物运动过程中两种不同状态的表述，方式注重形成的过程，方法注重实施的手段。

(一)美术校本课程评价的方式

从主客观角度，主要包括以下两种。

1. 自主评价

自主评价也称为主体评价，就是教师对自己课程教学进行评价，是在主观自我意识的引导下形成的一种评价方式。自主评价的核心是个体自我引导下的自主行为。首先需要建立自我改进和完善的主观意识，在自我确定的评价目标引导下，对自己课程教学的活动和行为进行自我审视，形成对自己思想、愿望、行为和教学特点的判断和评价。其中评价的主观意愿是自我评价的关键要素，在美术校本课程评价中，学校需要强化教师的自主评价方式，形成教师自主学习、反思、完善的意识。

2. 外部评价

外部评价是指来自实施课程教学教师本体以外的评价，也称为客体评价。其主要来自美术校本课程教学相关联群体的评价，主要包括学校评价、教师评价、学生评价和社会评价。其中最核心的是教师评价和学生评价。

学校评价从学校的角度对课程进行评价，主要体现在课程教学是否体现学校办学理念、课程的校本特色，课程教学质量是否符合学校要求等方面。

教师评价主要是由学校美术教师来实施，主要是从教师的角度和学科的角度对课程教学进行评价，如课程的教学目标是否明确，教学方法和过程是否达标，教学内容是否符合课程要求等。教师评价的优势在于，同学科教师在了解课程教学基本规律的同时，对美术学科特点和美术学科教学方法、过程、技能等有深入的了解。在许多中小学美术校本课程的评价体系中，教师评价是考核的主要指标。

学生评价主要来自参与课程教学的学生。作为教学对象，更加清楚通过课程教学，自身对知识和技能的掌握程度，因而更能够反映课程目标达成的效果，更能够体现课程教学评价的本质。学生评价又可以分为学生个体评价和学生集体评价，其中学生集体评价又可以分为学生分组评价和学生集中评价。

社会评价主要是来自社会相关环境的评价，如家长、教育部门以及相关学校等。其中家长、教育部门的评价也是体现课程实施效果的因素之一。

（二）美术校本课程评价的基本方法

课程评价方法是美术校本课程评价的基本组成。包括教学的技能、技巧、手段等，主要针对教师在课程教学的每一个环节、过程中，采用什么手段实施教学，方法是否合理，是否能够达成课程目标进行评价。课程评价的方法种类繁多，学校、环境、条件、教师、学生甚至学生家长等因素都会对课程评价的方法产生不同程度的影响。选择适合的课程评价方法需要遵循两方面的规律：一是要遵循教育的基本规律，遵循评价的基本规律；二是需要根据自身的特点、条件等因素选择符合校本课程需求的课程评价方法。

1. 定性评价法

定性评价法是对课程进行"质"的分析方法，也就是对课程的综合认知的评价方法，是在一定的评价尺度范围中，运用评价者的认知经验对评价对象进行分析和判断、比较与归纳等，以此实施评价。由于中小学美术校本课程的学科特性，美术的图像信息传达没有明确的评价尺度，是一个相对的范畴，是需要通过通识规律和个体认知经验相结合形成的一种判断。因此，这是美术校本课程评价中最常用的一种方法。

2. 定量评价法

定量评价法是采用量化的尺度进行评价的方法，如一个学校课程的合格条件是课程的及格率达到95%及以上，那么一个班50个学生，45个学生课程考试及格，这门课程就达标了。这就是用数据进行评价的方法。定量评价法通常用在能够通过确切的数据反映课程教学情况的评价中。中小学美术校本课程定量评价法一般用于对"底线"的把控或概率性的要求。如定量评价应用在课程教学时,教师必须要携带哪些必备的教学资料,学生参与课程讨论不能低于多少百分比等。

3.绝对评价法

课程评价中的绝对评价法是根据统一的需要,在一个特定环境中,制定一个相对客观的、不针对某一个课程教学个体的,对所有课程评价共同使用的评价标准和尺度。课程评价时将评价对象与评价标准和尺度进行对照,体现出该课程的指标,并通过这个指标,评出课程的等级、优劣,或名次。这种方法体现了在特定环境中评价的一致性和绝对性。绝对评价法的特点在于使用统一的尺度来评价个体课程教学,但也容易忽略个体课程教学的特殊性。如某学校制定了课程教学评价的实施办法,并使用这个实施办法来评价语文、数学、美术、体育等学科,以考量教师是否能够达到学校要求的课程教学基本要求。在实际课程评价中,大多数学校都会采用这种办法来对课程的基本状况进行评价,将每一个课程与学校实施办法形成一个横向的比较,形成一个较为合理的评价结果。但绝对评价法也存在较为明显的缺陷,即没有办法根据各学科特点,更加细化、科学地评价每一个学科课程的教学情况。在中小学美术校本课程评价中需要将绝对评价法与其他评价方法相结合,体现美术校本课程评价的特点。

4.相对评价法

相对评价法突出了评价者经验和认知,是在一个与评价对象有关联的范畴中,选取一个或若干个样本作为评价参照,然后把特定评价对象与评价参照进行比较。相对评价法的特点主要体现在两个方面,一是评价的相对性,该评价不是通过具体化的统一尺度,而是根据评价者的需求,选取相对客观的参照样本,提取具有评价价值的指标,用这些指标对评价对象进行测评。二是有针对性,相对评价的指标形成是评价者通过选取的典型性、代表性样本进行筛选提取的。因而评价者能够更加有针对性地选取样本,更能够符合特定的课程评价需要。相对评价法在美术校本课程评价中应用非常广泛,可以通过选择相同课程类型、相同学科课程、相同教学环境等评价样本,从中提取出所需要的课程评价指标对美术校本课程评价对象实施评价。如:重庆市黔江区某小学采用相对评价法对美术校本课程进行评价,于是选择了酉阳县、彭水县、石柱县等相近、类似地区的小学美术校本课程作为样本,提取出相关联的评价指标,形成了该校美术校本课程相对评价的部分标准。

相对评价法也存在一些较为突出的优点和缺点。相对评价法的优点是:

相对评价法适应性强,能够广泛应用于各类美术校本课程的评价中,可反映出一些具有特殊性的课程特点。如对重庆市秀山县某小学美术剪纸校本课程进行评价,就可以选取邻近的酉阳县、彭水县、黔江区的小学剪纸课作为样本,提取出其中的评价指标,对该校剪纸课程中讲授新课、分组实践、课程评价等教学环节进行评价。

这种建立在对选取样本进行充分认知的基础上进行的评价,有益于比较出课程中的个体差异,对评价对象作出较为客观、公正和确切的判断。

相对评价法有利于激发评价对象的竞争意识。

相对评价法的缺点是:

相对评价法不是绝对值的评价,每一个相对评价都是在一定范畴的评价。优秀的课程未必是绝对值上的优秀,评价中较差的课程也不一定是低水平的课程。这种相对性就会带来评价指标、评价标准上的模糊性,如采用的样本存在一定的不足,就会对评价的结果产生直接的影响,从客观上无法保证课程评价的质量。

评价对象是通过一定范围内的样本指标进行评价,不一定反映他们的实际水平。

四、课程评价的实施

校本课程评价需要通过具体的实施来实现课程评价目标的达成。校本课程评价的实施包含了课程教学的全过程,一方面考评教师教学从课程准备到课程实施、课程评价的过程,另一方面也需要通过学生的学习状况来体现课程教学的实际效果。校本课程在实际操作中通常从三方面进行评价:课程实施方案评价、教师课程教学评价、学生学习状况评价。

(一)课程实施方案评价

课程实施方案评价是对教师课前教学准备活动的评价,能够较为全面地体现课程的基本形态和课程实施的状况。课程实施方案评价主要审查的资料包括校本课程教材、教学实施计划、教案、教学课件、教学辅助资料等。表10-2体现了典型的课程实施方案评价形式和内容。

表10-2 课程实施方案评价表

评价指标	评价内容	得分
目标确定 (20分)	1.目标符合《义务教育艺术课程标准(2022年版)》要求。 2.目标符合学校人才培养要求。 3.目标定位准确,可实施。 4.目标表述清晰明确。	
校本体现 (20分)	1.充分体现学校办学理念和发展需求。 2.校本特色定位合理。 3.体现美术学科特点。 4.符合学校教学条件。 5.符合学生需求。	

续表

评价指标	评价内容	得分
课程结构 （20分）	1.课程结构是否合理。 2.各环节衔接是否有效。 3.课程结构是否能够有益于目标达成。 4.课程结构是否体现课程特点。	
教学内容 （20分）	1.课程内容是否能够对标课程目标。 2.课程内容是否符合规范。 3.课程内容是否突出校本特色。 4.课程内容选择是否符合学生特点。 5.课程内容的美术学科特性。	
总结评价 （20分）	1.评价目标。 2.评价方法合理性。 3.评价可操作性强。 4.是否符合学生特点。	

（二）教师课程教学评价

教师课程教学评价是对教师在课程教学实施环节中的行为、方法、措施、取得效果等方面进行评价。教师课程教学评价涉及的内容较为繁杂，既包含对教师多方面的知识储备和教学技能的考量，也包含对课程教学实施情况和学生学习效果等方面内容的体察。因而，需要根据美术校本课程教学实际需求进行认真的筛选，遵循"去繁就简，遵循目标，突出校本，把握主线，去伪存真"的原则，制定符合美术校本课程特点的评价形式和评价内容。以下两个案例侧重点不同，方案的制定有一定的区别。表10-3"教师课程教学评价一"注重对教学过程实施和目标达成的评价。表10-4"教师课程教学评价二"注重教学的效果和课程特色的体现。

表10-3 教师课程教学评价一

评价项目	具体指标	评价内容 （评价教师填写）	五级评价
课程目标	1.课程教学能够有效支撑课程目标。 2.各环节能够有效支撑课程目标的达成。 3.能够体现校本课程特点。 4.能够凸显美术课程特性。		
教学设计	1.课程整体结构是否合理。 2.各环节设计是否合理。 3.各环节是否形成有效关联。		

续表

评价项目	具体指标	评价内容（评价教师填写）	五级评价
教学内容	1.课程内容有益于教学目标的达成。 2.教学内容选择能否突出"校本"特点。 3.教学内容能否体现美术特性。 4.课程内容是否符合学生需求。		
教学方法	1.教学方法与课程目标是否一致，并与教学内容有效衔接。 2.教学形式是否符合美术课程特点。 3.教学形式是否符合学生特点。 4.教学是否合理应用现代教学技术。		
教学实施	1.课程教学各环节衔接是否合理。 2.课程导入环节实施情况。 3.讲授新课环节实施情况。 4.知识讲授或教学示范环节实施情况。 5.教学研讨或组织活动环节实施情况。 6.课程总结或展示环节实施情况。 7.课程评价环节实施情况。		
学生表现	1.学生是否专注于教学。 2.学生表现是否积极。 3.学生纪律是否符合课堂规范。		
学习效果	1.学生与教师可否形成有效互动。 2.学生作业是否达到教学要求。		
总评			

表10-4 教师课程教学评价二

内容	具体指标	自评	校评
课程开发的价值（20分）	1.校本课程是否与国家课程、地方课程紧密联系。 2.是否符合《义务教育艺术课程标准(2022年版)》的要求。 3.是否体现学校特色，体现美术课程特点。 4.是否有益于学生综合素质的提升，能否促进学生个性发展。		
教学目标（20分）	1.表述是否清晰明确。 2.是否有突出的重点。 3.是否充分考虑到学生特点。		

续表

内容	具体指标	自评	校评
课程内容 (20分)	1.课程内容与教材结合是否合理、有效。 2.课程内容是否体现校本特色。 3.课程内容是否符合美术课程要求,具有科学性、学科性、启发性,突出学生能力的培养。		
教学过程 (20分)	1.教学计划、教学进度等教学资料完整。 2.能够钻研教材,根据学生的实际,设计目标明确、结构清晰、内容符合校本课程特点、评价合理的教案。 3.能灵活运用多种教学方法进行教学,重点和难点明确,课程教学具有创新性。 4.课堂教态恰当,语言流畅、生动、规范,富有启发性。 5.课堂氛围良好,学生互动积极。 6.能够熟练运用学科专业技能和现代化教育技术实施教学。 7.板书设计符合要求。		
教学效果 (20分)	1.学生评价良好。 2.形成了有效的教学成果。 3.进行了课程教学总结。		

(三)学生学习状况评价

对学生学习状况的评价主要包括以下五方面的因素:

学生上课出勤率、学生与教师互动情况、学生课堂纪律和学生课堂表现积极性、学生技法练习或回答问题情况、学生课业或作品完成情况。

表10-5 学生学习状况评价表一

评价项目	评价要点	学生评价	教师评价
课堂纪律	1.学生考勤。 2.教师课堂组织。 3.学生专注度。 4.学生主动性。		
学习态度	1.遵守课堂纪律。 2.踊跃参与教学活动。 3.认真完成自己的任务。 4.积极与教师进行互动,善于思考,勤于动手。 5.善于沟通合作,主动交流,尊重同学,乐于助人。		
知识掌握	1.知识掌握。 2.方法的学习。		

续表

评价项目	评价要点	学生评价	教师评价
知识掌握	3.能力的提升。 4.具有创新性思维。 5.具有反思意识和批判性思维。		
沟通合作	1.能主动与老师沟通。 2.能积极与同学交流合作。		
学生发展	1.思想品德的体现。 2.行为规范的表现。 3.自主发展的反映。 4.社会参与的展现。		
学习成果	1.作业是否规范。 2.作业是否达到要求。 3.掌握知识和技能的情况。 4.成果是否体现目标的达成。		

备注:评价采用等级制,分为 A、B、C 和 D。

表10-6 学生学习状况评价表二

评价指标	评价内容	自评	互评	师评
综合素养	1.遵守纪律的情况。 2.认真对待每一项任务。 3.具有探索和创新性思维。 4.有一定的逻辑性和条理性。 5.有较强的责任心。 6.注重与同学和老师的沟通合作,善于交流,懂得理解和尊重他人。 7.有一定的"反思"意识。 8.不怕吃苦、勇于克服困难。			
学习能力	1.学会用多种途径获取知识的能力。 2.学会运用已有知识解决问题的能力。 3.理解和分析问题的能力。 4.与老师和同学交流的能力。 5.美术技法的学习和表现能力。 6.美术个性表达的能力。			

续表

评价指标	评价内容	自评	互评	师评
学习成果	1.成果是否完整。 2.成果是否符合教学目标。 3.成果能否体现学生能力的提升。			
成绩总评				
备注:评价采用等级制,分为A、B、C和D。				

美术校本课程评价实施方案需要根据各个学校课程开发的特点来制定,首先需要考虑教育教学的基本规律,其次需要考虑校本课程特色,最后需要考虑学科因素。以下是美术校本课程评价的具体案例。

【美术校本课程评价实施案例】

为更好地实施本校美术校本课程,提升学校课程教学质量,凸显学校课程教学特色,促进学校课程教学健康发展,特制定校本课程评价方案。

表10-7 重庆市南岸区某小学校本课程评价表

姓名		班级		时间		课程		
评价内容		评价要求					学生	教师
教案设计 (20分)	目标明确	围绕核心素养内涵,结合学校办学理念,突出体现校本课程特色,挖掘特色资源,提升学生综合素养、审美能力、美术知识技能。						
	内容合理	各环节合理,课程内容符合基本要求,能够体现校本课程特色,能够突显美术课程特点,能够有效支撑教学目标达成。						
资源整合 (20分)	校本特色	能够合理开发校本课程资源,符合学校办学、教学、学生特点。						
	资源整合	能够有效整合资源,与课外、校外教学形成有效合作;能够运用自然环境资源、人文环境资源、现代教育技术资源等多方面的资源丰富课程建设。						
课堂教学 (20分)	教学实施	教学运行是否正常,教学是否规范,各环节衔接是否顺畅,知识阐述是否清晰准确,课堂组织是否合理,技法展示和示范是否规范,突发情况的处理能力等。						
学生学习 (20分)	学生态度	学生能够专注于课堂教学,积极参与教学,师生互动合理有效。						

续表

项目		评价指标		
学生学习 (20分)	学习状态	能积极提问、回答问题,具有创新性意识;积极参与实践课程教学,勤于思考、勤于动手,积极动手操作、积极进行互动讨论;具有合作意识,乐于交流和分享。		
目标达成 (20分)	作业情况	作业整体效果,作业个体情况,是否体现教学内容,能否体现教学目标的达成。		
	总结评价	总结是否合理,是否清晰地归纳概括本节课的要点,是否对学生的学习状况和学习的收获进行了总结,是否突出了课程主题;评价是否合理,是否对教学和作业进行了综合的评价,是否体现了学习的成果和目标达成的情况。		
总体印象 (满分100分)			(总分)	(总分)

备注:85分及以上为优,75~84分为良,60~74分为合格,59分及以下不合格。

表10-8　四川省某中心小学美术校本课程教学评价表

学校:　　　　　班级:　　　　　学生人数:　　　　　授课课题:
授课地点:　　　授课时间:　　　授课教师:　　　　　听课人:

项目	评价指标	分值	评价得分
教案设计 (20分)	1.教学目标明确、可实施,重难点突出。	4分	
	2.按照新课标要求制定课程目标,可实施、可评价。	4分	
	3.课程目标能够体现校本课程特点,突出美术课程性质。	3分	
	4.教学方法过程设置合理,教学目标一致。	3分	
	5.教学实施各环节设计清晰,有效支撑教学目标达成。	3分	
	6.课程展示、总结、评价合理,有效。	3分	
教学实施 (40分)	1.课程导入环节:课程引入新颖自然、紧扣主题,能够有效激发学生对获取知识的渴望。	5分	
	2.教学方法:具有合理性、有效性、创新性,能够体现课程特点。	6分	
	3.讲授新课环节:知识讲授观点正确,深入浅出,讲授清晰,逻辑性强,各教学环节目标明确,组织衔接流畅。	5分	
	4.课堂表现:教师教学基本功扎实,教师能够有效调动和主导课堂教学,教师与学生能够形成有效互动,教学示范符合规范,能够有效调动学生参与学习的积极性,有效组织实施知识讲授与展示、鉴赏、讨论、练习、创作等活动。	6分	
	5.教学手段:能够合理、熟练使用现代技术手段实施教学,并取得良好的效果。	6分	

256

续表

教学实施 （40分）	6.组织活动：美术课堂练习分组合理、过程清晰、活动有序，学生能够按照教学要求开展活动；教师能够及时指导学生，调控教学，课堂组织井然有序，不拖堂。	6分	
	7.展示总结评价：展示活动组织合理，总结清晰明确，评价方法得当，能够促进学生的学习。	6分	
学生表现 （20分）	1.学生的纪律情况。	5分	
	2.学生上课的专注度、积极性。	5分	
	3.学生上课发言、讨论、参与情况，学生的反思意识。	5分	
	4.学生在美术技法练习活动中，具有合作意识和创新意识。	5分	
教师素养 （20分）	1.教师讲授内容无思想性和知识性错误，注重学生的品德教育和审美教育。	5分	
	2.教师教学的教态、语言表达、板书符合规范。	5分	
	3.教师能够驾驭课堂教学，激发和调动学生的学习积极性，勤于指导，善于点拨，应变能力强。	5分	
	4.具有教学创新能力。	5分	
总结评语		总分	

学习小结

通过本节的学习，对中小学美术校本课程评价的基本知识有了初步的认识，较为系统地了解了中小学美术校本课程评价的定位与标准、策略、方式和方法，以及实施策略，并通过对中小学美术校本课程评价的范本和案例的学习，能够更好地了解中小学美术校本课程评价的具体实施方法。

练习实践

1.通过本节的知识梳理，能表述出中小学美术校本课程评价标准、策略、方式有哪些。

2.研读本节内容，理解中小学美术校本课程评价的内容主要围绕着哪些方面展开，列举一个具体案例并进行分析。

3.掌握中小学美术校本课程评价的量表及体系构建，并创设情境设计一个评价量表或评价体系。

参考文献

[1]教育部基础教育司.全日制义务教育美术课程标准解读(实验稿)[M].北京:北京师范大学出版社,2002.

[2]刘青松.新时代的校本课程建设[M].重庆:西南大学出版社,2021.

[3]李臣之.校本课程开发[M].北京:北京师范大学出版社,2015.

[4]徐玉珍.校本课程开发与校本化课程实施行动研究[M].北京:首都师范大学出版社,2006.

[5]中华人民共和国教育部.义务教育艺术课程标准(2022版)[S].北京:北京师范大学出版社,2022.

[6]傅建明.校本课程开发:初中案例[M].上海:华东师范大学出版社,2006.

[7]彭吉象,刘沛,尹少淳.义务教育艺术课程标准(2022年版)解读[M].北京:北京师范大学出版社,2022.

[8]陈卫和.小学美术新课程教学论[M]北京:高等教育出版社,2003.

[9]隋联军,杨凤丽.特色校本课程开发典型案例[M].北京:世界知识出版社,2017.

[10]王慧敏.基于地方特色的小学美术课程资源开发与建设研究:以济宁小学美术课程为案例[D].济南:山东师范大学,2015.

[11]李宗乐,陈实,邱兴.美术校本课程的开发与实施[M].北京:高等教育出版社,2008.

[12]教育部基础教育司.走进新课程:与课程实施者对话[M].北京:北京师范大学出版社,2002.

[13][美]格兰特·威金斯,[美]杰伊·麦克泰格.追求理解的教学设计[M].2版.上海:华东师范大学出版社,2017.

[14][美]林恩·埃里克森.[美]洛伊斯·兰宁.以概念为本的课程与教学:培养核心素养的绝佳实践[M].鲁效孔,译.上海:华东师范大学出版社,2018.

[15]侯令.对美术课改几个问题的思考[J].中国美术教育,2009(6):7-9.

[16]王大根.美术教案设计[M].上海:上海人民美术出版社,2007.

[17]李力加.美术课为什么要这样上:指向核心素养本位的美术单元教学设计与实践[M].南昌:江西美术出版社,2022.

[18]李珊,宋枝艳,崔雪峰.课堂教学课件制作技术与方法技巧[J].继续教育,2014,28(5):75-77.

[19]李彩红,许跃刚.巧用 Poco Maker 制作多媒体教学课件[J].中小学电教,2011(10):66-67.

[20]屈敬华.谈基于多媒体网络环境下教学课件的制作[J].成都教育学院学报,2005(7):101-102.

[21]赵小红,华国栋.个别化教学与差异教学在特殊教育中的运用[J].中国特殊教育,2006(8):40-45.

[22]周锐.新课改视野下中学课堂教学组织形式变革研究[D].武汉:湖北大学,2013.

[23]程嘉.初中美术校本课程建设与实施的问题与对策研究——以郑州市×中学为例[D].郑州:郑州大学,2020.

[24]崔珈硕.利用地方资源进行美术校本课程研究[D].哈尔滨:哈尔滨师范大学,2019.

[25]魏登尖.校本课程建设的理论构建与实践探索[M].重庆:西南师范大学出版社,2018.

[26]钟维斌.落地生根:美术国家课程校本化实施策略[M].武汉:华中科技大学出版社,2019.

[27][美]拉尔夫·泰勒.课程与教学的基本原理[M].施良方,译.北京:人民教育出版社,1994.

[28]蔡友胜.个性化的美术校本课程实施策略[J].新课程学习(上),2011(10):35.

[29]张晶晶.开发校本课程,转变教学方式[C].国家教师科研基金十一五阶段性成果集(天津卷),2010.

[30]高强.校本课程开发中的教研寻变[M].成都:四川大学出版社,2022.

[31]孙赤婴.全面课程 校本特色:校本课程的区域管理与指导[M].上海:上海三联书店,2017.

[32]朱健朴.建构与演变:美术校本课程的实践研究[M].上海:华东师范大学出版社,2015.

[33]李达.校本课程评价初探[D].上海:华东师范大学,2014.

[34]赵洪迪.乡村小规模学校的教学组织形式研究[D].济南:山东师范大学,2020.

[35]崔自勤.新高考背景下高中学校教学组织变革研究[M].吉林:吉林大学出版社,2022.

[36]张博.特色高中校本课程管理的理论与实践研究[J].教育教学研究,2014(49):172-173.

后记

教育改革与发展，需要好的课程。随着我国课程教学改革的深入推进，校本课程开发成为提升学校教育教学质量的重要途径。校本课程的开发与实践为促进有意义的学习提供了良好的机会。

首先，校本课程是对国家和地方课程的补充，能进一步丰富国家和地方课程的内容；其次，通过对不同教育需求和教学内容的选择和组织，体现不同学校的教育特色；再次，校本课程基于一定学校的教育情境开发，能更好地适应学生的兴趣、需要和认知背景；最后，通过开发校本课程，有助于提高教师的教育科研意识和科研能力。

本书就是其中的重要成果，探讨的是美术教育校本课程开发的理论与实践问题，其目的在于全面整理校本课程开发的相关理论知识，梳理校本课程开发的发展脉络，形成校本课程开发与实践的典型案例，为教师参与校本课程开发与实践提供理论支持，为促进学生有意义学习搭建课程平台。

本书总体上呈现出理论与实践并行交替的关系，全书在阐释校本课程理论知识与发展脉络的过程中，采用了大量的实践案例和典型经验做支撑，具有较强的理论指导和可操作性。

本书是集体智慧的结晶，该书的编写首先要感谢重庆师范大学、重庆市教育科学研究院、西南大学出版社的鼎力支持。同时，还要感谢给予编写指导和帮助的专家、学者、教研员们，感谢那些积极参与和配合我们工作，为我们提供了丰富的真实素材和案例资源的一线教师们。